ༀ། འཕགས་པ་འཇམ་དཔལ་གྱི་མཚན་ཡང་དག་པར་བརྗོད་པ་བཞུགས་སོ།།

聖 妙吉祥眞實名經

성 묘길상진실명경
문수보살 진실명경

티베트현밀교학연찬회 번역

ༀ་ཨ་ར་པ་ཙ་ན་དྷཱིཿ

부다가야

보리원 탕카 | 오른손에는 모든 번뇌를 남김없이 베어버리는 지혜의 칼을 쥐고, 왼손에는 연꽃 위에 반야경을 든 홍문수보살
이다. 이 탕카는 텐진 윗쑹이 다람살라 규또 사원에서 까르마빠 존자님께 진실명경 구전과 관정을 받을 때
가피해 주신 본존이시다.

문수동자상 | 1466년 세조의 의숙공주가 상원사에 봉안한 국보 제221호 문수동자상은 우리나라에 가장 널리 모시고 있는 문수보살상이다. 동자 모습은 대일경에, 그리고 지혜검과 반야경을 든 모습은 금강정경에서 설하고 있는 모습이다.

Namo Tassa Bhagavato Arahato Sammaasambuddhassa

나모 땃싸 바가와또 아라하또 쌈마쌈붓닷싸.

세상에 존귀하신 님, 거룩하신 님, 올바로 원만히 깨달으신 님,

부처님께 예경하나이다

차례

제1부 성 문수사리 진실명경

제2부 문수사리의 예찬문 모음

제3부 문수사리의 성취행법 모음

일러두기

1. 무상정등정각을 이루신 부처님의 지혜 그 자체를 인격화하여 「문수사리」라고 부른다. 그러므로 이 『성 문수진실명경』은 단지 문수보살의 다른 이름을 나열한 것이 아니라, 불가설의 부처님의 지혜 덕성을 다양한 이름으로 설하신 것이며, 특히 금강승(金剛乘)의 불이탄트라[不二續]에 해당하는 가장 심오하고 핵심적인 교설을 담고 있는 경전이다.

2. 이 『진실명경』의 범본(산쓰크리뜨어본)이 온전하게 전해지고 있지만, 티베트에서 광범위하게 신행되고 있고 수많은 성취법과 주석들이 남아 있기 때문에, 이 『성 문수사리진실명경』은 티베트어본을 저본으로 여러 판본을 교정하면서 번역한 것이다.

3. 우리말 번역은 람림학당 부설 티베트현밀교학연찬회에서 역경하였으며, 談錫永의 梵本 漢譯과 釋智의 漢譯本을 참고할 수 있도록 함께 실었다.

4. 이 『성 문수진실명경』은 수행법본으로 활용하도록 하기 위해, 제1부 본송은 티베트어 원문과 음사, 그리고 우리말 번역을 함께 실었다. 『진실명경』 독송공덕을 설하고 있는 제12 독송공덕품은 전체 독송의 편의를 위해 제14 수희찬탄품 뒤로 옮겼다.

5. 제2부에는 역대 스승들이 찬술한 문수사리 예찬문을 모으고, 제3부에는 전승되고 있는 다양한 성취법을 모았다. 그리고 본송 독송 수행을 위한 전행으로 '귀의 발보리심과 만달라공양 게송'을 첨부해 두었다.

6. 독송하는 한 가지 예 :
   ① 귀의발보리심 내지 만달라공양 ： 359쪽 ～ 371쪽까지
   ② 문수예찬 전행 ： 288쪽 ～ 292쪽
   ③ 본송 (티벳음 또는 번역문) ： 9쪽 ～ 180쪽
   ④ 문수예찬모음에서 찬탄문 ： 204쪽 ～ 285쪽 사이에서
   ⑤ 회향 발원 ： 345쪽 ～ 356쪽까지

제1부

༄༅། འཕགས་པ་འཇམ་དཔལ་གྱི་མཚན་ཡང་དག་པར་བརྗོད་པ་བཞུགས་སོ།།

聖妙吉祥眞實名經
성 문수사리 진실명경

༄༅། རྒྱ་གར་སྐད་དུ། ཨཱུ་ར་མཉྫུ་ཤྲཱི་ན་མ་སཾ་གཱི་ཏི།

བོད་སྐད་དུ།འཕགས་པ་འཇམ་དཔལ་གྱི་དོན་དམ་པའི་མཚན་ཡང་དག་པར་བརྗོད་པ།

梵語 **아르야 만주쓰리 나마 쌈기띠**

藏語 **팍빠잠뺄기 된담빼 첸양닥빠ㄹ죄빠**

誦聖妙吉祥眞實名經

성스러운 문수사리의 존명을
妙 吉 祥　　　尊 名
바르게 낭송함을 설하신 경전

འཇམ་དཔལ་གཞོན་ནུར་གྱུར་པ་ལ་ཕྱག་འཚལ་ལོ།

잠뺄 쉰누ㄹ 규ㄹ빨라 챡챌로

敬禮孺童相妙吉祥

문수사리 동진 보살님께 예배하나이다.

1-1-1

དེ་ནས་དཔལ་ལྡན་རྡོ་རྗེ་འཆང་། གདུལ་དཀའ་འདུལ་བ་རྣམས་ཀྱི་མཆོག

དཔའ་བོ་འཇིག་རྟེན་གསུམ་ལས་རྒྱལ། རྡོ་རྗེ་དབང་ཕྱུག་གསང་བའི་རྒྱལ།

데네 뺄덴 도르제창　　　 뒬까 뒬와 남끼촉

빠보 직뗀 쑴래걀　　　 도르제 왕축 쌍외걀

【梵　本】爾時吉祥金剛持　難調能調衆中勝　降三世間勇猛者　金剛自在秘密主
【釋智譯】復次具祥金剛持, 難調能調衆中勝, 勇猛超勝三世間, 金剛自在秘密王。

(1송)

한때, 길상을 갖춘 집금강께서는,
　　　　吉 祥　　　　　執 金 剛

다루기 힘든 자들을 조복하시니

항마존들의 지존이며, 무외의 용사이시자,
　　　　　　至 尊　　　　無 畏

삼계를 제압하신 승리자로서
三 界

금강의 자재자이자, 비밀왕이시라.
　　　自 在 者　　　　秘 密 王

1-2-2

པདྨ་དཀར་པོ་རྒྱས་འདྲའི་སྤྱན། པདྨ་རྒྱས་འདྲའི་ཞལ་མངའ་བ།

རང་གི་ལག་གིས་རྡོ་རྗེ་མཆོག ཡང་དང་ཡང་དུ་གསོར་བྱེད་པ།

빼마 깔뽀 계대쩬   빼마 계대 셸웅아와

랑길 락기 도르제촉   양당 양두 쏘르제빠

【梵　本】眼圓滿開如白蓮　面如盛放靑蓮花　自手執持勝金剛　須臾不斷作旋擲
【釋智譯】如同白蓮廣大眼, 坐於蓮花廣大座, 自手執持勝金剛, 再三再四作揮舞。

(2송)
활짝 핀 백련처럼 물듦 없는 눈으로[1]
　　　　白 蓮
만개한 연화의 보좌 위에 앉아,
　　　　　　　寶 座
손으로 최승의 금강저를 치켜들고
　　　　　最 勝
시시로 거듭거듭 휘둘러 던지시도다.

---

1) 제2송의 2구는 데개 판본을 비롯한 많은 판본에는 얼굴을 뜻하는 '셸(Shal, 顔面)'로 나오나, 짠드라고민과 가랍도제의 주석
　서에는 자리를 뜻하는 '댄(gDan, 座席)'으로 나옴으로써 이것을 취했다.

1-3-3

ཁྲོ་གཉེར་རིམ་པར་ལྡན་ལ་སོགས། ལག་ན་རྡོ་རྗེ་མཐའ་ཡས་པ།

དཔའ་བོ་གདུལ་དཀའ་འདུལ་བ་པོ། འཇིགས་སུ་རུང་དང་དཔའ་བརྟུལ་ཅན།

토녜ㄹ 림빠ㄹ 델라쏙   라나 도ㄹ제 타예빠

빠보 뒬까 뒬와뽀   직쑤 룽당 빠제쩬

【梵　本】[化現]無數金剛手　顰眉波紋等　[現相]勇猛調服難調者　勇猛且極怖畏相
【釋智譯】忿怒皺紋次第等, 無有邊際金剛手, 勇猛調伏難調者, 極能怖畏具勇猛。

(3송)

분노의 추문차제들을 비롯하여
　　　　皺 紋 次 第
금강저를 손에 쥔 한량없는 집금강들은,
　　　　　　　　　　　　　　執 金 剛
다루기 힘든 자를 조복하는 영웅이며
두려운 모습에 위맹의 자태를 하시도다.

1-4-4

ཌཌྷ་ཆུ་མོ་རབ་འཕྲོག །   རང་གི་ལག་གིས་གསོར་བྱེད་པ།

སྙིང་རྗེ་ཆེ་དང་ཤེས་རབ་དང་།   ཐབས་ཀྱིས་འགྲོ་དོན་བྱེད་པའི་མཆོག

도ᄅ제 쩨모 랍토와   랑기 락기 쏘ᄅ제빠

닝제 체당 쎄랍당   탑끼 도된 제빼촉

【梵　本】自手向上作旋擲　金剛杵尖出勝光　智慧方便之大悲　利益有情極殊勝
【釋智譯】於金剛尖出勝光, 自手向上令揮舞, 有大慈悲及智慧, 方便益生極殊勝。

(4송)
첨단에서 화광이 분출하는
금강저를 자신의 손으로 휘두르며,
광대한 자비와 수승한 반야지혜와
방편으로 이타를 행하는 최승자이시라.

1-5-5

དགའ་མགུ་རངས་པའི་བསམ་པ་ཅན། ཁྲོ་བོའི་ལུས་ཀྱི་གཟུགས་སྟོན་པ།

སངས་རྒྱས་འཕྲིན་ལས་བྱེད་པའི་མགོན། ལུས་བཏུད་རྣམས་དང་ལྷན་ཅིག་ཏུ།

가구 랑빼 쌈빠쩬　　　토뵈 뤼끼 숙뗀빠

쌍계 틴래 제뻬괸　　　뤼뛰 남당 헨찍뚜

【梵　本】具足悅樂作隨喜　顯現忿怒身形相　於行佛行怙主前　衆皆恭敬作曲躬
【釋智譯】具足喜樂安穩心；示有忿怒之形相, 覺開事業作依怙, 衆皆來集身恭謹。

(5송)

기쁘고 즐겁고 희열하는 마음으로,

분노존의 형상을 갖추시고,

여래의 사업을 행하는 구호자로
　　　　事　業

몸 굽혀 예경하는 권속들과 함께 하시며,

1-6-6

དེ་བཞིན་གཤེགས་པ་བཅོམ་ལྡན་འདས།   རྫོགས་སངས་རྒྱས་ལ་ཕྱག་འཚལ་ནས།

ཐལ་མོ་སྦྱར་བར་བྱས་ནས་ནི།   སྤྱན་སྔར་འདུག་སྟེ་འདི་སྐད་གསོལ།

데신 쎅빠 쫌덴데   족쌍 곌라 챡체네

텔모 잘와ㄹ 제네니   쩬아ㄹ 뒤떼 디께쐴

【梵　本】向彼怙主等正覺　世尊如來作敬禮　雙手合掌作恭敬　於前端坐而告白
【釋智譯】向彼如來薄伽梵, 究竟正覺禮敬已, 雙手恭敬合掌後, 於前端坐而告白。

(6송)

위대한 구호주, 세존, 여래, 정등각이신[2]
부처님을 향하여 예배하온 뒤,
두 손을 모아 공손히 합장을 한 채
발아래 머물며 이와 같이 아뢰었도다.

---

2) 원문은 "구세주출유괴여래"를 뜻하는 "괸뽀쫌댄데신쎅(mGon po bcom ldan de bshin gśegs)"이며, 다른 판본에는 "데신쎅
　빠쫌댄대(De bshin gśegs pa bcom ldan ḥdas)"로 나온다.

1-7-7

ཁྱབ་བདག་བདག་ལ་སྨན་པ་དང་།　　བདག་དོན་བདག་ལ་ཐུགས་བརྩེའི་ཕྱིར།

སྒྱུ་འཕྲུལ་དྲ་བས་མངོན་རྟོགས་པའི།　　བྱང་ཆུབ་ཅི་ནས་བདག་ཐོབ་སྐྱོལ།

캽닥 닥라 멘빠당　　　 닥된 닥라 툭째치ㄹ

규튈 다외 ⁰왼족빼　　　 장춥 찌네 싹톱죄

【梵　本】請利益我饒益我　遍主願能慈念我　令我得能如實得　幻化網現證菩提
【釋智譯】遍主於我作饒益, 自事慈悲於我故, 幻化網中現圓滿, 願我菩提能證得。

(7송)

"편주이시여, 저희들에게 유익을 주시고[3]
　　遍主　　　　　　　　　　　　有益
자리를 얻도록 자애로 저를 호념하시어,
　自利
「규튈다와」인「대환망 딴뜨라」로 현증하는
　　　　　　　大幻網
그것으로부터 제가 보리를 얻게 하소서.

___

3) 원문은 "보리를 그와 같이 제가 얻게 하소서"를 뜻하는 "장춥지따ㄹ닥톱죄(Byaṅ chub ji ltar bdag thob mdzod)"이며, 다른 판본에는 "보리를 전적으로 제가 얻도록 하게 하소서"를 뜻하는 "장춥찌내닥톱죄(Byaṅ chub ci nas bdag thob mdzod)"로 나온다.

1-8-8

ཉོན་མོངས་པས་ནི་སེམས་དཀྲུགས་ཤིང་།   མི་ཤེས་འདམ་དུ་བྱིང་བ་ཡི།

སེམས་ཅན་ཀུན་ལ་སྨན་པ་དང་།   བླ་མེད་འབྲས་བུ་ཐོབ་བྱེའི་ཕྱིར

논몽 빼니 쎔뚝싱   미쎼 담두 징와이

쎔짼 뀐라 멘빠당   라메 대부 톱재치ㄹ

【梵　本】無智泥中成沒溺　有情煩惱亂心性　利益一切有情衆　願令獲得無上果
【釋智譯】有諸煩惱亂其心, 無知泥中而沒溺, 爲諸有情作饒益, 令獲無上之果故。

(8송)

번뇌로 마음이 착란을 일으키고

무지로 윤회의 진흙탕에 침몰한,
  無 智

일체의 중생에게 이익을 주시고

위없는 선과를 성취하게 하소서!
  善 果

 རྫོགས་པའི་སངས་རྒྱས་བཅོམ་ལྡན་འདས།　　འགྲོ་བའི་བླ་མ་སྟོན་པ་པོ།

དམ་ཚིག་ཆེན་པོ་དེ་ཉིད་མཁྱེན།　　དབང་པོ་བསམ་པ་མཁྱེན་མཆོག་གིས།

족빼 쌍계 쫌뗀데　　도외 라마 뙨빠뽀

담칙 쳰뽀 데니켼　　왕뽀 쌈빠 켼촉기

【梵　本】等正覺尊祈開示　世尊教主世間師　證大誓句眞實智　勝解諸根心行者
【釋智譯】圓滿正覺出有壞, 衆趣上師及導師, 亦大誓句達眞性, 了知根心殊勝者。

(9송)

정등각이신 세존께서는[4]

모든 유정들의 스승이자 도사(導師)이시며,

대서언(大誓言)의 진실성을 요지하시고

능력과 심행(心行)을 아시는 지존이시나이다.

---

4) 이 9송은 다른 판본에 의한 것으로 데게 판본은 3구(句)를 제외하면 약간 상이한 점이 있다. 데게 판본은, "출유괴이시며 도사이시며 정등각이신(bCom ldan ston pa rdzogs saṅs rgyas), 유정의 스승께서는 설하여 주시길 기원합니다(ḥGro baḥi bla mas bśad du gsol), 대서언의 진실성을 요지하시고(Dam tshig chen po de ñid mkhyen), 근성과 의요를 아시는 지존이시여(dBaṅ po bsam pa rig mchog)"로 나오며, 다른 판본들엔, "rDzogs paḥi saṅs rgyas bcom ldan ḥdas, ḥGro baḥi bla ma ston pa po, Dam tshig chen po de ñid mkhyen, dBaṅ po bsam pa mkhyen mchog gis"로 나온다.

1-10-10

བཙོམ་ལྡན་འདས་ཀྱི་ཡེ་ཤེས་སྐུ།   གཙུག་ཏོ་ཆེན་པོ་ཚིག་གི་བདག

ཡེ་ཤེས་སྐུ་སྟེ་རང་བྱུང་བ།   འཇམ་དཔལ་ཡེ་ཤེས་སེམས་དཔའ་ཡི།

쫌덴 데끼 예쎼꾸   쭉또 첸뽀 칙기닥

예쎼 꾸떼 랑중와   잠뺄 예쎼 쎔빠이

【梵　本】於世尊之智慧身　於大頂髻言詞主　妙吉祥智慧勇識　出自顯現智化身
【釋智譯】彼出有壞之智身, 是大頂髻言詞主, 亦是智身自出生, 妙吉祥智勇識者。

(10송)

세존의 지혜의 몸이시자,[5]

대정계를 갖춘 말씀의 주인이시라,
　大頂髻　　　　　　　　　　　語主

지혜의 몸으로 스스로 생겨났으니
　智身

성스러운 문수지혜살타이시나이다.
　　　　文殊智慧薩埵

---

5) 이 제10송은 로첸 · 린첸쌍뽀(寶賢)의 역본에 의한 것으로 데게 판본에는 3구와 4구의 순서가 바뀌어져 있으니, 원문은 "잠
뺄예시쎔빠이(ḥJam dpal ye śes sems dpaḥ yi), 예시꾸떼랑중와(Ye śes sku ste raṅ byuṅ ba)"한역본에서도 동일하게 나타
나는 것으로 볼 때 이것은 범어본의 상이성 때문이라 본다.

1-11-11

ཤེས་ནེ་ཡང་དག་བརྗོད་པའི་མཆོག དོན་ཟབ་དོན་ནི་རྒྱ་ཆེ་ཞིང་

དོན་ཆེན་མཚུངས་མེད་རབ་ཞི་བ ཐོག་མ་བར་དང་མཐར་དགེ་བ

밍니 양닥 죄뻬촉　　　 된삽 된니 갸체싱

된첸 충메 랍시와　　　 톡마 바ㄹ당 타ㄹ게와

【梵　本】誦其殊勝眞實名　是甚深義廣大義　無比大義寂吉祥　初善中善及後善
【釋智譯】名號真實誦最勝, 是甚深義廣大義, 無比大義最寂靜, 初善中善及後善。

(11송)

명호를 진실하게 낭송함은 최승한 일이니, [6]
　　　　　　　　　　　　　最　勝

이 「진실명」의 의미는 깊고도 광대하고

의리가 비할 바 없이 크고 적정하며
義 理　　　　　　　　　 寂 靜

처음도 중간도 마지막도 좋고 좋으나이다.

---

6) 이 제11송은 보통 로첸·린첸쌍뽀(寶賢)의 역본으로 통하는 다른 판본에 의한 것으로 데게 판본에는 1구와 4구의 순서가 바뀌어져 있으며, 문구의 의미를 이해하기 쉽게 되어 있다.

1-12-12

འདས་པའི་སངས་རྒྱས་རྣམས་ཀྱིས་གསུངས། མ་འོངས་རྣམས་ཀྱང་གསུང་འགྱུར་ལ།

ད་ལྟར་བྱུང་བའི་རྫོགས་སངས་རྒྱས། ཡང་དང་ཡང་དུ་གསུང་བ་གད།

데빼 쌍계 남끼쑹   마옹 남꺙 쑹귤라

다따ㄹ 중외 족쌍계   양당 양두 쑹와강

【梵　本】過去諸佛皆已說　於未來亦當演說　現在究竟等正覺　亦遍數數作宣說
【釋智譯】過去正覺等已說, 於未來中當演說, 現在圓滿諸正覺, 再三再四皆宣說。

(12송)

과거의 부처님들도 또한 설하셨고
미래의 부처님들도 또한 설하시며,
현재에 출현하신 부처님들도 또한
거듭거듭 널리 설하시는 바이나이다.

1-13-13

བརྒྱུད་ཆེན་སྒྱུ་འཕྲུལ་དྲ་བ་ལས།   རྡོ་རྗེ་འཆང་ཆེན་གསང་སྔགས་འཆང་།

དཔག་མེད་རྣམས་ཀྱིས་བཀའ་བཞིན་དུ།   བརྒྱུད་བརྗོད་གང་ལགས་བཤད་དུ་གསོལ།

규첸 규튈 다왈래   도르제 창첸 쌍악창

빡메 남끼 까신두   룰랑 강락 세두쐴

【梵　本】大幻化網大續中　大金剛持歡喜衆　持密呪衆無量數　唱讚宣揚請善說
【釋智譯】大續大幻化網中, 金剛大持持密呪, 無邊諸佛如彼行, 歌詠宣揚請宣說。

(13송)

마하딴뜨라인 「환망속」으로부터[7]
大　　續　　　幻網續

위대한 지금강과 밀주의 집지자들과,
密 呪　　執 持 者

무변한 제불세존들의 그 말씀[8] 그대로

가송으로 읊은 그것을 설하여 주소서!
歌 頌

---

7) 이 제13송은 보통 로첸·린첸쌍뽀(寶賢)의 역본으로 통하는 다른 판본에 의한 것으로 데게 판본에는, "귀첸규툴다와디르(rGyud chen rgyu ḥphrul dra ba ḥdir), 도제창첸쌍응악창(rDo rje ḥchaṅ chen gsaṅ sṅags ḥchaṅ), 빡메남끼게빠이(dPag med rnams kyis dgyes pa yis), 강양양닥랍쑹빠(Gaṅ yaṅ yaṅ dag rab gsuṅs pa)"이니, "이 마하딴뜨라 대환망속(大幻網續)에서, 대지금강불과 비밀진언의 호지자(護持者)이신, 무변한 제불세존들이 환희로써, 전체를 바르게 설하셨다."가 된다.

8) Tarthang Tulku의 Dharma Pjblishing(U.S.A)에서 발간한 닝마의 판본에는 '말씀처럼(bKaḥ bshin du)' 대신 '기뻐하면서(dGaḥ bshin du)'로 나온다.

1-14-14

 མགོན་པོ་རྫོགས་པངས་རྒྱས་ཀུན་གྱི།   གསང་འཛིན་ཅི་ནས་བདག་འགྱུར་ཕྱིར།

ཞེས་པར་འབྱུང་གི་བར་དུ་འདི།   བདག་གི་བསམ་པ་བརྟན་པོས་གཟུང།

곤뽀 족쌍 계뀐기   쌍진 찌네 닥규ㄹ치ㄹ

ㅇ에빠ㄹ 중기 바ㄹ두디   닥기 쌈빠 뗀뾔숭

【梵　本】怙主願我能受持　諸等正覺之密意　直及至於出離時　我堅心意而受持
【釋智譯】怙主圓滿諸正覺, 持密願我達成故, 直至決定出離間, 堅固我思請護持。

(14송)

구호주이시여, 제불 세존들의[9]

밀장의 호지를 능히 성취하기 위해,
密 藏

유정들이 반드시 실현할 때까지 이것을

견고한 심원으로 제가 수호하오리이다.
心 願

---

9) 이 제14송은 보통 로첸·린첸쌍뽀(寶賢)의 역본으로 통하는 다른 판본에 의한 것으로 데게 판본에는 게송의 순서가 도치되어 나오나 전체적으로 큰 차이가 없다. "닥꺙디니쑹와ㄹ기(bDag kyaṅ ḥdi ni gzuṅ bar bgyi), 쌈빠땐뾔응엔중와ㄹ(bSam pa brtan pos ṅes ḥbyuṅ bar), 괸뽀족쌍걔꾼기(mGon po rdzogs saṅs rgyas kun gyi), 쌍진지따ㄹ닥규ㄹ기(gSaṅ ḥdzin ji rtar bdag ḥgyur bgyi)" 이다.

ཉོན་མོངས་མ་ལུས་བསལ་བ་དང་། མི་ཤེས་མ་ལུས་སྤང་བའི་ཕྱིར།

བསམ་པའི་ཁྱད་པར་ཇི་བཞིན་དུ། སེམས་ཅན་རྣམས་ལ་བཤད་པར་འཚལ།

논몽 말뤼 쌜와당 **미쎼 말뤼 빵외치ㄹ**

쌈빼 케빠ㄹ 지신두 **쌤쩬 남라 세빠ㄹ챌**

【梵　本】爲諸有情請宣說　隨順有情心差別　令其無餘斷煩惱　令其無餘離斷滅
【釋智譯】煩惱無餘令淸除, 無知無餘斷除故, 如同思慮之差別, 爲諸有情請宣說。

(15송)

번뇌를 남김없이 소멸하여 버리고[10]

무지를 남김없이 제멸하기 위하여,

중생의 의요의 차별대로 그와 같이
　　　　意　樂

모든 유정들에게 설하고자 하나이다.”

---

10) 이 제15송은 보통 로첸·린첸쌍뽀(寶賢)의 역본으로 통하는 다른 판본에 의한 것으로 데게 판본과는 제3, 4구의 역문이 다소 상이하나 의미에는 차별이다. “쌤쩬남끼쌈빠이(Sems can rnams kyi bsam pa yi), 캐빠ㄹ지신랍쌰챌(Kyad par ji bshin bŚsd ḥtshal)”이다.

1-16-16

གསང་དབང་ལག་ན་རྡོ་རྗེ་ཡིས།　　　　དེ་བཞིན་གཤེགས་ལ་འདི་སྐད་དུ།

གསོལ་ནས་ཐལ་མོ་སྦྱར་བྱས་ཏེ།　　　　ལུས་བཏུད་ནས་ནི་སྦྱུན་སྤུར་འདུག

쌍왕 라나 도ㄹ제이　　　　데신 쎅라 데께두

쐬네 텔모 자ㄹ제떼　　　　뤼뛰 네니 쨍아ㄹ둑

【梵　本】如是密主金剛手　至如來前作啓請　合掌告白而恭敬　告已恭坐於其前
【釋智譯】密自在寄金剛手, 向如來前說是言, 告白畢已伸合掌, 以身恭敬坐其前。

(16송)

비밀의 자재주인 금강수보살께서
自 在 主
여래 세존께 그와 같이 아뢴 뒤에,
두 손을 모아 공손히 합장하며
몸 굽혀 절하고 발아래 앉았도다.

【梵　本】上來請問十六頌
[이상은 16게송으로 제1 청법품(第一 請法品)을 설한 것이다.]

2-1-17

དེ་ནས་ཚོམ་ལྡན་ཤཱཀྱ་ཐུབ།　　རྫོགས་པའི་སངས་རྒྱས་རྐང་གཉིས་མཆོག

ཉིད་ཀྱི་ཞལ་ནས་ལྗགས་བཟང་བ།　　རིང་ཞིང་ཡངས་པར་བརྐྱང་མཛད་དེ།

데네 쫌덴 샤까툽　　족빼 쌍곈 깡니촉

니끼 쌔네 작상와　　링싱 양빠르 꺙제데

【梵　本】時釋迦牟尼世尊　等正覺者兩足尊　自面門出微妙舌　靈動卷舒而廣長
【釋智譯】複次釋迦出有壞, 究竟正覺兩足尊, 於白面門殊勝舌, 廣長橫遍令舒演。

(17송)

그 뒤에 석가능인 세존[11]
釋 迦 能 仁

정등각 · 양족존께오서,
兩 足 尊

금구에서 승묘한 혀를 내시어
金 口

길고 바르게 펼치시니,

---

11) 이 제15송 3구와 4구의 원문은, 데게 판본에 의하면, "자신의 입에서 미묘한 혀를, 길고 넓게 펼쳤다."를 뜻하는 "니끼섈내
작쌍게(Ñid kyi shal nas ljags bzaṅ dge), 링싱양빠깡재데(Riṅ shiṅ yaṅs pa brkyaṅ mdzad de)"이다.

2-2-18

འཛིག་རྟེན་གསུམ་པོ་སྣང་བྱེད་ཅིང་། བདུད་བཞིའི་དགྲ་རྣམས་འདུལ་བྱེད་པ།

སེམས་ཅན་རྣམས་ཀྱི་དང་པོར་གསུམ། སྦྱོང་བར་བྱེད་པའི་འཛུམ་བསྟན་ནས།

직뗀 쑴뽀 낭제찡   뒤시ㅇ 다남 뒬제빠
쌤짼 남끼 응엔쏭쑴   종와ㄹ 제빼 줌뗀네

【梵　本】示現微笑於淨除　一切世間三惡趣　光明遍照三世間　調伏四魔諸怨敵
【釋智譯】顯現三種世界內, 調伏四魔諸冤敵, 爲諸有情三惡趣, 能作清淨現微笑。

(18송)
혀끝의 광명이 삼세간을 비추시어[12]
사마의 원적들을 두루 조복하시며,
四　魔
모든 유정들의 삼악도의 고통을
정화하는 위안의 미소를 띠우시고,

12) 제18송 3구의 데게 판본에는, "세간인들의 삼악도의 괴로움을"를 뜻하는 "직뗀남끼응앤쏭쑴(ḥJig rten rnams kyi ṅan soṅ gsum)"이다.

2-3-19

ཆངས་པའི་གསུང་ནི་སྙན་པ་ཡིས། འཇིག་རྟེན་གསུམ་པོ་ཀུན་བཀང་སྟེ།

ལག་ན་རྡོ་རྗེ་སྟོབས་པོ་ཆེ། གསང་དབང་ལའི་སྙིར་གསུངས་པ།

창뻬 쑹니 녠빠이   직뗀 쑴뽀 뀐깡떼

라나 도ㄹ제 똡뽀체   상왕 라니 라ㄹ쑹빠

【梵　本】以能周遍三世間　美妙梵音作答讚　讚彼秘密(自在)主　具大力之金剛手
【釋智譯】於其淸淨梵音中, 遍滿三種世界已, 爲金剛手大力寄, 密自在主而答說。

(19송)

범왕의 음성, 그 흔열의 소리로
梵王　　　　　　欣悅

삼계 세간을 가득히 채우신 뒤에,

대력을 소유한 금강수보살
大力

비밀왕에게 다시금 설하셨나이다.

2-4-20

ཤྲིན་རྗེ་ཆེ་དང་ལྡན་གྱུར་པས།   འགྲོ་ལ་ཕན་པའི་དོན་དུ་ཁྱོད།

ཡེ་ཤེས་ལུས་ཅན་འཇམ་དཔལ་གྱི།   མིང་བརྗོད་པས་ནི་དོན་ཆེ་བ།

닝제 체당 덴규르빼   돌라 팬빼 된두쾨

예쎄 뤼짼 잠뺄기   밍죄 빼니 된체와

【梵　本】善哉吉祥金剛持　善哉如是金剛手　汝爲利益諸世間　故是具足大悲者
【釋智譯】具足大慈悲心寄, 汝爲利益有情故, 具足智身妙吉祥, 名號誦讀是大益。

(20송)

"대자대비의 마음을 지님으로써[13]

그대가 유정들의 이락을 위하여,
　　　　　　利　樂
지혜의 몸인 만주쓰리 묘길상의
　　　　　　　　　妙 吉 祥
명호를 낭송함은 이익이 크도다.

---

13) 제20송과 제21송은 로첸·린첸쌍뽀(寶賢)의 역본에 의한 것으로 데게 판본은 내용에는 차이가 없으나, 데게 판본에는 "실로 훌륭하도다! 길상한 집금강이여!(Legs so dpal ldan rdo rje ḥchaṅ), 그대 금강수여, 진실로 훌륭하도다!(Lag na rdo rje khyod legs so)"의 2구가 제20송의 첫머리에 나오는 것이 다르다.

2-5-21

དག་པར་བྱེད་ཅིང་སྡིག་སེལ་བ།　　ང་ལས་ཉན་པར་བརྩོན་པ་ནི།

ལེགས་སོ་དཔལ་ལྡན་རྡོ་རྗེ་འཆང་།　　ལག་ན་རྡོ་རྗེ་ཁྱོད་ལེགས་སོ།

닥빠르 제찡 딕쎌와　　ᅌᅡᆼ알래 녠빠르 쬔빠니

랙쏘 뺄덴 도르제창　　라나 도르제 퀼랙쏘

【梵　本】誦彼妙吉祥智身　眞實名有大義利　能作淸淨除罪障　於我精勤應諦聽
【釋智譯】能作淸淨除罪業, 於我精勤應諦聽, 善哉吉祥持金剛, 手持金剛汝善哉。

(21송)

정화하여 죄업을 멸하는 것에 대해[14]
淨化
나 세존으로부터 듣고자 크게 애씀은,
실로 훌륭하도다! 길상한 집금강이여!
執金剛
그대 금강수여, 진실로 훌륭하도다!

14) 구루 빠드마쌈바와(蓮花生)는 이 뜻을, "성문수의 의미를 작의사유(作意思惟)하고, 낭송하므로 깨끗이 맑힘은, 네 가지 장애를 맑힘이며, 죄업을 멸함은, 오무간의 죄업을 또한 멸함이니, 모든 장애들을 청정하게 한다. 또한 찌띠요가의 경전에 의하면, 맑히는 것은 청정의 뜻이며, 죄업을 멸함은 의도(意圖)로 건립한 법은 죄업이니, 그것을 멸하는 것은 무사절려(無事絕慮)의 법이다."라고 문수진실명석보일월치성등(文殊眞實名釋寶日月熾盛燈)에서 설하였다.

2-6-22

གསང་བའི་བདག་པོ་དེ་ཕྱིར་ངས།   ཁྱོད་ལ་ལེགས་པར་བསྟན་པར་བྱ།

ཁྱོད་ནི་རྩེ་རྩིག་ཡིད་ཀྱིས་ཉོན།   བཅོམ་ལྡན་དེ་ནི་ལེགས་ཞེས་གསོལ།

쌍외 닥뽀 데치_릉에   쾰라 랙빠ㄹ 뗀빠ㄹ자

쾨니 쩨찍 이끼뇬   쫌뗀 데니 랙셰쐴

【梵　本】我今當爲秘密主　爲汝善妙作宣說　心一境性而諦聽　唯然世尊此善哉
【釋智譯】密主我爲此事故, 爲汝巧妙當宣說, 汝今一心應諦聽。唯然薄伽梵善哉。

(22송)

비밀주여, 내가 이제 그것을 위하여[15]
秘 密 主

그대에게 마땅히 선설하고자 하나니,

그대는 일심으로 경청하도록 할지니라."

"세존이시여, 그것은 훌륭한 일이나이다."

【梵　本】上來請問十六頌

[이상은 제2 회답품(第二回答品)을 설한 것이다.]

---

15) 제22송은 로첸·린첸쌍뽀(寶賢)의 역본에 의한 것으로 데게 판본과는 내용에는 차이가 없으나 약간 다르다. 데게 판본의 제
　1구와 제2구는 다음과 같다. "쌍왜닥뽀쾨렉쏘(gSaṅ baḥi bdag po khyed legs so), 데치ㄹ디니응애쌔자(De phyir ṅdi ni ṅas
　bśad bya)"

3-1-23

 དེ་ནས་བཅོམ་ལྡན་ཤཱཀྱ་ཐུབ། 　　གསང་སྔགས་རིགས་ཆེན་ཐམས་ཅད་དང་།

གསང་སྔགས་རིག་སྔགས་འཆང་བའི་རིགས། 　　རིགས་གསུམ་ལ་ནི་རྣམ་པར་གཟིགས།

데네 쫌덴 샤까툽　　쌍악 릭첸 탐쩨당

쌍악 링악 창외릭　　릭쑴 라니 남빠ㄹ식

【梵　本】爾時釋迦世尊觀　一切密呪大種姓　卽密呪持明種姓　以及三觀修種姓
【釋智譯】複次釋迦出有壞, 密呪大性及一切, 密呪明呪持種性, 於其三種而觀察。

(23송)

그 뒤에 석가능인 세존께오서[16]

밀주의 대종성 일체와,
　密呪　　大種姓

밀주와 명주를 지닌 종성과
　密呪　　明呪

세 가지 종성을 관찰하시고,
　　三種

---

16) 제23송의 2구는 로첸 · 린첸쌍뽀(寶賢)의 역본에 의한 것으로 내용에는 차이가 없으나 데게 판본에는, "쌍악타닥릭첸뽀(gSaṅ sṅags mthaḥ dag rigs chen po)로 되어있다.

3-2-24

འཇིག་རྟེན་འཇིག་རྟེན་འདས་པའི་རིགས། འཇིག་རྟེན་སྣང་བྱེད་རིགས་ཆེན་དང་།

ཕྱག་རྒྱ་ཆེན་པོའི་རིགས་མཆོག་དང་། རིགས་ཆེན་གཙུག་ཏོར་ཆེར་གཟིགས་ནས།

직뗀 직뗀 데뼤릭   직뗀 낭제 릭첸당

챡갸 첸뾔 릭촉당   릭첸 쭉또ㄹ 체ㄹ식네

【梵　本】世間出世間種姓　能照世間大種姓　最上大手印種姓　及大頂髻大種姓

【釋智譯】世間及出世間性，顯作世間大種性，廣大手印殊勝種，大種大髻應觀察。

(24송)

세간의 종성과 출세간의 종성과,[17]

세간작현의 대종성과,
世　間　作　現

마하무드라의 최상종성과
大　手　印

정계의 대종성을 높게 관찰하셨도다.
頂　髻

【梵　本】上來觀六種姓二頌

已上序分計二十四頌

[이상은 2게송으로 제3 종성관찰품(第三種姓觀察品)을 설한 것이다.]

---

17) 제24송의 4구는 로첸·린첸쌍뽀(寶賢)의 역본에 의한 것으로 내용에는 큰 차이가 없으나 대게 판본에는, "쭉또ㄹ첸뾔릭첸노 (gTshug tor chenḥi rigs chen no)로 되어있다.

4-1-25

ཚིག་གི་བདག་པོས་ཚིགས་སུ་བཅད། གསང་སྔགས་རྒྱལ་པོ་དྲུག་ལྡན་ཞིང་།

གཉིས་སུ་མེད་པར་འབྱུང་བ་དང་། མི་སྐྱེ་ཆོས་ཅན་འདི་གསུངས་པ།

칙기 닥뾔 칙쑤쩨　　　　**쌍악 꺨뽀 둑덴싱**

니쑤 메빠르 쭝와당　　　　**미께 최쩬 디쑹빠**

【梵　本】言詞主尊宣偈頌　頌衆具六密主王　彼是無生之法有　無二相應而現前
【釋智譯】言詞之主演偈頌, 密咒王者具六種, 將令顯出於無二, 無生法者自宣說。

(25송)

어주께서 게송을 지어 설하셨으니,[18]
語　主

밀주왕은 육종성을 갖추시어,
密 呪 王　六 種　姓

둘이 아닌 무이로 출생하는 것과
　　　　無 二　出 生

무생의 법, 이것을 설하셨도다.
無 生

---

18) 제25송은 로첸 · 린첸쌍뽀(寶賢)의 역본에 의한 것으로 내용에는 큰 차이가 없으나 제1구가 데게 판본에는 제4구가 되어 도
치되어 있다.

4-2-26

ཨ་ཨཱ། ཨི་ཨཱི། ཨུ་ཨཱུ། ཨེ་ཨཻ། ཨོ་ཨཽ། ཨཾ་ཨཿ སྟྷིཏོ་ཧྲྀདེ།
A Ā I Ī U Ū E AI O AU AṀ Ā: STHITO HṚDE

아 아-, 이 이-, 우 우-, 에 아이,
오 아우, 암 아 : 쓰티또 흐리디,

ཛྙཱ་ན་མུརྟི་ར་ཧཾ་བུདྡྷོ་བུདྷྣཾ་ཏྲྱདྷྭ་བརྟིནཾ།
JÑĀNA MURTI RA HAṀ BUDDHO BUDHNAṀ TRYADHVA VARTINĀṀ

즈냐나 무르띠, 라함 붓도 붓다남,
뜨랴드와 바르띠남

【梵　本】a ā i ī u ū e ai 　　　o au aṃ aḥ 安住於心
　　　　　三身無分別諸佛　　我是佛卽智化身
【釋智譯】阿啊衣依烏嗚耶愛歐奧暗阿, 剃朵些低, 良納目帝,
　　　　　拉罕布多, 布答喃, 牙多哇帝喃。

(26송)

지혜의 몸으로 내가 붓다가 되니,

삼세의 붓다들의 정수인

문수지혜살타의 모습으로 성불함이로다.[19]

---

19) 이 구절은 DHARMA PUBLISHING(U.S.A)의 간행본에 나오는 것으로 이 활자본은 닝마에 전승되는 많은 판본들을 취합하
　　여 만든 것으로 원문은, "예시꾸닥쌍걔떼(Ye śes sku bdag saṅs rgyas te), 뒤쑴쌍걔죽남끼오(Dus gsum saṅs rgyas ḥjug
　　rnams kyiḥo)" 이다.

ཨོཾ་བཛྲ་ཏཱི་ཀྵཱུཿ ཁ་ཙྪེ་ད་ པྲཛྙཱ་ཛྙཱ་ན་མཱུརྟ་ཡེ།

ཛྙཱ་ན་ཀཱ་ཡ་གི་ཤྭ་ར་ཨ་ར་པ་ཙ་ན་ཡ་ཏེ་ན་མཿ

OṀ VAJRA TĪKṢṆA DU:KHA CCHEDA PRAJÑA JÑANA MŪRTAYE,
JÑANAKĀYA VĀGĪŚVARA ARAPACANĀ YA TE NAMA:

옴 바즈라 띡스나 두:카 쯔체다,
쁘라즈냐 즈냐나 무르따 예, 즈냐나까야,
와기쓰와라, 아라빠짜나, 야떼 나마:

【梵　本】唵金剛利斷煩惱　般若智化身智身　辯自在五字文殊　我今向汝作歸依
【釋智譯】唵班渣地納, 都渴恰答, 拔良良納, 目答耶,
　　　　　良納尬牙, 瓦吉夏啦, 阿啦巴夾納牙爹納麻。

(27송)

옴, 금강리와 단고이며, 반야지정계이며,
金 剛 利　　斷 苦　　　　般 若 智 頂 髻

지신과 어자재이며, 작유정성숙이니,
智 身　　語 自 在　　　作 有 情 成 熟

당신들께 귀명하나이다.[20]

4-3. 옴, 금강리여, 번뇌를 단제하는 자여,' 반야지신을 위한 지신智身이며 언설의 자재자이시며,
아라빠짜나의 5자 문수시여, 저는 이제 당신에게 귀의하나이다."

【梵　本】上來幻化網現證菩提次第三頌
【釋智譯】已上幻化網究竟計三頌

[이상은 밀승의 네 가지 현증보리법(現證菩提法) 가운데 대환망의 현증보리법을 설하신 것이다.]

---

20) 이 구절은 DHARMA PUBLISHING(U.S.A)의 간행본에 의한 것으로 이 활자본은 닝마에 전승되는 많은 판본들을 취합하
여 만든 것으로 원문은, "옴도제뇐뽀둑앨쬐(Oṁ rdo rje rnon po sdug bsṅal gcod), 쎄랍예시꾸짼떼(Śes rab ye śes sku can
te), 예시꾸짼쑹왕축(Ye śes sku can gsuṅ dbaṅ phyug), 도와민제캘라뒤(ḥGro ba smin byed khyod la ḥdud)이다.

제5 금강법계대만다라보리심설품 - 14頌
第五 金剛法界大曼茶羅菩提心說品

(此下十四頌。出現三十七菩提中圍。故讚金剛菩提心卽是八十六名數)　　【梵本】二　金剛界大壇城

5-1-28

འདི་ལྟར་སངས་རྒྱས་བཅོམ་ལྡན་འདས། 　　　　རྫོགས་པའི་སངས་རྒྱས་ཨ་ལས་བྱུང་།

ཨ་ནི་ཡིག་འབྲུ་ཀུན་གྱི་མཆོག 　　　　དོན་ཆེན་ཡི་གེ་དམ་པ་ཡིན།

디따르 쌍계 쫌덴데　　　　족빼 쌍계 알래중

아니 익두 뀐기촉　　　　된첸 이게 담빠인

【梵　本】如是世尊諸佛陀　等正覺由a字生　a字一切字中勝　是具大義微妙字
【釋智譯】如是正覺出有壞, 究竟正覺阿中出, 阿者一切字中勝, 是大利益微妙字。

(28송)

이와 같이 부처님 세존께서는

불생의 「아」자에서 출생하시니,
　不 生　　阿

「아」는 모든 문자의 최승이고
　阿

대의리를 지닌 미묘한 글자라.[21]
　大 義 利

---

21) 이 28송은 로첸·린첸쌍뽀(寶賢)의 역본에 의한 것으로 데게 판본과 의미에는 차이가 없으나 데게 판본의 제4구는 다음과 같다. "대의리(大義理)의 불변의 미묘한 글자"의 뜻인 "된체규르메담빠인(Don chen ḥgyur med dam pa yin)이다.

ཁོང་ནས་འབྱུང་བ་སྐྱེ་བ་མེད།   ཚིག་ཏུ་བརྗོད་པ་སྤངས་པ་སྟེ།

བརྗོད་པ་ཀུན་གྱི་རྒྱུ་ཡི་མཆོག   ཚིག་ཀུན་རབ་ཏུ་གསལ་བར་བྱེད།

콩네 중와 꼐와메   칙뚜 죄빠 빵빠떼

죄빠 뀐기 규이촉   칙뀐 랍뚜 쌜와르제

【梵　本】大生機者實無生　此卽遠離於言說　是一切說殊勝因　令一切語放妙光
【釋智譯】諸境之內出無生, 卽此遠離於言說, 是諸說中殊勝因, 令顯一切諸言說。

(29송)

내강에서 출현하므로 무생이며[22]
内腔   無生

언설의 논의들을 멀리 벗어나고,

모든 언설들의 최승의 원인이며

모든 언설을 명료하게 만드느니라.

---

22) 제29송은 로첸·린첸쌍뽀(寶賢)의 역본에 의한 것으로 데게 판본과 의미에는 차이가 없으나 데게 판본의 제1구는, "대명(大命)이니 무생(無生)이며"의 뜻인 "쏙첸뽀떼꼐와메(Srog chen po ste skye ba med)로 직역에 해당하고, 린첸쌍뽀의 번역은 의역에 해당한다. 쏙첸(Srog chen, 大命)의 대응어는 프라노(Prāṇo)로 쏙(Srog, 命)과 쏙욱(Srog dbyugs, 命息)의 뜻이며, 쏙(命)의 본질이 룽(rLuṅ, 風息)인 까닭에 심장의 아(阿)자에서 상행풍이 일어나서 인후의 맥륜(脈輪)에 들어가서 음성이 발생하므로 원만차제와 결부하여 의역을 한 것이다.
미이왕뽀닥빠(人王稱)는 29송을 설명하길, "대명(大命)[내강(內腔)]이라 함은, 어떠한 글자를 말할지라도 그것의 안에서 출현하므로, 무생이며, 원인과 조건에 의지함이 없이 스스로 출생함이다. 그러므로, '언설의 논의들을 멀리 벗어남이다.'라고 설하니, 체험하라고 함이다. 이제 세속의 보리심을 보이기 위하여, '모든 언설들의 최승의 원인이며'라는 등을 설하였으니, 어떠한 글자를 말하든지 일체의 원인은 몸의 문자와 지분과 명(命)이니, 여기서 능명(能明)의 자음을 위주로 잡으므로, '모든 언설을 명료하게 만든다.'라고 설하였다. 능명이란, 글자가 됨이니, 「아」등이 아니니, 나마:악쇼바(Na ma: akṣobha) 등을 명료하게 하므로 능명이니, 자음들이다. 또는 '모든 언설들의 최승의 원인이다.'라고 함은, 여섯 밀주왕에게 적정 등의 변제가 있게 하는 뜻이다."라고 하였다.

5-3-30

མཆོད་པ་ཆེན་པོ་འདོད་ཆགས་ཆེ།   སེམས་ཅན་ཐམས་ཅད་དགའ་བར་བྱེད།

མཆོད་པ་ཆེན་པོ་ཞེ་སྡང་ཆེ།   ཉོན་མོངས་ཀུན་གྱི་དགྲ་ཆེ་བ།

최빠 첸뽀 되착체   쌤짼 탐쩨 가와ㄹ제

최빠 첸뽀 셰당체   뇬몽 뀐기 다체와

【梵　本】大供養者之大貪　一切有情令歡喜　大供養者之大瞋　一切煩惱大怨敵
【釋智譯】大供養者是大欲, 一切有情令歡喜, 大供養者即大瞋, 一切煩惱廣大怨。

(30송)

대욕의 대공양을 갖추었으니
大　欲
일체유정을 기쁘게 하시고,

대진의 대공양을 갖추었으니
大　瞋
모든 번뇌의 대원수로 여기시니라.
大　怨讐

 མཆོད་པ་ཆེན་པོ་གཏི་མུག་ཆེ།   གཏི་མུག་བློ་སྟེ་གཏི་མུག་སེལ།

མཆོད་པ་ཆེན་པོ་ཁྲོ་བ་ཆེ།   ཁྲོ་བ་ཆེན་པོ་དགྲ་ཆེ་བ།

최빠 첸뽀 띠묵체   **띠묵 로떼 띠묵쎌**

최빠 첸뽀 토와체   **토와 첸뽀 다체와**

【梵　本】 大供養者之大癡　以愚癡心除愚癡　大供養者之大忿　即大忿恚之大敵
【釋智譯】 大供養者是大癡, 亦愚癡心除愚癡, 大供養者即大忿, 即是忿恚大冤仇。

(31송)

대치의 대공양을 갖추었으니
大 癡

우치심으로 우치를 멸하시고,

대분의 대공양을 갖추었으니
大 忿

모든 분노의 대원수이시니라.

5-5-32

མཆོད་པ་ཆེན་པོ་ཆགས་པ་ཆེ། ཆགས་པ་ཐམས་ཅད་སེལ་བར་བྱེད།

འདོད་པ་ཆེན་པོ་བདེ་བ་ཆེ། དགའ་བ་ཆེན་པོ་མགུ་བ་ཆེ།

최빠 첸뽀 착빠체 착빠 탐쩨 셸와ㄹ제

되빠 첸뽀 데와체 가와 첸뽀 구와체

【梵　本】大供養者大慳貪　一切慳貪皆斷除　大愛欲以及大樂　大喜悅與大享樂
【釋智譯】大供養者大貪欲, 一切貪欲皆除斷, 大欲即是於大樂, 大安樂者大喜足。

(32송)

대착의 대공양을 갖추었으니
大着

모든 간탐을 단멸하시고,

대욕의 대락을 갖추었으니
大欲　　大樂

크게 기뻐하고 크게 희열하시니라.
大喜　　　大悅

གཟུགས་ཆེ་ལུས་ཀྱང་ཆེ་བ་སྟེ། ཁ་དོག་ཆེ་ཞིང་ལུས་བོངས་ཆེ།

མིང་ཡང་ཆེ་ཞིང་རྒྱ་ཆེ་བ། དཀྱིལ་འཁོར་ཆེན་པོ་ཡངས་པ་ཡིན།

툭체 뤼꺙 체와떼   카독 체싱 뤼봉체

밍양 체싱 갸체와   낄코ㄹ 첸뽀 양빠인

【梵　本】大形色與及大身　大顯色與大形相　大名與及大廣大　以及大廣博壇城
【釋智譯】大境色與廣大身, 大色並及大形像, 大名及與大廣大, 大中圍者是廣大。

(33송)

대정색의 광대신을 갖추시고
大淨色　廣大身
대묘색의 장대신을 갖추시어,
大妙色　長大身
존명은 또한 높고 크고 드넓으니
尊名
대만다라가 광대하고 무변하니라.
無邊

ཤེས་རབ་མཚོན་ཆེན་འཆང་བ་སྟེ།　　ཉོན་མོངས་ལྕགས་ཀྱུ་ཆེ་བའི་མཆོག

གྲགས་ཆེན་སྣན་གྲགས་ཆེན་པོ་སྟེ།　　སྣང་བ་ཆེན་པོ་གསལ་བ་ཆེ།

쎼랍 췬첸 창와떼　　논몽 짝뀨 체외촉

닥첸 녠닥 첸뽀떼　　낭와 첸뽀 쌜와체

【梵　本】大般若劍執持者　持大煩惱鉤勝者　具大名稱大美譽　大顯現及大明照
【釋智譯】般若大器執持者, 煩惱鐵鉤大中勝, 普聞妙聞皆廣大, 廣大顯現廣大明。

(34송)
대반야의 이검을 잡으시고[23]
利　劍
번뇌의 족쇄를 부수는 지존이시며,
대명의 칭송이 시방에 자자하시고
광명이 크게 밝고 크게 빛나시니라.

---

23) 이 29송은 데게 판본과 로첸·린첸쌍뽀(寶賢)의 역본에 차이가 없으나 린첸쌍뽀의 역본의 제1구는, "반야의 대검을 손에
잡음"을 뜻하는 "쎼랍췬첸창와떼(Śes rab mtshon chen ḥchaṅ ba te)로 되어 있다.

མཁས་པ་སྒྱུ་འཕྲུལ་ཆེན་པོ་འཆང་།   སྒྱུ་འཕྲུལ་ཆེན་པོ་དོན་གྲུབ་པ།

སྒྱུ་འཕྲུལ་ཆེན་པོའི་དགའ་བས་དགའ།   སྒྱུ་འཕྲུལ་ཆེན་པོའི་མིག་འཕྲུལ་ཅན།

케빠 규튈 첸뽀창   규튈 첸뽀 된둡빠

규튈 첸뾔 가외가   규튈 첸뾔 믹튈쩬

【梵　本】賢者持此大幻化　成就大幻化義理　其樂爲大幻化樂　能幻大幻化所幻
【釋智譯】善巧幻化廣大持, 大幻化中成利益, 大幻化內喜中喜, 大幻化中施幻術。

(35송)

대환망의 획득에 밝으시니

대환망으로 의리를 이루시고,
大 幻 網

대환망으로 기뻐하고 희열하시니

대환망의 환술의 지존이시라.
幻 術

སྦྱིན་བདག་ཆེན་པོ་གཙོ་བོ་སྟེ།　　　ཚུལ་ཁྲིམས་ཆེན་པོ་འཆང་བའི་མཆོག

བཟོད་ཆེན་འཆང་བ་བརྟན་པ་པོ།　　　བརྩོན་འགྲུས་ཆེན་པོ་བཅུལ་བ་ཡིན།

진닥 첸뽀 쪼오떼　　　　출팀 첸뽀 창외촉

쇠첸 창와 뗀빠뽀　　　　쬔뒤 첸뽀 뛸와인

【梵　本】大布施主最上尊　大持戒者最殊勝　大安忍者具堅忍　大精進者勝摧伏
【釋智譯】施主廣大最爲尊, 淨戒廣大持殊勝。安忍大持堅固者, 精進廣大悉調伏。

(36송)

대시주 가운데 지존이시며
大　施　主

대지율 가운데 최승이시고,
大　持　律

대인욕 가운데 견고이시며
大　忍　辱

대정진의 조복견정자[24]이시라.
調　伏　堅　定　者

---

24) 제36송의 4구의 데게 판본은 "대정진이며 적방을 진압하다."를 뜻하는 "쬔뒤첸뽀파롤뇐(brTson ḥgrus chen po pha rol gnon)이다.

བསམ་གདན་ཆེན་པོ་ཏིང་འཛིན་གནས། ཤེས་རབ་ཆེན་པོའི་ལུས་འཆང་བ།

སྟོབས་པོ་ཆེ་ལ་ཐབས་ཆེ་བ། སྨོན་ལམ་ཡེ་ཤེས་རྒྱ་མཚོ་སྟེ།

쌈뗀 첸뽀 띵진네   쎼랍 첸뾔 뤼창와

똡뽀 첼라 탑체와   뭰람 예쎼 갸초떼

【梵　本】大禪定中住等持　大般若而持身者　大力大方便具足　大願是勝智大海
【釋智譯】靜慮廣大住禪定, 般若廣大持身者, 力大方便亦廣大, 大願勝智廣大海。

(37송)
대선정의 삼매에서 지내시며

대반야의 혜신을 얻으셨으니,
　　　　慧身

대력과 대방편을 구족하시어

원력과 지혜의 바다이시라.

5-11-38

བྱམས་ཆེན་རང་བཞིན་དཔག་ཏུ་མེད། སྙིང་རྗེ་ཆེན་པོ་བློ་ཡི་མཆོག

ཤེས་རབ་ཆེན་པོ་བློ་ཆེན་ལྡན། མཁས་པ་བཞེན་པོ་ཐབས་ཆེ་བ།

잠첸 랑신 빡뚜메   닝제 첸뽀 로이촉

쎼랍 첸뽀 로첸덴   케빠 벤뽀 탑체와

【梵　本】大慈之類無量數　大悲則具殊勝意　大般若者具大慧　大方便者大作業
【釋智譯】大慈自性無量邊, 亦是大悲勝智慧, 有大智慧具大智, 大善巧者大方便。

(38송)
대자의 자성이 헤아릴 수 없으시고[25]
　　大　慈
대비의 마음이 수승하시며,
대반야의 광대한 지성을 갖추시니
　　　　　　　　　智　性
대선교의 방편에 능하시니라.
　　大　善　巧

---

25) 제38송의 4구의 데게 판본은 "대방편을 행하는 대작자(大作者)이다."를 뜻하는 "탑첸제빠쳰뽀떼(Thab chen byed pa chen po ste)이다.

5-12-39

 རྡུ་འཕྲུལ་ཆེན་པོ་སྟོབས་དང་ལྡན། ཤུགས་ཆེན་མགྱོགས་པ་ཆེན་པོ་སྟེ།

རྡུ་འཕྲུལ་ཆེན་པོ་ཆེར་གྲགས་པ། སྟོབས་ཆེན་པ་རོལ་གནོན་པ་པོ།

주튈 첸뽀 똡당덴　　숙첸 곡빠 첸뽀떼

주튈 첸뽀 체ㄹ닥빠　　똡첸 파뤌 뇐빠뽀

【梵　本】具大神通之能力　大勢用及大疾速　大神通亦大名稱　大力用爲征伏者
【釋智譯】具大神通之大力, 大勢及與大速疾, 複大神通大名稱, 大力令他令摧伏。

(39송)

대신통의 능력을 지니시고

대세력과 대신속을 갖추시어,
大　勢

대신통과 대칭송을 갖추시니

대력으로 적들을 최파하시니라.

5-13-40

སྲིད་པའི་རི་བོ་ཆེན་པོ་འཇོམས། མཁྲེགས་ཤིང་རྡོ་རྗེ་ཆེན་པོ་འཆང་།

དྲག་པོ་ཆེན་པོ་དྲག་ཤུལ་ཆེ། འཇིགས་ཆེན་འཇིགས་པར་བྱེད་པ་པོ།

씨뺴 리보 첸뽀족 텍싱 도ㄹ제 첸뽀창

닥뽀 첸뽀 닥슐체 직첸 직빠ㄹ 제빠뽀

【梵　本】三有大山能摧壞　大金剛持不可摧　大殘暴卽大緊張　大怖畏中施怖畏
【釋智譯】三有之山廣大壞, 堅固執持大金剛, 大怒卽是大雄勇, 於大怖中施怖畏。

(40송)
삼유의 큰 산을 능히 파괴하시고
三 有
견고불렬의 대금강을 갖추시니,
堅 固 不 裂
능파의 대포악이자 대용무이시고
能 破　　大 暴 惡　　大 勇 武
큰 공포를 부수는 대포외자이시라.
大 怖 畏

5-14-41

མགོན་པོ་རིགས་མཆོག་ཆེན་པོ་སྟེ།   བླ་མ་གསང་སྔགས་ཆེ་བའི་མཆོག

ཐེག་པ་ཆེན་པོའི་ཚུལ་ལ་གནས།   ཐེག་པ་ཆེན་པོའི་ཚུལ་གྱི་མཆོག

곤뽀 릭촉 첸뽀떼   라마 쌍악 체외촉

택빠 첸뾔 췰라네   텍빠 첸뾔 췰기촉

【梵　本】尊勝大明之怙主　尊勝大密呪上師　住於大乘義理中　是大乘道尊勝者
【釋智譯】尊者種性大殊勝, 上師密咒大殊勝, 住在於彼大乘相, 大乘相中最殊勝。

(41송)

구호주는 최상의 대종성이시자

스승이시며, 대밀주의 지존으로
大密呪

대승의 이취 가운데 지내시니

대승의 이취 가운데 최승자이로다.

【梵　本】上來金剛界大壇城十四頌
【釋智譯】已上三十七菩提曼茶囉讚金剛菩提心八十六名計十四頌
[이상의 금강법계대만다라보리심설품(金剛法界大曼茶羅菩提心說品)은 14게송을 설해보인 것이다.]

(此下二十四頌三句。是出現衆明主中圍故讚淸淨法界一百八名數)　　【梵本】三　淸淨法界智

6-1-42

སངས་རྒྱས་རྣམ་པར་སྣང་མཛད་ཆེ། 　　　　　ཐུབ་པ་ཆེན་པོ་ཐུབ་ཆེན་ལྡན།

གསང་སྔགས་ཆུལ་ཆེན་ལས་བྱུང་བ། 　　　　　གསང་སྔགས་ཆུལ་ཆེན་བདག་ཉིད་ཅན།

쌍계 남빠르 낭제체 　　　　　툽빠 첸뽀 툽첸덴

쌍악 췰첸 래중와 　　　　　쌍악 췰첸 닥니쩬

【梵　本】彼大毘盧遮那佛　具大寂默大牟尼　自大密呪理出現　具大密呪自性理
【釋智譯】正覺遍照大事業, 大寂默尊具大寂, 大密呪中令出現, 有大密呪自性理。

(42송)

대비로자나불 세존으로

대능인을 얻은 대능인존이시며,
大 能 仁

밀주의 큰 이취에서 출생하시니
密 呪

밀주의 큰 이취 자체를 갖추셨도다.

6-2-43

ཕ་རོལ་ཕྱིན་བཅུ་ཐོབ་པ་སྟེ།　　　ཕ་རོལ་ཕྱིན་པ་བཅུ་ལ་གནས།

ཕ་རོལ་ཕྱིན་བཅུ་དག་པ་སྟེ།　　　ཕ་རོལ་ཕྱིན་པ་བཅུ་ཡི་ཚུལ།

파롤 친쭈 톱빠떼　　　**파롤 친빠 쫄라네**

파롤 친쭈 닥빠떼　　　**파롤 친빠 쭈이췰**

【梵　本】十波羅密多能得　十波羅密多安住　十波羅密多清淨　十波羅密多理趣
【釋智譯】十彼岸到證得者, 住於十種彼岸中, 十彼岸到是清淨, 即是十種彼岸理。

(43송)

십바라밀을 성취하시어

십바라밀에 안주하시며,

십바라밀로 청정하시니,

십바라밀의 이취를 갖추셨도다.

6-3-44

མགོན་པོ་ས་བཅུའི་དབང་ཕྱུག་སྟེ། ས་བཅུ་ལ་ནི་གནས་པ་པོ།

ཞེས་བཅུ་རྣམ་དག་བདག་ཉིད་ཅན། ཞེས་བཅུ་རྣམ་དག་འཆང་བ་པོ།

곤뽀 싸쮜 왕축떼 싸쮈 라니 네빠뽀

쎼쭈 남닥 닥니짼 쎼쭈 남닥 창와뽀

【梵　本】十地自在之怙主　安住於彼十地中　具十地清淨我性　十地清淨受持者
【釋智譯】尊者十地自在者, 住在於彼十地中, 十智清淨具自性, 持於十智清淨者。

(44송)

구호주는 십지에 자재하시며
　　　十 地
십지에 안주하는 님이시고,
　十 地
청정한 십지의 자성을 갖추시니
　　　十 智
청정한 십지의 소유자이시라.
　　　十 智

6-4-45

རྣམ་པ་བཅུ་པོ་དོན་བཅུའི་དོན།   ཐུབ་དབང་སྟོབས་བཅུ་ཁྱབ་པའི་བདག

ཀུན་གྱི་དོན་ནི་མ་ལུས་བྱེད།   རྣམ་བཅུ་དབང་ལྡན་ཆེ་བ་པོ།

남빠 쭈뾔 된쮜된   툽왕 뚭쭈 캽빼닥

뀐기 된니 말뤼제   남쭈 왕덴 체와뽀

【梵　本】十行相十義義利　寂黙主十力遍主　行相無餘成利益　於十行相大自在
【釋智譯】十種義相義中義, 自在寂黙十力主, 作諸利益無有遺, 具有十種大自在。

(45송)

십상과 십의의 의리를 갖추시고
　十　相　　　十　義

능인의 왕으로 십력의 편주이시니,
　能　仁　　　　　　　十　力

모든 이익을 남김없이 행하시고

십종자재를 소유한 지존이시라.
　十　種　自　在

6-5-46

ཐོག་མ་མེད་པ་སྤྲོས་མེད་བདག དེ་བཞིན་ཉིད་བདག་དག་པའི་བདག

བདེན་པར་སྨྲ་ཞིང་ཚིག་མི་འགྱུར ཇི་སྐད་སྨྲས་པ་དེ་བཞིན་བྱེད

톡마 메빠 뙤메닥   데신 니닥 닥뻬닥

덴빠르 마싱 칙미규르   지께 메빠 데신제

【梵　本】無始來時離戲我　清淨我如如性我　眞實語而如其語　如語而行不異語
【釋智譯】無始離彼戲論主, 真如自性清淨主, 言說真實不諱句, 如其所說而依行。

(46송)

무시이래로 무희론의 주인이시고[26]
진여의 자체며 청정의 주인이시라,
진실을 설하며 언사가 불변이시니
그와 같이 설하고 행하시니라.

---

26) 제46송의 3구의 데게 판본은 "진실을 설하며 언구가 다름이 없으며"를 뜻하는 "양닥마싱칙섄메(Yaṅ dag smra shiṅ tshig mi ḥgyur)이다.

6-6-47

གཉིས་སུ་མེད་དང་གཉིས་མེད་སྨྲ། ཡང་དག་མཐའ་ལ་རྣམ་པར་གནས།

བདག་མེད་སེང་གེའི་སྒྲ་དང་སྒྲོག། ཤུ་སྟེགས་རི་དགས་དང་འཇིགས་བྱེད།

니쑤 메당 니메뙨 양닥 탈라 남빠르네

닥메 쎙게-다당된 무땍 리닥 °앤직제

【梵　本】以無二而說無二　住於眞實之邊際　由是無我獅子吼　惡外道獸極怖畏

【釋智譯】於無二中說無二, 住於真實邊際中, 無我師子具音聲, 外道惡獸皆怖畏。

(47송)

무이 가운데 무이를 가르치시고[27]
　無二
진실의 궁극에서 지내시며,

무아의 사자후를 설하시니
　無我
외도의 악수를 떨게 하시도다.
　　　惡獸

---

27) 제47송의 1구는 데게 판본에는 "니쑤메당니메마(gÑis su med daṅ gñes med smra)로 나오나 의미는 차이가 없다.

ཀུན་ཏུ་འགྲོ་བའི་དོན་ཡོད་སྟོབས། དེ་བཞིན་གཤེགས་པའི་ཡིད་ལྟར་མགྱོགས།

རྒྱལ་བ་དག་རྒྱལ་རྣམ་པར་རྒྱལ། འཁོར་ལོས་སྒྱུར་བ་སྟོབས་པོ་ཆེ།

꾼뚜 도외 된요똡   데신 쎽빼 이딸곡

걀와 다걀 남빨걀   콜뢰 귤와 똡뽀체

【梵　本】周遍一切不空趣　疾速猶如如來意　勝者勝敵勝怨敵　大力猶如轉輪王
【釋智譯】遊行一切有義力, 速疾猶若如來心, 勝及最勝勝怨中, 於轉輪者施大力。

(48송)

일체에 들어가는 유의력이[28]
有　義　力

여래의 뜻처럼 신속하시며,

승적과 승원적의 승리자로서
勝　敵　　　勝　怨　敵

전륜왕과 같은 대력자이시라.
轉　輪　王　　　　　大　力　者

---

28) 제48송은 로첸·린첸쌍뽀(寶賢)의 역본에 의한 것으로 데게 판본과는 제1, 3구에 약간의 차이가 있으며, 그 결과 주석서 상에서도 해석의 차이를 보이고 있다. 데게 판본의 1구는 "일체에 들어가고 유의(有義)로 간다."를 뜻하는 "꾼뚜도왜된외되(Kun tu ḥgro baḥi don yod bgrod)"이며, 3구는 "승자와 존승이자 승적이며"를 뜻하는 "걀와다걀남빨걀(rGyal ba dgra rgyal rnam par rgyal)"이다.

잠뺄쎄녠(文殊友)은 데게 판본의 범본과 같이 해설하니, "법계체성지의 본성임으로써 일체에 들어가는 편행(遍行)이다. 왜냐하면, 법계에 포함되지 않는 법이란 하나도 있지 않기 때문이다. 유정들을 교화하기 위하여 일체에 의리(義利)가 있고 일체에 걸림 없이 들어감이 그에게 있는 그것이 유의력(有義力)이다. 과거의 붓다들께서 그 같이 들어감과 같이 들어감으로써 여래이다. 마음의 뜻처럼 신속하므로 신속함이니, 뜻의 힘으로써 묘법의 게송을 지어서 [일체에] 발출함이다. 최악의 법들로부터 승리하므로 승자이며, 설법자들 가운데 특별하게 뛰어남이 있으므로 존승(尊勝)이다. 외부의 마라 등의 원적들로부터 크게 승리하므로 승적(勝敵)이다. 일자륜(一字輪)의 굴림을 얻으므로 전륜자(轉輪者)이며, 마군들이 능히 제압하지 못하므로 대력자(大力者)이다 '라고 하였다.

ཚོགས་ཀྱི་སློབ་དཔོན་ཚོགས་ཀྱི་མཆོག   ཚོགས་རྗེ་ཚོགས་བདག་དབང་དང་ལྡན།

མཐུ་ཆེན་གཅེས་པར་འཛིན་པ་སྟེ།   ཚུལ་ཆེན་གཞན་གྱི་དྲིང་མི་འཛོག

촉끼 롭뻰 촉기촉   촉제 촉닥 왕당덴

투첸 쩨빠르 진빠떼   췰첸 센기 딩미족

【梵 本】衆之主尊衆之師　衆王衆主具自在　以其執持大威德　大理不受他人引
【釋智譯】集中之師集中勝, 集王集主具自在, 大力愛護而執持, 大理不受他思念。

(49송)

대중의 아사리며 대중의 지존이시자,[29]

중존이시고, 중주이시며, 자재자로서,

衆尊　　　　衆主

대력을 모두가 진중하게 받드시니

대이취를 타인의 교도에 두지 않으시니라.

教導

---

29) 제49송은 로첸·린첸쌍뽀(寶賢)의 역본에 의한 것으로 데게 판본과는 제4구와 약간의 차이가 있으니, 4구는 "대이취를 타인이 끌어오지 않는다."를 뜻하는 "출첸쌴기덴빠민(Tshul chen gshan gyis ḥgren pa min)"이다.

6-9-50

ཚིག་རྗེ་ཚིག་བདག་སྒྲ་མཁས་པ།　　ཚིག་ལ་དབང་བ་ཚིག་མཐའ་ཡས།

ཚིག་བདེན་པ་དང་བདེན་པར་སྒྲ།　　བདེན་པ་བཞི་ནི་སྟོན་པ་པོ།

칙제 칙닥 마케빠　　　칙라 왕와 칙타에

칙덴 빠당 덴빠르마　　　덴빠 시니 뙨빠뽀

【梵　本】語王語主辯無礙　言說之主詞無邊　以眞實語說眞實　是四聖諦宣說者
【釋智譯】句王句主能言詞, 句中自在句無邊, 以眞實句說眞實, 於彼四諦宣說者。

(50송)

어왕이자 어주로 언설에 밝으시어
　　語王　　　語主

언사자재로 무변한 언설을 설하시고,
　　言辭自在

진실의 말씀으로 진실하게 설하시니

사성제를 설하시는 도사이시라.
　　四聖諦　　　　　　導師

ཕྱིར་མི་ལྡོག་པ་ཕྱིར་མི་འོང་།   འཇེན་པ་རང་རྒྱལ་བསེ་རུའི་ཚུལ།

དེས་འབྱུང་སྣ་ཚོགས་ལས་བྱུང་བ།   འབྱུང་བ་ཆེན་པོ་རྒྱུ་གཅིག་གོ།

치ㄹ미 독빠 치ㄹ미옹   덴빠 랑걀 쎄뤼췰

ㅎ애중 나촉 래중와   중와 첸뽀 규찍부

【梵　本】 以不退轉故不還 麟角喩獨覺者師 種種出離中出離 大本有中唯一因
【釋智譯】 不還之中複不還, 引導獨覺麟喩理, 種種出離中出生, 廣大出生獨一因。

(51송)

불퇴전하므로 불환자로서,[30]
不退轉　　　　　不還者

무소의 모습을 나투는 독각자로서,
獨覺者

갖가지 출리에서 출생하시지만
出離

광대한 출생은 일대사인연이시라.
一　大　事　因　緣

---

30) 제51송은 로첸·린첸쌍뽀(寶賢)의 역본에 의한 것으로 데게 판본의 제2구는 "인각유독각을 각각 인도하며"를 뜻하는 "쎄루쏘쏘ㄹ덴빠떼(bSe ru so sor ḥgren pa ste)"이다.

6-11-52

དགེ་སློང་དགྲ་བཅོམ་ཟག་པ་ཟད། ། འདོད་ཆགས་བྲལ་བས་དབང་པོ་ཐུལ། །

བདེ་བ་རྙེད་པས་འཇིགས་མེད་ཐོབ། ། བསིལ་བར་གྱུར་པ་རྙོག་པ་མེད། །

게롱 다쫌 탁빠세　　 되착 델외 왕뽀뛸

데와 녜빼 직메톱　　 씰와ㄹ 규ㄹ빠 뇩빠메

【梵　本】阿羅漢漏盡比丘　離欲調伏諸根境　得安樂亦得無畏　得淸凉亦無垢濁
【釋智譯】比丘羅漢卽漏盡, 脫離貪欲調諸根, 獲得安樂無怖畏, 成滿淸凉亦無濁。

(52송)

누진의 아라한 비구로서[31]
漏盡

탐욕을 떠나 감관을 조복하시고,

안락을 얻어 무외를 성취하시니

청량을 이루고 때를 여의셨도다.

---

31) 제52송은 로첸·린첸쌍뽀(寶賢)의 역본에 의한 것으로 데게 판본과 약간의 차이가 있으니 제3구는 "데와레빠직메톱(bDe ba red pa ḥjigs med thob)"이며, 4구는 "적멸의 청량함을 얻은 무염상(無染相)이라네"를 뜻하는 "씰와ㄹ규ㄹ와괴빠메(bSil bar ḥgyur ba gos pa med)"이다.

 རིག་པ་དང་ནི་ཀྱང་པར་ལྡན། བདེ་གཤེགས་འཇིག་རྟེན་རིག་པའི་མཆོག

བདག་གིར་མེད་འཛིན་དང་མེད་འཛིན། བདེན་པ་གཉིས་ཀྱི་ཆུལ་ལ་གནས།

릭빠 당니 깡빠ㄹ덴   데섹 직뗀 릭빼촉

닥기ㄹ 미진 ㅇ아ㄹ미진   덴빠 니끼 췰라네

【梵　本】圓滿明行足　善逝世解勝　無我無我所　安住二諦理
【釋智譯】明解及與具神足, 善逝明解世間勝, 不執我所不執我, 二諦理趣住於中。

(53송)

명지와 덕행을 갖추시고

선서이시자 세간해이시니,
善逝　　　　　世間解

아소가 없고 아집이 없으사
我所

진속이제의 도리에서 지내시도다.
眞俗二諦

6-13-54

འཁོར་བའི་ཕ་རོལ་མཐར་སོན་པ། ་་་་་་་་ བྱ་བ་བྱས་པ་སྐམ་སར་གནས།

ཤེས་པ་འབའ་ཞིག་རེས་གསལ་བ། ་་་་་་་་ ཤེས་རབ་མཚོན་ཆས་ཀུན་འཇོམས་པ།

코ㄹ외 파뢸 타ㄹ쐰빠   자와 제빠 깜싸ㄹ네

쎼빠 바식 ᇮ에쌜와   쎼랍 췬최 남좀빠

【梵　本】已到輪廻彼岸邊　所作成辦住於岸　唯一智中所浮現　已般若器作斷除
【釋智譯】輪回彼岸到究竟：所作已畢住露地, 於一智中而出現, 以智慧器破一切。

(54송)

윤회의 피안의 궁극에 도달하시여³²⁾

할 일을 해마치고 저 언덕에 머무르시며,

오로지 지혜로부터 출현하시니

반야의 이검으로 일체를 부수시도다.
　　　　　　利　劍

32) 제54송은 로첸·린첸쌍뽀(寶賢)의 역본에 의한 것으로 데게 판본과는 제3구에서 차이를 보인다. 데게 판본의 3구는 "오로지 지혜만이 반드시 출현하고"를 뜻하는 "예시바식응에중와(Ye śes ḥbaḥ shig ṅes ḥbyuṅ ba)"이며, 비말라미뜨라(無垢友)나 짠드라고민(皎月) 등의 판본에는 "오로지 지혜로부터 출현하고"를 뜻하는 "예시바식래중와(Ye śes ḥbaḥ shig las byuṅ ba)"이다.

6-14-55

དམ་ཆོས་ཆོས་རྒྱལ་གསལ་བར་ལྡན།　　འཇིག་རྟེན་སྣང་བར་བྱེད་པའི་མཆོག

ཆོས་ཀྱི་དབང་ཕྱུག་ཆོས་ཀྱི་རྒྱལ།　　ལེགས་པའི་ལམ་ནི་སྟོན་པ་པོ།

담최 최걀 쌜와ㄹ덴　　직뗀 낭와ㄹ 제빼촉

최끼 왕축 최끼걀　　　　랙빼 람니 뙨빠뽀

【梵　本】妙法之具明法王　能照世間故最勝　法之自在法之王　是妙善道宣說者
【釋智譯】法王妙法具顯現, 於世間中勝明照, 以法自在法中王, 能演妙道宣說者。

(55송)

묘법을 갖춘 밝은 법왕이시자,

세간의 어두움을 밝히는 지존이시며,

법자재를 얻으신 법왕이시니
　法 自 在
선도를 가르치는 선설자이시라.
善 道　　　　　　善 說 者

6-15-56

 དོན་གྲུབ་བསམ་པ་གྲུབ་པ་སྟེ།   ཀུན་ཏུ་རྟོག་པ་ཐམས་ཅད་སྤང་ངས།

རྣམ་པར་མི་རྟོག་དབྱིངས་མི་ཟད།   ཆོས་དབྱིངས་དམ་པ་ཟད་མི་ཤེས།

된둡 쌈빠 둡빠떼   뀐뚜 똑빠 탐쩨빵

남빠ㄹ 미똑 잉미세   최잉 담빠 세미쉐

【梵　本】義成就及願成就　一切分別盡捨離　無分別界無窮盡　勝妙法界無有盡
【釋智譯】有義成就滿誓願, 舍離一切諸虛妄, 無盡法界實離妄, 勝妙法界極無盡。

(56송)

의리를 성취하시고 심원을 이루시며[33]
心　願

일체의 분별들을 모두 끊어버리시니,

무분별의 법계가 다함 없음이시고

청정한 법계가 다함을 알지 못함이시라.

---

33) 제56송은 로첸·린첸쌍뽀(寶賢)의 역본에 의한 것으로 데게 판본과는 제1구에서 차이를 보인다. 데게 판본의 1구는 "의리를 성취하고 성취한 분별"을 뜻하는 "된둡둡빼꾼똑니(Don grub grub paḥi kun rtog ni)"이다.

བསོད་ནམས་ལྡན་པ་བསོད་ནམས་ཚོགས། ཡེ་ཤེས་ཡེ་ཤེས་འབྱུང་གནས་ཆེ།

ཡེ་ཤེས་ལྡན་པ་ཡོད་མེད་ཤེས། ཚོགས་གཉིས་ཚོགས་ཏེ་བསགས་པ་པོ།།

쐬남 덴빠 쐬남촉　　　예쎼 예쎼 중네체

예쎼 덴빠 요메쎼　　　촉니 촉니 싹빠뽀

【梵　本】具福得積福資糧　智爲大智之生處　唯知有無之智者　是能積集二資糧
【釋智譯】具大福田勝福足, 智中廣大殊勝智, 具足智告解有無, 二種資糧積集者。

(57송)

복덕을 갖추어 복덕자량을 구족하시고[34]

지혜 가운데 지혜의 대발생처로서,

지혜를 갖추어 유무를 요지하시니

이자량을 쌓으신 대살타이시라.
　二　資　糧　　　　　　大　薩　埵

---

34) 제57송은 로첸·린첸쌍뽀(寶賢)의 역본에 의한 것으로 데게 판본과는 제4구에서 차이를 보인다. 데게 판본의 4구는 "이자량(二資糧)의 쌓음을 바르게 갖추다."를 뜻하는 "촉니촉당양닥댄(Tshogs gñis tshogs daṅ yaṅ dag ldan)"이다. 또한 2구도 판본에 따라서, "예시예시중내체(Ye śes ye śes ḥbyuṅ gnas che)"와 "예시예시캐빠르체(Ye śes ye śes khyad par che)"로 나온다.

ཆག་པ་ཀུན་རྒྱལ་རྣལ་འབྱོར་ཅན།   བསམ་གཏན་བསམ་བྱ་བློ་ལྡན་མཆོག

སོ་སོ་རང་རིག་མི་གཡོ་བ།   མཆོག་གི་དང་པོ་སྐུ་གསུམ་འཆང་།

딱빠 뀐걀 낼조ㄹ짼   쌈땐 쌈자 로덴촉

쏘쏘 랑릭 미요와   촉기 당뽀 꾸쑴창

【梵　本】常住遍勝觀行者　定中所觀具智尊　內自證智不變動　本初最勝持三身
【釋智譯】恒常遍勝相應真, 靜慮所慮慧具勝, 各各自明皆不動, 最上勝者自證智持。

(58송)

항상이며, 일체에 승리하신 유가행자이시자,[35]
　　　　　　　　　　　　　　瑜伽行者

선정을 사유처로 삼는 구혜의 지존이시고,
　　　　　　　　　　　　具慧

각각의 자증지에서 동요함이 없으시니
　　　　　自證智

최승의 본초를 얻어 삼신을 지니셨도다.
　　　本初　　　　　三身

---

35) 제58송은 로첸·린첸쌍뽀(寶賢)의 역본에 의한 것으로 데게 판본과는 제2, 3구에서 차이를 보인다. 데게 판본의 2구는 "쌈땐쌈자로이닥(bSam gtan bsam bya blo yi bdag)"이며, 3구도 짠드라고민(皎月) 등의 판본에는 "쏘쏘ㄹ랑릭쬐율와(So sor raṅ rig spyod yul ba)"로 나오기도 한다.

སངས་རྒྱས་སྐུ་ལྔའི་བདག་ཉིད་ཅན། ཁྱབ་བདག་ཡེ་ཤེས་ལྔ་ཡི་བདག

སངས་རྒྱས་ལྔ་བདག་ཅོད་པན་ཅན། སྤྱན་ལྔ་ཆགས་པ་མེད་པ་འཆང་།

쌍계 꾸ᇰ아 닥니짼   컍닥 예쎼 ᇰ아이닥

쌍계 ᇰ아닥 쬐뺀짼   쩽아 착빠 메빠창

【梵　本】佛陀五身性　遍主五智性　頂冠五覺性　五眼持無著
【釋智譯】具足正覺五身性, 遍主五種智自性, 五部佛主具冠冕, 持五種眼離執著。

(59송)

오불여래의 본성을 지니시고
五 佛 如 來

편주로서 오지의 자성을 갖추시며,
五 智

오종성불의 관면을 쓰시고
五 種 成 佛　　冠 冕

무집착의 오안을 집지하셨도다.
五 眼

6-19-60

སངས་རྒྱས་ཐམས་ཅད་སྐྱེད་པ་པོ།　　　སངས་རྒྱས་སྲས་པོ་དམ་པའི་མཆོག

ཤེས་རབས་སྲིད་འབྱུང་སྐྱེ་གནས་མེད།　　ཚོས་ལས་འབྱུང་བ་སྲིད་པ་སེལ།།

쌍계 탐째 꼐빠뽀　　　쌍계 쎄뽀 담빼촉

쎼빼 씨중 꼐네메　　　췰래 중와 씨빠쐴

【梵　本】一切諸佛之生者　無上尊勝諸佛子　無生處而智出有　離三有子法生處
【釋智譯】令諸正覺皆增長, 正覺尊子勝微妙, 勝智有出無生處, 法中出現離三有。

(60송)

모든 부처님들을 출생시키는 님으로서[36]

부처님의 고귀한 아들 가운데 무상존이시니,
　　　　　　　　　　　　　　　無上尊

진지로 삼유를 떠나 수생처가 없으시며
眞智　　　　　　　受生處

법에서 출현하여 삼유를 멸하시니라.
　　　　　　　三有

---

36) 제60송은 로첸 · 린첸쌍뽀(寶賢)의 역본에 의한 것으로 데게 판본과는 제3, 4구에서 차이를 보인다. 데게 판본의 3구는 "쎄
랍씨중께내메(Śes rab srid ḥbyuṅ skye gnas med)"이며, 4구는 "최끼께내씨타르제(Chos kyi skye gnas srid mthar byed)"
이다.

བཅག་པུ་སྲ་མཁྲེགས་རྡོ་རྗེའི་བདག

སྐྱེས་མ་ཐག་ཏུ་འགྲོ་བའི་བདག

ནམ་མཁའ་ལས་བྱུང་རང་བྱུང་བ།

ཤེས་རབ་ཡེ་ཤེས་མེ་བོ་ཆེ།

찍뿌 싸택 도ㄹ제-닥

꼐마 탁뚜 도외닥

남카 래중 랑중와

쎄랍 예쎄 메보체

【梵　本】唯一不壞金剛性　卽生卽作世間主　虛空眾生自然生　大般若智如大火
【釋智譯】獨一堅固金剛性, 初生已作有情主, 現空性中自超出, 勝智妙智如大火。

(61송)

유일한 불괴의 금강의 자성을 갖추시니[37]

태어나자마자 바로 유정의 구호주이시며,

허공에서 출현하여 스스로 자생하는 님으로서

반야와 지혜가 큰 불과 같으시니라.

---

37) 제61송은 로첸 · 린첸쌍뽀(寶賢)의 역본에 의한 것으로 데게 판본과는 제2구에서 차이를 보인다. 데게 판본의 2구는 "탈두 꼐빠도왜닥(ḥPhral du skyed pa ḥgro baḥe bdag)"이다.

6-21-62

འོད་ཆེན་རྣམ་པར་སྣང་བར་བྱེད། ཡེ་ཤེས་སྣང་བ་ལམ་མེ་བ།

འགྲོ་བའི་མར་མེ་ཡེ་ཤེས་སྒྲོན། གཟི་བརྗིད་ཆེན་པོ་འོད་གསལ་བ།

외첸 남빠르 낭와르제 예셰 낭와 람메빠

도외 마르메 예셰된 시지 첸뽀 외쌜와

【梵　本】遍照大光明　智光遍照耀　智炬世間燈　大威光燦爛

【釋智譯】以大光明遍照耀；以智慧明令閃耀，是有情燈智慧炬，具大威勢顯光明。

(62송)

세간을 두루 비추는 대광명이시고,[38)]

지혜의 광명이 찬란하게 빛나시니,

유정의 등불이자 지혜의 횃불이시며

위세가 광대하고 광명이 빛나시니라.

38) 제62송은 로첸 · 린첸쌍뽀(寶賢)의 역본에 의한 것으로 데게 판본과는 제2구에서 차이를 보인다. 데게 판본의 2구는 "지혜의 별빛이 찬란하게 빛나며"를 뜻하는 "예시까르마람메와(Ye śe skar ma lam me ba)"이다.

6-22-63

 སྔགས་མཆོག་མངའ་བདག་རིག་སྔགས་རྒྱལ། གསང་སྔགས་རྒྱལ་པོ་དོན་ཆེན་བྱེད།

གཙུག་ཏོར་ཆེན་པོ་ངྩད་བྱུང་གཙུག ནམ་མཁའི་བདག་པོ་སྣ་ཚོགས་སྟོན།

ༀ악촉 ༀ아닥 링악걜   쌍악 걜뽀 뒨첸제

쭉또ㄹ 첸뽀 메중쭉   남캐 닥뽀 나촉뙨

【梵　本】明王尊勝密呪主　密呪王作大義利　希有頂髻大頂髻　虛空主現種種相
【釋智譯】是勝呪主明呪王, 密呪王者作大益, 具大肉髻希有頂, 大虛空主說種種。

(63송)
최승주의 주군으로 명주왕이시니[39]
最 勝 呪　　　　　　　明 呪 王
밀주왕으로 대의리를 행하시고,
密 呪 王　　　　大 義 利
두정의 대육계며 희유한 육계를 갖추시고
頭 頂　　大 肉 髻　　　　　　肉 髻
허공의 주인으로 각종사를 나투시도다.
各 種 事

---

39) 제63송은 로첸·린첸쌍뽀(寶賢)의 역본에 의한 것으로 데게 판본과는 제1구에서 차이를 보인다. 데게 판본의 1구는 "릭빼 걜촉응악왕뽀(Rig paḥi rgyal mchog sṅags dbaṅ po)"이다.

6-23-64

སངས་རྒྱས་ཀུན་བདག་དངོས་པོ་མཆོག འགྲོ་ཀུན་དགའ་བའི་མིག་དང་ལྡན།

སྣ་ཚོགས་གཟུགས་ཅན་སྐྱེད་པ་པོ། མཆོད་ཅིང་རྗེད་པ་དང་སྲོང་ཞེ།

쌍계 뀐닥 ᱩ외뽀촉　　도뀐 가외 믹당뎬

나촉 숙짼 꼐빠뽀　　최찡 제빠 당쏭체

【梵　本】諸佛我性最勝有 [觀照]世間歡喜眼　由是隨現種種色　大仙供養且尊重
【釋智譯】是諸正覺勝自性, 具足有情歡喜眼, 能令增長種種相, 諸大仙等皆供贊。

(64송)

제불의 본성이자 최승의 몸을 얻으시고[40]

유정들이 환희하는 눈을 갖추시어,

갖가지 형상을 나투시니,

공양과 찬탄이 마땅한 대선인이시라.
　　　　　　　　　　　　　　大 仙 人

---

40) 제64송은 데게 판본에 의한 것으로 로첸·린첸쌍뽀(寶賢)의 역본과는 작은 차이가 있으며, 또한 같은 역본이라도 차이가 있다. 린첸의 역본의 1구는 "쌍걔꾼기꾸이촉(Saṅs rgyas kun gyi sku yi mchog)"이며, "도꾼가왜믹당댄(ḥGro kun dgaḥ baḥi mig daṅ ldan dbaṅ po)"이며, 4구는 "당쏭체귀최찡죄(Draṅ sroṅ che dgus mchod ciṅ brjod)"이다.

6-24-65

 རིགས་གསུམ་འཆང་བ་གསང་སྔགས་འཆང་།   དམ་ཚིག་ཆེན་པོ་གསང་སྔགས་འཛིན།

གཙོ་བོ་དཀོན་མཆོག་གསུམ་འཛིན་པ།   ཐེག་པ་མཆོག་གསུམ་སྟོན་པ་པོ།

릭쑴 창와 쌍악창   담칙 첸뽀 쌍악진

쪼오 꾄촉 쑴진빠   텍빠 촉쑴 뙨빠뽀

【梵　本】具持密呪三種姓　受持大誓句密呪　護持三寶爲最勝　最上三乘說法者
【釋智譯】令持三種具密呪, 大記句者持密呪, 尊者守護三寶故, 宣說最勝三乘法。

(65송)

삼종성의 밀주를 얻으시어[41]
三　種　姓

대서언의 밀주를 집지하시고,

존자께서 삼보를 호지하시니

최상의 삼승을 가르치는 선설자이시라.
　　三　乘　　　　　　　　　善　說　者

---

41) 제65송은 로첸 · 린첸쌍뽀(寶賢)의 역본에 의한 것으로 데게 판본과는 제4구에서 차이를 보인다. 데게 판본의 4구는 "텍빠
쑴촉뙨빠뽀(Theg pa gsum mchog ston pa po)"이다.

དོན་ཡོད་ཞགས་པ་རྣམ་པར་རྒྱལ།   འཛིན་པ་ཆེན་པོ་རྡོ་རྗེ་ཞགས།

རྡོ་རྗེ་ལྕགས་ཀྱུ་ཞགས་པ་ཆེ།   རྡོ་རྗེ་འཇིགས་བྱེད་འཇིགས་པར་བྱེད།

된요 쌱빠 남빠ㄹ걀   **진빠 첸뽀 도ㄹ제쌱**

도ㄹ제 짝뀨 쌱빠체   **도ㄹ제 직제 직빨제**

【梵　本】不空羂索能勝伏　金剛羂索大攝受　金剛鐵鉤大羂索　怖畏金剛能怖畏

【釋智譯】有義胃索真勝利, 是大執持金剛索, 金剛鐵鉤胃索大, 怖畏金剛能怖畏。

(66송)
불공견삭의 대승리자로서
不 空 羂 索 　 大 勝 利 者
대집지의 금강견삭이시자,
大 執 持 　 金 剛 羂 索
금강철구의 대견삭이시고
金 剛 鐵 鉤 　 大 羂 索
금강포외의 능포외자이시라.
金 剛 怖 畏 　 能 怖 畏 者

【梵　本】上來清淨法界智二十五頌。(其中一頌)四分一缺。

已上毘盧遮那佛曼荼囉讚清淨法界智一百八名計二十四頌令三句

[이상의 청정법계지찬탄품 이십오송(清淨法界智讚嘆品二十五頌)은 비로자나불의 본성인 법계체성지의 문을 통해서 문수지혜살타의 무변한 공덕을 찬탄한 것이다.]

제7 대원경지찬탄품 - 10頌　　【梵本】四　大圓鏡智
第七　大圓鏡智贊嘆品

7-1-67

ཁྲོ་བོའི་རྒྱལ་པོ་གདོང་དྲུག་འཇིགས།　　　མིག་དྲུག་ལག་དྲུག་སྟོབས་དང་ལྡན།

གཀེང་རུས་མཆེ་བ་གཙིགས་པ་པོ།　　　ཧ་ལ་ཧ་ལ་གདོང་བརྒྱ་པ།

토뵈 걀뽀 동둑직　　　믹둑 락둑 똡당댄

깽뤼 체와 찍빠뽀　　　할라 할라 동갸빠

【梵　本】六面怖畏忿怒王　六眼六臂皆具力　張牙露齒佩髑髏　訶羅訶羅毒百面
【釋智譯】忿怒王者具六面, 六眼六臂力具足, 亦具骨相露牙者, 哈拉哈拉具百面。

(67송)

육면포외의 분노왕이시자
六面怖畏　　忿怒王

육안육비의 대위력자이시고,
六眼六臂　　大威力者

패골로아의 분노자이시니
佩骨露牙　　忿怒者

할라할라의 백면포외이시라.
Hāla Hāla　　百面怖畏

7-2-68

གཞིན་རྗེ་གཤེད་པོ་བགེགས་ཀྱི་རྒྱལ།　　རྡོ་རྗེ་ཤུགས་ཆེན་འཇིགས་བྱེད་པ།

རྡོ་རྗེ་གྲགས་པོ་རྡོ་རྗེ་སྙིང།　　སྒྱུ་འཕྲུལ་རྡོ་རྗེ་གསུས་པོ་ཆེ།

씬제 쎼뽀 객끼걀　　도ㄹ제 슉첸 직제빠

도ㄹ제 닥뽀 도ㄹ제닝　　규튈 도ㄹ제 쑴뽀체

【梵　本】閻鬘德迦障礙王　具金剛力怖畏相　金剛名稱金剛心　幻化金剛具大腹

【釋智譯】死主害者障之主, 有力金剛能作怖, 名稱金剛金剛心, 幻化金剛具大腹。

(68송)
야만따까의 장애왕[42]으로
閻 魔 之 敵　　障 礙 王
금강대력의 능포외이시고,
金 剛 大 力　　能 怖 畏
금강명칭의 금강심이시니
金 顏 名 稱　　金 剛 心
환화금강의 대복자이시라.
幻 化 金 剛　　大 腹 子

---

42) 제68송은 로첸 · 린첸쌍뽀(寶賢)의 역본에 의한 것으로 데게 판본의 1구는 "야만따까(閻魔之敵) 제장왕(除障王)"을 뜻하는
　　"씬제쎼뽀겍타ㄹ제(gŚin rje gśed po bgegs mthar byed)"이다.

ཪྡོ་རྗེ་ལས་སྐྱེས་རྡོ་རྗེའི་བདག   ཪྡོ་རྗེ་སྙིང་པོ་མཁའ་འདྲ་བ།

མི་གཡོ་རལ་པ་གཅིག་གིས་བསྒྲེངས།   གླང་ཆེན་ཀོ་རློན་གོས་སུ་གྱོན།

도ㄹ제 래꼐 도ㄹ제닥   도ㄹ제 닝뽀 카다와

미요 랠빠 찍기깅   랑첸 꼴룐 괴쑤굔

【梵　本】金剛生處金剛主　金剛心髓如虛空　不動一髻具傲慢　所著大象生皮衣
【釋智譯】金剛中生金剛主, 是金剛心如虛空, 不動獨發相嚴身, 所著大象生皮衣。

(69송)
금강중생의 금강주로서[43]
金　剛　中　生　金　剛　主
금강심수의 여허공이시고,
金　剛　心　髓　如　虛　空
부동일계의 앙연신이시니
不　動　一　髻　昂　然　身
대상생피의 착의신이시라.
大　象　生　皮　着　衣　身

---

43) 제69송은 로첸・린첸쌍뽀(寶賢)의 역본에 의한 것으로 의미는 차이가 없으나 단어의 배열이 다르니, 데게 판본의 1구는 "금
강생처(金剛生處) 금강왕(金剛王)"을 뜻하는 "도제께내도제왕(rDo rjeḥi skye gnas rde rjed bdaṅ)"이며, 4구는 "랑첸빡빠룐
빠창(Glaṅ chen pags pa rlon pa ḥchaṅ)"이다.

7-4-70

 གྲགས་ཆེན་ཧ་ཧ་ཞེས་སྒྲོག་པ།　　　　ཧི་ཧི་ཞེས་སྒྲོག་འཇིགས་པར་བྱེད།

གད་མོ་ཆེན་པོ་གད་རྒྱངས་ཅན།　　　　རྡོ་རྗེ་གད་མོ་ཆེར་སྒྲོག་པ།

닥첸 하하 셰독빠　　　　히히 셰독 직빠ㄹ제

게모 첸뽀 게걍짼　　　　도ㄹ제 게모 체ㄹ독빠

【梵　本】 發哈哈聲大肉緊　發嬉嬉聲嚴畏相　發哄笑聲發大笑　金剛笑聲大雷音
【釋智譯】 大聲呵呵皆哮吼, 希希聲吼能作怖, 若作笑者有響笑, 金剛喜笑大哮吼。

(70송)

하하성출의 대위협[44]으로
哈 哈 聲 出　　大 威 脅

히히성출의 능포외이시고,
嬉 嬉 聲 出　　能 怖 畏

파안소성의 대희소이시니
破 顔 笑 聲　　大 喜 笑

금강미소의 대효후이시라.
金 剛 微 笑　　大 哮 吼

---

44) 제70송은 대게 판본에 의한 것으로 로첸·린첸쌍뽀(寶賢)의 역본의 제1구는 "하하의 大聲을 발출하고"를 뜻하는 "닥첸하하
셰독빠(Grags chen ha ha shes sgrog pa)"이다.

7-5-71

རྡོ་རྗེ་སེམས་དཔའ་སེམས་དཔའ་ཆེ། རྡོ་རྗེ་རྒྱལ་པོ་བདེ་བ་ཆེ།

རྡོ་རྗེ་དྲག་པོ་དགའ་བ་ཆེ། རྡོ་རྗེ་ཧཱུཾ་སྟེ་ཧཱུཾ་ཞེས་སྒྲོག

도ᄅ제 쎔빠 쎔빠체　　도ᄅ제 갈뽀 데와체

도ᄅ제 닥뽀 가와체　　도ᄅ제 훔떼 훔셰독

【梵　本】金剛薩埵大薩埵　金剛王者具大樂　金剛暴惡大歡喜　金剛吽聲作吽吼
【釋智譯】金剛勇識大勇識，金剛王者大安樂，金剛怒各大樂喜，金剛吽者吽聲吼。

(71송)

금강살타의 대살타⁴⁵⁾로서
金　剛　薩　埵　　　大　薩　埵

금강대왕의 대안락이시고,
金　剛　大　王　　　大　安　樂

금강포악의 대희열이시니
金　剛　暴　惡　　　大　喜　悅

금강훔자의 작훔성이시라.
金　剛　吽　字　　　作　吽　聲

---

45) 제71송은 로첸·린첸쌍뽀(寶賢)의 역본의 의한 것으로 데게 판본의 3구는 "도제뚬뽀가와체(rDo rje gtum po dgaḥ ba che)"이며, 4구는 "금강훔작(金剛吽作) 훔형상(吽形相)"을 뜻하는 "도제훔재훔기쑥(rDo rje hūṁ mdzad hūṁ gi gzugs)"이다.

7-6-72

མཚོན་དུ་རྡོ་རྗེ་མདའ་ཐོགས་པ།　　རྡོ་རྗེ་རལ་གྲིས་མ་ལུས་གཅོད།

རྡོ་རྗེ་ཀུན་འཆང་རྡོ་རྗེ་ཅན།　　རྡོ་རྗེ་གཅིག་ཏུ་དགྲ་ཡུལ་སེལ་བ།

쵠두 도ㄹ제 다톡빠　　도ㄹ제 랠디 말뤼쬐

도ㄹ제 뀐창 도ㄹ제쟌　　도ㄹ제 찍부 율쌜와

【梵　本】執持金剛箭兵器　金剛劍能斷無餘　金剛衆持諸金剛　獨股金剛能退敵

【釋智譯】器中執持金剛箭, 以金剛劍無餘斷, 衆持金剛具金剛, 一種金剛能退敵。

(72송)

집지무기의 금강전으로[46]
執　持　武　器　　金　剛　箭

금강이검의 단무여이시고,
金　剛　利　劍　　斷　無　餘

금강중지의 금강자이시니
金　剛　衆　持　　金　剛　者

유일금강의 능퇴적이시라.
唯　一　金　剛　　能　退　敵

---

46) 제72송은 로첸·린첸쌍뽀(寶賢)의 역본의 의한 것으로 데게 판본의 1구는 "도제다이쵠창와(rDo rje mdaḥ yi mtshon ḥchaṅ ba)"이며, 2구는 "도제랠디쬐재빠(rDo rje ral gri gcod mdzad pa)"이다.

7-7-73

རྡོ་རྗེ་འབར་བ་མིག་མི་བཟང་། སྐྲ་ཡང་རྡོ་རྗེ་འབར་བ་སྟེ།

རྡོ་རྗེ་འབེབས་པ་འབེབས་པ་ཆེ། མིག་བརྒྱ་པ་སྟེ་རྡོ་རྗེའི་མིག

도ㄹ제 바ㄹ와 믹미상   따양 도ㄹ제 바ㄹ와떼

도ㄹ제 뱁빠 뱁빠체   믹갸 빠떼 도ㄹ제-믹

【梵　本】惡目生起金剛火　髮鬘卽如金剛燄　金剛遍入大遍入　金剛眼爲一百眼
【釋智譯】燉炎金剛施慧眼, 金剛頭髮如炎燉, 金剛降臨大降臨, 具足百眼金剛眼。

(73송)
금강화염의 대흉목[47]으로
金 剛 火 焰　　大 凶 目
금강치염의 화두발이시고,
金 剛 燉 焰　　火 頭 髮
금강강림의 대강림이시니
金 剛 降 臨　　大 降 臨
일백안목의 금강안이시라.
一 百 眼 目　　金 剛 眼

47) 제73송은 로첸·린첸쌍뽀(寶賢)의 역본의 의한 것으로 데게 판본의 1구는 "도제바ㄹ와찍빼믹(rDo rje ḥbar ba gtsigs paḥi mig)"이며, 2구는 "따양도제고께데(sKra yaṅ rdo rje mgo skyes ste)"이다.

ལུས་ནི་རྡོ་རྗེའི་བ་སྤུ་ཅན།　　　　རྡོ་རྗེའི་སྤུ་ནི་གཅིག་ཕུའི་ལུས།

སེན་མོ་སྐྱེས་པ་རྡོ་རྗེའི་རྩེ།　　　　རྡོ་རྗེའི་སྙིང་པོ་པགས་པ་མཁྲེགས།

뤼니 도ㄹ제- 바뿌짼　　　도ㄹ제- 뿌니 찍뿰뤼

쎈모 꼐빠 도ㄹ제-쩨　　　도ㄹ제- 닝뽀 빡빠택

【梵　本】金剛尖毛遍於身　集金剛毛成一身　指甲端如金剛尖　金剛堅固厚硬皮
【釋智譯】身中具有金剛毛, 金剛毛者獨一身, 指甲增長金剛尖, 以金剛心皮堅硬。

(74송)

금강첨모의 금강신[48]으로
金 剛 尖 毛　　金 剛 身

금강신모의 유일신이시고,
金 剛 身 毛　　唯 一 身

금강저형의 조갑신이시니
金 剛 杵 形　　爪 甲 身

금강정수의 견피신이시라.
金 剛 精 髓　　堅 皮 身

---

48) 제74송은 로첸·린첸쌍뽀(寶賢)의 역본에 의한 것으로 데게 판본의 1구는 "금강첨모(金剛尖毛) 신아신(新芽身)"을 뜻하는 "도제뿌니뉴구뤼(rDo rjeḥi spu ni my gu lus)"이며, 2구는 "도제뿌니뤼찍뿌(rDo rjeḥi spu ni lus gcig pu)"이며, 3구는 "도제 쩨모쎈뫼짬(rDo rje rtse mo sen mos brtsams)"이다.

7-9-75

ཚེ་རྗེ་འཕྲེང་བོགས་དཔལ་དང་ལྡན།　　ཚེ་རྗེའི་རྒྱན་གྱིས་བརྒྱན་པ་སྟེ།

གད་རྒྱངས་ཧཱ་ཧཱ་ངེས་པར་སྒྲོག　　ཡི་གེ་དྲུག་པ་རྗེ་རྗེའི་སྒྲ།

도ㄹ제 탱톡 뺄당뗀　　도ㄹ제- 곈기 곈빠떼

계걍 하하 ㆁ애빠ㄹ독　　이게 둑빠 도ㄹ제-다

【梵　本】持金剛鬘具吉祥　金剛莊嚴爲莊嚴　哈哈高聲成妙音　六種子字金剛音
【釋智譯】執金剛蔓具吉祥, 以金剛蔓而莊嚴, 呵呵響笑決定吼, 具六種字金剛聲。

(75송)

금강주만의 구길상으로
金剛珠鬘　　具吉祥

금강장식의 대장엄이시고,
金剛裝飾　　大莊嚴

하하노성의 대발출[49]이시니
呵呵怒聲　　大發出

육자밀주의 금강성이시라.
六字密呪　　金剛聲

---

49) 제74송의 3구의 대발출(大發出)은 범어 '니ㄹ고쇼(Nirghoṣo)'로 크게 외침을 뜻하는 '랍독(Rab sgrogs)'으로 본문에는 '결정후(決定吼)'의 뜻인 '응에빠독(Ñes par sgrogs)'으로 번역하였다.

འཇམ་དབྱངས་ཆེན་པོ་སྒྲ་ཆེ་བ།　　འཇིག་རྟེན་གསུམ་ན་སྒྲ་གཅིག་པ།

ནམ་མཁའི་མཐར་ཐུག་སྒྲ་སྒྲོག་པ།　　སྒྲ་དང་ལྡན་པ་རྣམས་ཀྱི་མཆོག

잠양 첸뽀 다체와　　　**직뗀 쑴나 다찍빠**

남캐 탈래 다독빠　　　**다당 뎬빠 남끼촉**

【梵　本】以妙音髪大響聲　三世間中唯一音　既周遍於虚空界　較世間音爲最勝

【釋智譯】大柔和聲大音聲, 三世界中獨一音, 遍虚空界聲哮吼, 諸有聲中皆殊勝。

(76송)

대유연성의 대익음[50)]으로
大柔軟聲　大益音

삼세간중의 유일음이시고,
三世間中　唯一音

편공유정의 발대음이시니
遍空有情　發大音

제유성중의 최승음이시라.
諸有聲中　最勝音

【梵　本】上來大圓鏡智十頌, 加四分一。

已上不動佛曼茶囉讚大圓鏡智七十一名計一十頌

[이상의 대원경지찬탄품 10송(大圓鏡智讚嘆品十頌)은 대원경지의 문을 통해서 문수지혜살타의 무변한 공덕을 찬탄하다.]

---

50) 제76송은 로첸·린첸쌍뽀(寶賢)의 역본의 의한 것으로 데게 판본의 1구는 "잠빼양니다체와(ḥJam paḥi dbyaṅs ni sgra che ba)"이며, 2구는 "직뗀쑴찍다체와(ḥJig rten gsum gcig sgra che ba)"이며, 3구는 "남캐캄끼타르툭다(Nam mkhaḥi khams kyi mthar thug sgra)"이다.

제8 묘관지찬탄품 - 42頌　　　【梵本】五 妙觀察智
第八 妙觀智贊嘆品

8-1-77

ཡང་དག་བདག་མེད་དེ་བཞིན་ཉིད། 　　ཡང་དག་མཐའ་སྟེ་ཡི་གེ་མེད།

སྟོང་ཉིད་སྨྲ་བའི་ཁྱུ་མཆོག་སྟེ། 　　ཟབ་ཅིང་རྒྱ་ཆེའི་སྒྲ་སྒྲོག་པ།

양닥 닥메 데신니　　　양닥 타떼 이게메

똥니 마외 큐촉떼　　　삽찡 갸체- 다독빠

【梵　本】如如眞實而無我　於眞實際離字句　宣說空性具力尊　甚深廣大發雷音
【釋智譯】真實無我真實性, 即是真際無有字, 宣說空性衆中勝, 甚深廣大聲哮吼。

(77송)

진실한 무아의 진여성으로
眞 如 性
진실한 궁극의 무문자이시고,
無 文 字
공성을 설하는 중중존이시니
衆 中 尊
깊고도 광대하게 울리는 법음이시라.
法 音

8-2-78

ཆོས་ཀྱི་དུང་སྟེ་སྒྲ་ཆེན་ལྡན། ཆོས་ཀྱི་གཎྜི་སྒྲ་བོ་ཆེ།

མི་གནས་མྱུ་ངན་འདས་པ་པོ། ཕྱོགས་བཅུའི་ཆོས་ཀྱི་རྔ་བོ་ཆེ།

최끼 둥뗴 다첸뗀   최끼 겐디 다오체

미네 냐앤 데빠뽀   쵹쮜 최끼 ᇰ아보체

【梵　本】法螺大樂音　法犍椎大音　於無住涅槃　十方鳴法鼓
【釋智譯】即是法螺具大聲, 亦法鍵椎大音聲, 超越無住圓寂性, 十方法中即大鼓。

(78송)

대음을 갖춘 법라이시자[51]
大　音　　　　　法　螺

미성을 울리는 법건추이시고,
美　聲　　　　　法　犍　椎

무주처의 열반으로 인도하는

법고를 시방에 크게 울리시니라.
法　鼓

---

51) 제78송은 로첸·린첸쌍뽀(寶賢)의 역본에 의한 것으로 데게 판본의 3구는 "미내냥앤대빠뽀(Mi gnas mya ṅan ḥdas pa po)" 이다.

8-3-79

གཟུགས་མེད་གཟུགས་བཟང་དམ་པ་སྟེ། སྣ་ཚོགས་གཟུགས་ཅན་ཡིད་ལས་སྐྱེས།

གཟུགས་རྣམས་ཐམས་ཅད་སྣང་བའི་དཔལ། གཟུགས་བརྙན་མ་ལུས་འཆང་བ་པོ།

숙메 숙상 담빠떼   나촉 숙짼 일래꼐

숙남 탐쩨 낭외뺄   숙녠 말뤼 창와뽀

【梵　本】無色或具上妙色　及意所生種種色　吉祥光照一切色　是持影像無餘者
【釋智譯】無色有色中微妙, 具種種色意中生, 具諸色魯顯吉祥, 執持影像使無餘。

(79송)
무색이며 정묘한 묘색이시고[52)]
　　　　　　妙色
갖가지 형색이자 의생이시며,
　　　　　　意生
모든 형상을 나투는 길상이시니
영상을 남김없이 나투는 님이시라.

---

52) 제78송은 로첸·린첸쌍뽀(寶賢)의 역본에 의한 것이며, 데게 판본의 1구는 "쑥메쑥댄담빠떼(gZugs med gzugs ldan dam pa ste)"이며, 2구는 "나촉쑥짼이랑신(sNa tshogs gzugs can yi raṅ bshin)이다.

8-4-80

ཆགས་པ་མེད་ཅིང་ཆེ་བར་གྲགས། ཁམས་གསུ་དབང་ཕྱུག་ཆེན་པོ་སྟེ།

འཕགས་ལམ་ཕྱིན་ཏུ་མཐོ་ལ་གནས། དར་བ་ཆེན་པོ་ཆོས་ཀྱི་ཏོག

축빠 메찡 체와ㄹ닥   캄쑴 왕축 첸뽀떼

팍람 신뚜 톨라네   다ㄹ와 첸뽀 최끼똑

【梵　本】無能勝故稱大主　於三界中大自在　住於最極聖道中　樹大賜福之法幢
【釋智譯】無能過中大名稱, 三界之中大自在, 住於最極聖道中, 大興盛中之法幢。

(80송)

무능침으로 대명칭이시자[53)]
大 名 稱

삼계 세간의 대자재이시고,
大 自 在

성도의 구경에 안주하시니
聖 道　　究 竟

대번영의 법당이시라.
法 幢

---

53) 제80송은 로첸·린첸쌍뽀(寶賢)의 역본에 의한 것이며, 데게 판본의 1구는 "낭와메찡체ㄹ닥빠(sNaṅ ba med chiṅ cher grags pae)"이며, 4구는 "최끼똑니체ㄹ중와(Chos kyi tog ni cher byuṅ ba)이다. 또한 짠드라고민이나 비말라미뜨라의 판본의 1구는 "충빠메찡체ㄹ닥빠(mTshuṅ pa med chiṅ cher grags pae)"로 나온다.

8-5-81

འཇིག་རྟེན་གསུམ་ན་གཞོན་ལུས་གཅིག གནས་བརྟན་རྒན་པོ་སྐྱེ་རྒུའི་བདག

ལུས་ཅུ་རྩ་གཉིས་མཚན་འཆང་ན ཕྲུག་གུ་འཇིག་རྟེན་གསུམ་ན་མཛེས

직뗀 쑴나 숸뤼찍   네뗀 갠뽀 꼐귀닥

쑴쭈 짜니 첸창와   둑구 직뗀 쑴나제

【梵　本】三界唯一孺童身　耆年長老或生主　亦持三十二種相　端嚴受三界鍾受
【釋智譯】三世界中一孺童, 長老尊者四生主, 三十二相具莊嚴, 三界所愛於中妙。

(81송)

삼계 유일의 동자신이시자[54]
童子身
상좌와 장로와 구생주신을 갖추시어,
上座　　長老　　九生主身
대장부의 32상으로 장엄하셨으니
아름다움이 삼계 제일이시라.

---

54) 제81송은 로첸·린첸쌍뽀(寶賢)의 역본에 의한 것이며, 데게 판본의 1구는 "직뗀쑴뽀찍숸뤼(hJig rten gsum po gcig gshon lus)"이다.

8-6-82

འཇིག་རྟེན་ཤེས་ལེགས་སློབ་དཔོན་ཏེ།　　　འཇིག་རྟེན་སློབ་དཔོན་འཇིགས་པ་མེད།

མགོན་སྐྱབས་འཇིག་རྟེན་ཡིད་གཅུགས་པ།　　　སྐྱབས་དང་སྐྱོབ་པ་བླ་ན་མེད།

직뗀 셸랙 롭뾘떼 　　　 직뗀 롭뾘 직빠메

괸꺕 직뗀 이쭉빠 　　　 꺕당 꼽빠 라나메

【梵　本】具世間解功德師　辯才無礙世間師　三界歸心勝怙主　歸依無上救護處
【釋智譯】是世間解善勝師, 是世勝師無怖畏, 救怙世間意無私, 救中救者而無上。

(82송)

세간에 학처를 설시하는 아사리이시자[55]

세간의 스승이시고 무외의 지존이시며,

중생의 의호이시자 세간의 대선우이시니
　　　　　　　　　　　　　　　　大善友

귀의처이시며 구호주로서 무상사이시라.
　　　　　　　　　　　　無上師

55) 제82송은 로첸·린첸쌍뽀(寶賢)의 역본에 의한 것이며, 데게 판본의 1구는 "롭뾘직땐왼땐쎼(sLob dpon ḥJig rten yon tan śes)"이며, 3구는 "괸꼽직뗀쑴캽빠(mGon skyob ḥJig rten gsum khyab pa)"이다.

8-7-83

ནམ་མཁའི་མཐའ་ཀླས་ལོངས་སྤྱོད་པ།　　ཐམས་ཅད་མཁྱེན་པའི་ཡེ་ཤེས་མཚོ།

མ་རིག་སྒོ་ངའི་སྦུབས་འབྱེད་པ།　　སྲིད་པའི་དྲ་བ་འཇོམས་པ་པོ།

남캐 탈래 롱죄빠　　탐쩨 켄빼 예쎼초

마릭 공애 붑제빠　　씨빼 다와 좀빠뽀

【梵　本】遍空受用樂　一切智智海　劈破無明殼　能壞三有網
【釋智譯】盡空邊際悉受用, 一切智中智慧海, 解散一切無明殼, 亦能破壞三有網。

(83송)

무변한 허공계의 향유자이시며[56]

일체지의 지혜의 바다이시고,

무명의 난각을 깨어 부순 님이시니
無明　卵殼

삼유의 그물망의 파괴자이시라.

---

56) 제83송은 로첸 · 린첸쌍뽀(寶賢)의 역본에 의한 것이며, 데게 판본의 1구는 "남카캽빠ㄹ롱죄빠(Nam mkhaḥ khyab par loṅ spyod pa)"이다.

8-8-84

ཉོན་མོངས་མ་ལུས་ཞི་བྱེད་པ། ། འཁོར་བའི་རྒྱ་མཚོའི་ཕ་རོལ་ཕྱིན། །

ཡེ་ཤེས་དབང་བསྐུར་ཅོད་པན་ཅན། ། རྫོགས་པའི་སངས་རྒྱས་རྒྱན་དུ་ཐོགས། །

논몽 말뤼 시제빠   코ㄹ외 갸최 파뢸친

예쎼 왕꾸ㄹ 쬐뺀짼   족빼 쌍계 겐두톡

【梵　本】無餘煩惱息　渡越生死海　載冠作智灌　等正覺莊嚴
【釋智譯】能滅無餘諸煩惱, 輪回大海到彼岸, 勝智灌頂具頭冠, 真實究竟令莊嚴。

(84송)

번뇌를 남김없이 지멸하시어
止 滅

윤회의 저편으로 건너가셨고,

지혜의 관정보관을 머리에 쓰시고

오불여래로 보관을 장엄하셨도다.

ལྡུག་བསྔལ་གསུམ་གྱི་ལྡུག་བསྔལ་ཞི། གསུམ་ཟེལ་མཐའ་ཡས་གྲོལ་གསུམ་ཐོབ།

སྒྲིབ་པ་ཀུན་ལས་ངེས་པར་གྲོལ། མཁའ་ལྟར་མཉམ་པ་ཉིད་ལ་གནས།

둑앨 쑴기 둑앨시   쑴쌜 타예 될쑴톱

딥빠 뀐래 ᅟᅩ애빠ᄅ될   카따ᄅ 냠빠 닐라네

【梵　本】三苦諸苦皆寂息，三盡無邊三解脫　一切障碍悉得離　住於虛空平等性

【釋智譯】三苦諸苦皆寂息，滅三無邊三解脫，一切障難定解脫，住於如空平等性。

(85송)

삼고의 괴로움을 지멸하시여[57]
三苦　　　　　　　　　　　止滅

멸삼과 한량없는 삼해탈을 얻으시고,
滅三

모든 장애에서 실로 벗어나시어

허공과 같은 평등성에 안주하셨도다.

---

57) 제85송은 로첸・린첸쌍뽀(寶賢)의 역본에 의한 것이며, 데게 판본의 2구는 "쑴쎌타얘돌쑴빠(gSum sel mthaḥ yas grol gsum pa)"이다.

8-10-86

ཆོས་མོངས་ཏེ་མ་ཀུན་ལས་འདས། དུས་གསུམ་དུས་མེད་རྟོགས་པ་པོ།

སེམས་ཅན་ཀུན་གྱི་ཀླུ་ཆེན་པོ། ཡོན་ཏན་ཐོད་ཅན་རྣམས་ཀྱི་ཐོད།

논몽 디마 뀐래데　　뒤쑴 뒤메 똑빠뽀

쎔짼 뀐기 루첸뽀　　욘뗀 퇴짼 남끼퇴

【梵　本】超越一切煩惱垢　三時無時住究竟　一切有情之大龍　功德頂冠之冠頂
【釋智譯】超越一切煩惱垢, 通達三時及無時, 諸有情中即大龍, 功德帶中之鬘帶。

(86송)

번뇌의 모든 진구에서 벗어나시어[58]

삼시의 무시를 증득하신 님이시니,
三時　　　無時

일체 유정들의 대룡이시고
　　　　　　　　大龍

공덕의 관정 가운데 관정이시라.
　　　　冠頂

---

58) 제86송은 데게 판본에 의한 것으로 짠드라고민이나 비말라미뜨라의 판본의 3구는 "쎔짼꾼기쪼오체(Sems can kun gyi gtso bo che)"이다.

8-11-87

ཉོན་མོངས་ཀུན་ལས་རྣམ་གྲོལ་བ། ནམ་མཁའི་ལམ་ལ་རབ་གནས་པ།

ཡིད་བཞིན་ནོར་བུ་ཆེན་པོ་འཆང་། ཁྱབ་བདག་རིན་ཆེན་ཀུན་གྱི་བདག

뇬몽 뀐래 남될와 남캐 람라 랍네빠

이신 노ㄹ부 첸뽀창 캽닥 린첸 뀐기닥

【梵　本】 從諸蘊解脫　妙住虛空道　持大如意寶　寶中勝遍主
【釋智譯】 諸身一切中解脫, 虛空道中眞實住, 持於如意大寶珠, 遍主一切寶中勝。

(87송)

일체의 번뇌로부터 해탈하시어[59]

허공의 길 위에 견실하게 머무시며,

크나큰 여의주를 얻으셨으니
　　　　如意珠

일체 보물 가운데 최승의 편주이시라.
　　　　　　　　　　　　　遍主

---

59) 제87송은 로첸·린첸쌍뽀(寶賢)의 역본에 의한 것이나, 짠드리고민과 비말라미뜨라의 판본의 1구는 "뤼꾼래니남돌와(Lus kun las ni rnam grol ba)"로 나오며, 데게 판본의 1구는 "학마꾼래남돌와(lHag ma kun las rnam grol ba)"로 각각 나온다.

8-12-88

དཔག་བསམ་ཤིང་ཆེན་རྒྱས་པ་སྟེ།　　 བུམ་པ་བཟང་པོ་ཆེ་བའི་མཆོག

བྱེད་པ་སེམས་ཅན་ཀུན་དོན་བྱེད།　　ཕན་འདོད་སེམས་ཅན་མཉེས་གཤིན་པ།

빡쌈 싱첸 계빠떼　　붐빠 상뽀 체외촉

제빠 쎔짼 뀐된제　　펜되 쎔짼 녜신빠

【梵　本】大如意樹極豊茂　最勝廣大善妙瓶　能作有情諸利益　慈愍有情能利樂

【釋智譯】圓滿廣大如意樹, 勝妙淨瓶大中勝, 能作有情諸利益, 隨順有情而利益。

(88송)
소망충족의 대여의수이시자
大　如　意　樹
소원성취의 최승의 보병이시고,
　　　　寶　瓶
일체유정에 이익을 주는 일을 행하시니
모든 유정들을 자애하고 도우시니라.

8-13-89

བཟང་ངན་ཤེས་ཤིང་དུས་ཤེས་ལ། ཁྱབ་བདག་དམ་ཤེས་དམ་ཚིག་ལྡན།

དུས་ཤེས་སེམས་ཅན་དབང་པོ་ཤེས། རྣམ་གྲོལ་གསུམ་ལ་མཁས་པ་པོ།

상앤 쎄싱 뒤쎌라   꺕닥 담쎄 담칙뗀

뒤쎄 쎔짼 왕뽀쎄   남될 쑴라 케빠뽀

【梵　本】知淨不淨復知時　了知誓句具誓主　知根器且知時機　亦精通於三解脫
【釋智譯】亦知善惡及時辰, 遍主知誓知誓句, 知時及知有情根, 於三解脫善巧各。

(89송)

선악을 아시고, 또한 시절을 아시며

서언을 아시고 서언을 갖춘 편주이시며,
　誓　言　　　　　　　　　　　　遍　主

시기를 아시고 유정의 근기를 아시며

삼해탈에 정통한 대선교이시라.
　　　　　　　　大　善　巧

8-14-90

ཡོན་ཏན་ལྡན་ཞིང་ཡོན་ཏན་ཤེས། ཆོས་ཤེས་བཀྲ་ཤིས་བཀྲ་ཤིས་འབྱུང༌།

བཀྲ་ཤིས་ཀུན་གྱིས་བཀྲ་ཤིས་པ། གྲགས་པའི་བཀྲ་ཤིས་སྟུན་གྲགས་དགེ

욘뗸 뎬싱 욘뗸쎼 **최쎼 따시 따시중**

따시 뀐기 따시빠 **닥뻬 따시 녠닥게**

【梵　本】具功德者知功德　知法讚嘆生吉祥　一切吉祥中吉祥　具福名稱淨善名
【釋智譯】具足功德知功德, 知法吉祥生吉祥, 一切吉祥之吉祥, 吉祥名稱善名稱。

(90송)

공덕을 갖추고 공덕을 아시며[60]
법을 알아 상서롭고 길상을 생하시니,
모든 길상에 의해서 길상자이시고
대명의 길상인 선명칭이시라.

大名　　　　　善名稱

---

60) 제90송은 로첸·린첸쌍뽀(寶賢)의 역본에 의한 것으로 데게 판본의 2구는 "따씨랍시따씨중(bKra śis rab shi bkra śis ḥbyuṅ)"이다.

དབུགས་འབྱིན་ཆེན་པོ་དགའ་སྟོན་ཆེ།   དགའ་ཆེན་རོལ་མོ་ཆེན་པོ་སྟེ།

བཀུར་སྟི་རིམ་གྲོ་ཕུན་སུམ་ཚོགས།   མཆོག་ཏུ་དགའ་བའི་གྲགས་བདག་དཔལ།

욱진 첸뽀 가뛴체   가첸 뢸모 첸뽀떼

꾸ㄹ띠 림도 퓐쑴촉   촉뚜 가외 다닥뺄

【梵　本】大法筵中大蘇息　得大歡喜與大樂　恭敬承侍悉具足　勝喜吉祥名稱主
【釋智譯】大出息中大喜筵, 大歡喜中大音樂, 恭敬承侍悉具足, 勝喜名稱主吉祥。

(91송)

대안식 가운데 대희연을 갖추시고
大安息　　　大喜宴
대희열 가운데 대연회를 갖추시어,
大喜悅　　　大宴會
공경과 받들어 모심이 구족하시니
극도로 애칭하는 길상의 편주이시라.

8-16-92

མཆོག་སྦྱིན་མཆོག་སྦྱིན་གཙོ་བོ་སྟེ།   སྐྱབས་ཀྱི་དཔལ་པ་སྐྱབས་སུ་འོས།

འཇིག་རྟེན་དགྲ་སྟེ་རབ་ཀྱི་མཆོག   འཇིགས་པ་མ་ལུས་སེལ་བ་པོ།

촉뗀 촉진 쪼오떼   꺕끼 담빠 꺕쑤외

직뗀 다떼 랍끼촉   직빠 말뤼 쌜와뽀

【梵　本】具勝施勝最尊勝　無上歸依歸依處　大怖畏之最勝敵　怖畏消除更無餘
【釋智譯】具勝施勝是尊者, 微妙歸處堪歸敬, 於世怨中勝中勝, 離一切怖無有餘。

(92송)

최승을 구족한 승시의 주존으로[61]
勝 施

참된 귀의처며 응귀의 지존이시고,
應 皈

세간의 원적 가운데 최승존이시니

모든 두려움을 멸하는 구호주이시라.

---

61) 제92송은 로첸 · 린첸쌍뽀(寶賢)의 역본에 의한 것으로 데게 판본의 3구는 "랍촉직빠첸뽀디(Rab mchog ḥjigs pa chen poḥi dgra)"이다.

8-17-93

གཙུག་ཕུད་ཕུད་བུ་ལྡུང་ལོ་ཅན།　　　རལ་པ་མཉྫུ་ཅོད་པན་ཐོགས།

གདོང་ལྔ་གཙུག་ཕུད་ལྔ་དང་ལྡན།　　　ཟུར་ཕུད་ལྔ་པ་མེ་ཏོག་ཐོད།

쪽퓌 퓌부 짱로짼　　　랠빠 만주 쬐뺀톡

동아 쪽퓌 ᇂ아당덴　　　수ㄹ퓌 ᇂ아빠 메똑퇴

【梵　本】頂髻分結成分髻　結吉祥草戴頂冠　如是五面具五髻　五髻各繫花冠帶
【釋智譯】頂髻及髻各分垂, 頭髮摸搜戴頭冠, 五面具有五頂髻, 五髻各系花鬘帶。

(93송)

정계와 액발의 짱로짼이시며[62)
頂　髻　　　額　髮　　　長　髮　者

수발과 문자풀과[63) 관모를 걸치시고,
垂　髮　　　　　　　　　　　　冠　帽

오면에 오정계를 트시며
五　面　　　五　頂　髻

오방계에 화관을 쓰셨도다.
五　傍　髻

---

62) 제93송은 로첸·린첸쌍뽀(寶賢)의 역본에 의한 것으로 데게 판본의 2구는 "랠빠고렉쬐뺀댄(Ral pa mgo reg cod pan ldan, 垂髮光頭戴冠帽)"이며, 4구는 "쑤ㄹ퓌응아당댄빼퇴(Zur phud lṅa daṅ ldan paḥi thod)"이다.

63) 문자(Muñja)는 고대 인도의 머리양식으로, 길게 늘어뜨린 긴 머리카락을 묶은 끝을 자른 모양과, 또는 허리까지 내려오는 긴 머리채를 띠처럼 허리를 묶는 등의 여러가지 설이 있다.

8-18-94

མགོ་རྒྱལ་བ་རྩུབ་ཞུགས་ཆེན་པོ་བ།　　ཚངས་པར་སྤྱོད་པ་བརྩུལ་ཞུགས་མཆོག

དགའ་ཕྲུབ་མཐར་ཕྱིན་དགའ་ཕྲུབ་ཆེ།　　གཙང་གནས་དམ་པ་གོའུ་ཏདྨ

고둠 띌슉 첸뽀빠　　창빠ㄹ 쬐빠 띌슉촉

까툽 타ㄹ친 까툽체　　짱네 담빠 고우땀

【梵　本】持大禁戒作圓頂　以梵行爲最上戒　苦行究竟大苦行　最上沐身喬達摩
【釋智譯】即是圓頂大禁戒, 行淨梵行勝禁戒, 苦行到邊大苦行, 微妙淨住喬達摩。

(94송)

둥근 머리 체발의 대금계자이시자[64]
　　　　　　　大 禁 戒 者

범행을 닦는 최승금계자로서,
梵 行　　　　　最 勝 禁 戒 者

인욕의 구경에 달한 대고행자이시니
　　　　　　　　　大 苦 行 者

묘정지에 머무시는 고따마이시라.
妙 淨 地　　　　　　喬 達 摩

---

64) 제94송은 로첸·린첸쌍뽀(寶賢)의 역본에 의한 것으로 데게 판본의 4구는 "정결함을 지닌 최상의 가우따마"를 뜻하는 "튀
댄가우따마촉(Khrus ldan goḥutama mchog)"이다.

 བྲམ་ཟེ་ཚངས་པ་ཚངས་པ་ཤེས། སྐྱུ་ངན་འདས་པ་ཚངས་པ་ཐོབ།

གྲོལ་བ་ཐར་པ་རྣམ་གྲོལ་ལུས། རྣམ་གྲོལ་ཞི་བ་ཞི་བ་ཉིད།

담세 창빠 창빠쎼   냐앤 데빠 창빠톱

될와 타ㄹ빠 남될뤼   남될 시와 시와니

【梵 本】梵婆羅門知淨梵 於梵涅槃得證時 釋離度脫度脫身 解脫寂性之寂者
【釋智譯】婆羅門梵知淨梵, 涅盤圓寂得淨梵, 脫離解脫解脫身, 解脫寂靜寂靜性。

(95송)

범정자로서 범정을 아시고[65]
梵 淨 者

열반의 범정을 얻으사,
梵 淨

이계해탈의 해탈신에 도달하시니
離繫解脫 解脫身

해탈적멸의 적멸성을 성취한 님이시라.
寂 滅 性

---

65) 제95송은 로첸·린첸쌍뽀(寶賢)의 역본에 의한 것으로 데게 판본의 2구는 "창빠냥앤대빠톱(Tshaṅs pa mya ṅan ḥdas pa thob)"이다. 또한 짠드라고민(皎月)의 판본의 1구는 "담쎄창빠창빠체(Bram ze tshaṅs pa tshaṅs pa che, 婆羅門梵淨大梵淨)"으로 나온다.

8-20-96

སྒྱུ་དང་འདས་ཤེ་སྒྱུ་དང་འདས། ལེགས་པར་སྒྱུ་དང་འདས་དང་ཏེ།

བདེ་སྡུག་མེལ་བ་མཐར་གྱུར་པ། ཆགས་བྲལ་ཕུས་ལས་འདས་པ་པོ།

냐앤 데시 냐엔데   랙빠ㄹ 냐앤 데당녜

데둑 쌜와 타ㄹ규ㄹ빠   착댈 뤨래 데빠뽀

【梵　本】涅槃寂滅與寂靜　妙出離卽盡邊際　淨除苦樂至究竟　離欲卽爲諸蘊盡
【釋智譯】超越悲哀滅悲哀, 微妙決定近出離, 能除苦樂成邊際, 脫離纏縛解脫身。

(96송)

열반적정의 적멸과[66]

완전한 열반에 다가가시니,

고락을 멸함이 구경에 이르셨으며

모든 계박을 여읜 출리자이시라.
　　　　　　　　　　　　　出　離　者

---

66) 제96송은 로첸·린첸쌍뽀(寶賢)의 역본에 의한 것으로 데게 판본과는 많은 차이가 있으면 한역본에도 동일하게 나타난다. 데게 판본의 2구는 "렉빠ㄹ응엔중타ㄹ제빠(Legs par ṅes ḥbyuṅ mthar byed pa, 善出離到究竟)"이며, 3구는 "데와둑응앨타ㄹ 제내(bDe ba sdug bsṅal mthar byed gnas, 滅盡苦樂善安住)"이며, 4구는 "되착댈와딱빠쌔(ḥDod chags bral ba brtags pa zad)"로 나온다. 이 밖에도 판본마다 다소의 차이가 있다.

8-21-97

ཐུབ་པ་མེད་པ་དཔེ་མེད་པ། ་་་ མི་མངོན་མི་སྣང་གསལ་བྱེད་མིན།

མི་འགྱུར་ཀུན་འགྲོ་ཁྱབ་པ་པོ། ་་་ ཕྲ་ཞིང་ཟག་མེད་ས་བོན་བྲལ།

툽빠 메빠 뻬메빠   미왼 미낭 쌜제민

미규르 뀐도 캽빠뽀   타싱 삭메 싸뵌델

【梵　本】無能勝亦無倫比　不明不現不能顯　不可分之周遍行　微細無漏離種子
【釋智譯】不可比量無與等；非現非顯非朗然, 不變遍行周遍主, 微細無漏離種子。

(97송)

무능승으로 무비유이시며,[67]
無能勝　　無比喩

비현으로 불현이시자 부작명이시고,
非現　　　不顯　　　　不作明

불변으로 편행이시자 주편자이시며,
不變　　　　　　周遍者

미세이자 무루이시고 무종자이시라.
無種子

---

67) 제97송은 로첸·린첸쌍뽀(寶賢)의 역본에 의한 것으로 데게 판본과는 차이가 있으면 한역본에도 동일하게 나타난다. 데게
판본의 2구는 "쌜민미낭괴빠메(gSal min mi snaṅ gos pa med)"이며, 3구는 "차메꾼도캽빠뽀(Cha med kun ḥgo khyab pa
po)"이며, 4구는 "타모싸뵌싹빠메(Phra mo sa bon zag pa med)"로 나온다.

རྡུལ་མེད་རྡུལ་བྲལ་དྲི་མ་མེད། ཉེས་པ་སྤངས་པ་སྐྱོན་མེད་པ།

ཞིན་ཏུ་སད་པ་སད་པའི་བདག ཀུན་ཤེས་ཀུན་རིག་དམ་པ་པོ།

뒬메 뒬댈 디마메   녜빠 빵빠 꾠메빠

신뚜 쎄빠 쎄뻬닥   뀐쎼 뀐릭 담빠뽀

【梵　本】無塵離塵與離垢　遠離過失離疾患　妙悟遍覺之自性　遍智遍知故善妙
【釋智譯】無塵離塵無垢染, 斷除過失無過患, 最極寢寤覺自性, 遍知遍明正妙者。

(98송)

무진으로 이진이자 무구이시니[68]
無塵　　　離塵　　　無垢

죄과를 단멸하여 잘못이 없으시고,
罪過

극도로 각성된 각성의 주인이시니
覺性

일체지이며 편지의 진실자이시라.
遍知

---

68) 제98송은 로첸·린첸쌍뽀(寶賢)의 역본에 의한 것으로 데게 판본의 3구는 "씬뚜랍쌔남쌔닥(Śin tu rab sad rnam sad bdag)"
이며, 4구는 "탐째예시꾠릭촉(Thams cad ye śes kun rig mchog, 一切智最勝遍知)"이다.

རྣམ་པར་ཤེས་པའི་ཆོས་ཉིད་འདས། ཡེ་ཤེས་གཉིས་མེད་ཚུལ་འཆང་བ།

རྣམ་པར་རྟོག་མེད་ལྷུན་གྱིས་གྲུབ། དུས་གསུམ་སངས་རྒྱས་ལས་བྱེད་པ།

남빠르 쎼빼 최니데　　　예쎼 니메 췰창와

남빠르 똑메 훈기둡　　　뒤쑴 쌍계 래제빠

【梵　本】超越心識與法性　得持色相無二智　無分別而無功用　三世正覺作事業
【釋智譯】超越識心之法性　無二智慧持智慧。無有分別任運成；三世正覺作事業。

(99송)

심식의 법성에서 벗어나시어

무이지의 이취를 얻으시고,
無二智

무분별을 자연히 성취하시니
無分別

삼세제불의 일을 행하시니라.

སངས་རྒྱས་ཐོག་མ་ཐ་མ་མེད།   དང་པོའི་སངས་རྒྱས་རྒྱུ་མེད་པ།

ཡེ་ཤེས་མིག་གཅིག་དྲི་མ་མེད།   ཡེ་ཤེས་ལུས་ཅན་དེ་བཞིན་གཤེགས།

쌍계 톡마 타마메   당뾔 쌍계 규메빠

예쎼 믹찍 디마메   예쎼 뤼쨘 데신쎽

【梵　本】佛陀無始終　本初佛無因　唯一智眼淨　如來具智身

【釋智譯】正覺無始亦無終, 最初正覺亦無因, 獨一智眼無垢染, 具足智身即如來。

(100송)

부처님은 시작도 끝도 없으시고[69]

본초불은 원인 또한 없으시어,
本初佛

티끌 없는 지혜의 눈 하나이시니

지혜의 몸을 갖추신 님, 여래이시라.
如來

---

69) 제100송은 로첸·린첸쌍뽀(寶賢)의 역본에 의한 것으로 데게 판본의 2구는 "당뽀쌍걔리메빠(Daṅ po saṅs rgyas ris med pa)"이다.

8-25-101

ཚིག་གི་དབང་ཕྱུག་སྨྲ་བ་ཆེ།　　　སྨྲ་བའི་སྐྱེས་མཆོག་སྨྲ་བའི་རྒྱལ།

སྨྲ་བའི་དམ་པ་མཆོག་གི་གནས།　　　སྨྲ་བའི་སེང་གེ་ཚུགས་པ་མེད།

칙기 왕축 마와체　　　마외 꼐촉 마외걀

마외 담빠 촉기네　　　마외 쌩게 축빠메

【梵　本】大言說者辯自在　言說權威言說王　說者中尊最尊者　言說獅子無能勝
【釋智譯】語句自在廣宣說, 演語勝夫語中王, 宣陳微妙殊勝處, 言語師子無與等。

(101송)

언구자재 가운데 대언설이시자
言　句　自　在　　　　　大　言　說

언설장부 가운데 언설왕이시고,
言　說　丈　夫　　　　　言　說　王

언설성인 가운데 묘언처이시니
言　說　聖　人　　　　　妙　言　處

언설사자 가운데 무능승이시라.
言　說　獅　子　　　　　無　能　勝

8-26-102

ཀུན་ཏུ་ལྟ་བ་མཆོག་ཏུ་དགའ།   གཟི་བརྗིད་འཕྲེང་བ་བསྟན་སྟུག

འོད་བཟང་འབར་བ་དཔལ་གྱི་ཞི།   ལག་ན་འོད་འབར་སྣང་བ་པོ།

꿘뚜 따와 촉뚜가   시지 탱와 따나둑

외상 와ᄅ와 뺄기베ᄋ   라나 외와ᄅ 낭와뽀

【梵　本】具勝喜而遍見者　具火鬘爲衆樂見　吉祥德相具光輝　手光嚴飾光音光

【釋智譯】普遍觀察殊勝喜, 積聚威勢見入意, 熾炎光中吉祥相, 手臂光耀令顯現。

(102송)

일체를 관조하는 대희열이시자[70]

위엄이 혁혁한 빛구슬이시고,

묘광이 타오르는 길상상이시니
吉 祥 相

손안의 광염으로 광음을 밝히시도다.
光 音

---

70) 제102송은 로첸·린첸쌍뽀(寶賢)의 역본에 의한 것으로 데게 판본의 4구는 "낭와쌜와르제빼외(sNaṅ ba gsal bar byed paḥi ḥod)"이다.

8-27-103

སྨན་པ་ཆེ་མཆོག་གཙོ་བོ་སྟེ། ཟུག་རྔུ་འབྱིན་པ་བླ་ན་མེད།

སྨན་རྣམས་མ་ལུས་སྐྱེད་པའི་ཤིང་། ནད་དོ་ཅོག་གི་དགྲ་ཆེ་བ།

멘빠 체촉 쪼오떼　　　 숭우 진빠 라나메

멘남 말뤼 쬔빼싱　　　 네도 쪽기 다체와

【梵　本】大良醫中最勝者　能除痛刺故無比　亦是無餘諸藥樹　能作煩惱病大敵
【釋智譯】殊勝大醫即尊者, 能離痛刺無有上, 亦是諸藥枝茂樹, 對治諸病大怨仇

(103송)

대의양의 가운데 대의왕이시자
大醫良醫　　　　大醫王

발고여락 가운데 무상존이시고,
拔苦與樂　　　　無上尊

의약보고 가운데 약왕수이시니
醫藥寶庫　　　　藥王樹

번뇌질병 가운데 대원수이시라.
煩惱疾病　　　　大怨讐

ཕྱུག་གུ་འཇིག་རྟེན་གསུམ་གྱི་མཚོག   དཔལ་ལྡན་རྒྱུ་སྐར་དཀྱིལ་འཁོར་ཅན།

ཕྱོགས་བཅུ་ནམ་མཁའི་མཐས་གཏུགས་པར།   ཆོས་ཀྱི་རྒྱལ་མཚན་ལེགས་པར་འཛུགས།

둑구 직뗀 쑴기촉   뺄덴 규까ㄹ 낄코ㄹ짼

쵹쭈 남캐 테뚝빠ㄹ   최끼 걀첸 랙빠ㄹ죽

【梵　本】可喜三界標幟相　吉祥星宿具壇城　十方虛空無盡際　廣大樹立勝法幢
【釋智譯】入意三界中殊勝, 具祥星宿具中圍, 十方一切虛空界, 建立法幢極微妙

(104송)
가희의 삼계 세간의 지표로서
　　可　喜
길상성수의 만다라[71]를 갖추시고,

시방 허공의 궁극에 이르도록

묘법의 당간을 건립하시도다.
　　　　幢　竿

---

71) 시륜속(時輪續)의 연대설에 따르면, 석가세존께서 세수 81세 되는 해[경진(庚辰)]년, B.C.E. 881년, 짜이뜨라(Caitra, 인도음력 정월, 보름날)에, 남인도의 아마라와띠(Amarāvatī)의 쓰리다냐까따까(Śrī-Dhānya-kaṭaka, 吉祥積米塔) 아래서 쌈발라(Śambhala) 왕국의 법왕 쑤짠드라(Sucandra, 月賢)의 요청으로 문수진실명경을 비롯한 시륜근본속(時輪根本續)과 허다한 밀속들을 설하였다고 알려졌다.

འགྲོན་གདུགས་གཅིག་ཡངས་པ་སྟེ།　　　　བྱམས་དང་སྙིང་རྗེའི་དཀྱིལ་འཁོར་ཅན།

དཔལ་ལྡན་པདྨ་གར་གྱི་བདག　　　　ཁྱབ་བདག་ཆེན་པོ་རིན་ཆེན་གདུགས།

도나 둑찍 양빠떼　　　잠당 닝제- 낄코ㄹ짼

뺄덴 뻬마 가ㄹ기닥　　　꺕닥 첸뽀 린첸둑

【梵　本】世間廣大唯一傘　慈悲壇城爲所具　吉祥蓮花舞自在　廣大遍主大寶傘
【釋智譯】衆中唯一廣大傘,　即具慈悲妙中圍,　吉祥蓮花舞自在,　廣大遍主大寶傘

(105송)

세간의 광대 유일의 산개와
　　　　　傘 蓋

대자대비의 만다라를 갖추시니,

길상한 연화가무의 자재자이시고

광대한 편주로서 대보산이시라.
　　　　遍 主　　大 寶 傘

སངས་རྒྱས་ཀུན་གྱི་གཟི་བརྗིད་ཆེ།   སངས་རྒྱས་ཀུན་གྱི་སྐུ་འཆང་བ།

སངས་རྒྱས་ཀུན་གྱི་རྣལ་འབྱོར་ཆེ།   སངས་རྒྱས་ཀུན་གྱི་བསྟན་པ་གཅིག

쌍계 뀐기 시지체   쌍계 뀐기 꾸창와

쌍계 뀐기 낼조ㄹ체   쌍계 뀐기 뗸빠칙

【梵　本】一切佛大王　持諸佛性身　諸佛大相應　諸佛唯一敎
【釋智譯】具於正覺大威勢, 持於一切正覺身, 是諸正覺大修習, 是諸正覺唯正法

(106송)

일체 부처님 가운데 대위세이시자[72]
　　　　　　　　　大　威　勢
일체 부처님 가운데 지불신이시고,
　　　　　　　　　持　佛　身
일체 부처님 가운데 대유가이시며
　　　　　　　　　大　瑜　伽
일체 부처님 가운데 유일교이시라.
　　　　　　　　　唯　一　敎

---

72) 제106송은 로첸·린첸쌍뽀(寶賢)의 역본에 의한 것으로 데게 판본의 1구는 "쌍걔꾼기걜뽀체(Saṅs rgyas kun gyi rgyal po che)"이며, 2구는 "쌍걔꾼기응오뽀진(Saṅs rgyas kun gyi dṅos po ḥdzin)"이다.

8-31-107

 རྡོ་རྗེ་རིན་ཆེན་དབང་བསྐུར་དཔལ། རིན་ཆེན་ཀུན་བདག་དབང་ཕྱུག་སྟེ།

འཇིག་རྟེན་དབང་ཕྱུག་ཀུན་གྱི་བདག རྡོ་རྗེ་འཆང་བ་ཀུན་གྱི་རྗེ།

도ᄅ제 린첸 왕꾸ᄅ뺄   린첸 뀐닥 왕축떼

직뗀 왕축 뀐기닥   도ᄅ제 창와 뀐기제

【梵　本】吉祥金剛寶灌頂　一切寶主自在者　一切世間自在主　一切金剛持主尊
【釋智譯】金剛大寶灌頂相；諸大寶性即自在, 世間自在諸法性；持金剛者一切王

(107송)
금강대보관정의 길상상이시자
　　　　　吉　祥　相
일체대보의 주인 가운데 자재자이시고,
　一　切　大　寶
일체 세간 자재천 가운데 자재주이시며
모든 지금강들 가운데 제왕이시라.
　　　持　金　剛　　　　　　帝　王

8-32-108

པང་རྒྱས་ཀུན་གྱི་ཕྱགས་ཆེ་བ།　　　　པང་རྒྱས་ཀུན་གྱི་ཕྱགས་ལ་གནས།

པང་རྒྱས་ཀུན་གྱི་སྐུ་ཆེ་བ།　　　　　པང་རྒྱས་ཀུན་གྱི་གསུང་ཡང་ཡིན།

쌍계 뀐기 툭체와　　　　　쌍계 뀐기 툭라네

쌍계 뀐기 꾸체와　　　　　쌍계 뀐기 쑹양인

【梵　本】一切佛大心　住一切佛意　一切佛大身　一切佛辯語
【釋智譯】一切正覺卽大心, 一切正覺在心中, 一切正覺之大身, 亦是一切正覺語

(108송)

일체 부처님 가운데 대심(大心)이시자

일체 부처님 가운데 의주(意主)이시고,

일체 부처님 가운데 대신(大身)이시며

일체 부처님 가운데 또한 말씀이시라.

རྡོ་རྗེ་ཉི་མ་སྣང་བ་ཆེ། ཆགས་བྲལ་ལ་སོགས་ཆགས་པ་ཆེ།

རྡོ་རྗེ་ཟླ་བ་དྲི་མེད་འོད། ཁ་དོག་སྣ་ཚོགས་འབར་བའི་འོད།

도ㄹ제 니마 낭와체   도ㄹ제 다와 디메외

착댈 라쏙 착빠체   카독 나촉 바ㄹ외외

【梵　本】金剛日之大明照　金剛月之無垢光　離根本欲卽大欲　種種色爲熾燄光
【釋智譯】金剛日是具大明, 金剛月是無垢光, 脫離貪欲大欲等, 種種諸色熾炎光

(109송)

금강대일 가운데 대명조[73]이시자
金剛大日　　　　　大明照

금강백월 가운데 무구광이시고,
金剛白月　　　　無垢光

원리탐욕 가운데 대탐욕이시며
遠離貪欲　　　　大貪欲

종종제색 가운데 치성광이시라.
種種諸色　　　　熾盛光

---

73) 제109송은 데게 판본에 의한 것으로 로첸·린첸쌍뽀(寶賢)의 역본의 3구는 "착댈라쏙착빠체(Chags bral la sogs chags pa che, 離貪欲等大欲貪)"이다.

8-34-110

རྡོ་རྗེ་སྐྱིལ་ཀྲུང་རྫོགས་སངས་རྒྱས། སངས་རྒྱས་འགྲོ་བའི་ཆོས་འཛིན་པ།

དཔལ་ལྡན་སངས་རྒྱས་པདྨ་སྐྱེས། ཀུན་མཁྱེན་ཡེ་ཤེས་མཛོད་འཛིན་པ།

도ㄹ제 낄뚱 족쌍계　　쌍계 도외 최진빠

뺄덴 쌍계 빼마꼐　　뀐켄 예쎼 죄진빠

【梵　本】佛金剛跏趺　持佛唱讚法　吉祥蓮花生　持一切智藏
【釋智譯】金剛跏趺正等覺, 執持正覺衆趣法, 吉祥正覺蓮花生, 遍智智懸攝持藏

(110송)

금강가부 가운데 원만불[74]이시자
金　剛　跏　趺　　　　　圓　滿　佛

제불설법 가운데 수지자이시고,
諸　佛　說　法　　　　受　持　者

길상제불 가운데 연화생이시며
吉　祥　諸　佛　　　　蓮　花　生

일체지장 가운데 집지자이시라.
一　切　智　藏　　　　執　持　者

---

74) 제110송은 데게 판본에 의한 것으로 로첸 · 린첸쌍뽀(寶賢)의 역본의 2구는 "쌍걔도왜최진빠(Saṅs rgyas ḥgro baḥi chos ḥdzin pa, 諸佛有情法持)"이다.

8-35-111

རྒྱལ་པོ་སྒྱུ་འཕྲུལ་སྣ་ཚོགས་འཆང་། ཆེ་བ་སངས་རྒྱས་རིག་སྔགས་རྒྱལ།

རྡོ་རྗེ་རྣོན་པོ་རལ་གྲི་ཆེ། ཡི་གེ་མཆོག་སྟེ་རྣམ་པར་དག

걀뽀 규튈 나촉창   체와 쌍계 릭악걀

도ㄹ제 뇐뽀 랠디체   이개 촉떼 남빠ㄹ닥

【梵　本】持諸幻化王　廣大佛持明　金剛利大劍　清淨勝文字
【釋智譯】王者種種幻化持, 廣大正覺持明咒, 明利金剛持大劍, 殊勝文字極清淨

(111송)

왕자환화 가운데 종종지[75]이시자
王　者　幻　化　　　種　種　持

광대불타 가운데 명주왕이시고,
廣　大　佛　陀　　　明　呪　王

금강예리 가운데 집대검이시며
金　剛　銳　利　　　執　大　劍

최승문자 가운데 본청정이시라.
最　勝　文　字　　　本　清　淨

---

75) 제111송은 로첸·린첸쌍뽀(寶賢)의 역본에 의한 것으로 데게 판본의 2구는 "체와쌍걔릭빠창(Che ba saṅs rgyas rig pa ḥchaṅ)"이며, 4구는 "남빠ㄹ닥빠규ㄹ메촉(rNam par dag pa ḥgyur med mchog)"이다.

ཤེག་པ་ཆེན་པོ་སྡུག་བསྔལ་གཅོད།　　མཚོན་ཆ་ཆེན་པོ་རྡོ་རྗེ་ཆོས།

རྡོ་རྗེ་ཟབ་མོ་ཏིན་ན་ཏིག　　རྡོ་རྗེ་བློ་གྲོས་དོན་བཞིན་རིག

택빠 첸뽀 둑앨쬐　　 쵠차 첸뽀 도ㄹ제최

도ㄹ제 삽모 지나직　　 도ㄹ제 로되 된신릭

【梵　本】大乘能斷諸苦惱　金剛法爲大兵器　金剛甚深勝中勝　金剛覺如義理知
【釋智譯】是廣大乘除苦惱, 廣大兵器金剛法, 金剛甚深唧那唧, 金剛智慧依義解。

(112송)
일체고를 끊는 대승이라는
一　切　苦　　　　　大　乘
대병기의 금강법을 갖추시니,
大 兵 器
금강심오의 승리자이시라
金　剛　深　奧　　　勝　利　者
금강의 지혜로 여리의해하시도다.
　　　　　　　如　理　義　解

ཕ་རོལ་ཕྱིན་པ་ཀུན་རྫོགས་པ།　　　ས་རྣམས་ཀུན་གྱི་རྒྱན་དང་ལྡན།

རྣམ་པར་དག་པ་བདག་མེད་ཆོས།　　　ཡང་དག་ཡེ་ཤེས་ཟླ་འོད་བཟང་།

파뢸 친빠 뀐족빠　　　싸남 뀐기 곈당뎬

남빠ㄹ 닥빠 닥메최　　　양닥 예쎼 다외상

【梵　本】波羅密多盡圓滿　於一切地具莊嚴　究竟淸淨法無我　正智如月心光燦
【釋智譯】詣到彼岸皆究竟：諸地一切具莊嚴。實淸淨無我法；眞實智慧妙月光。

(113송)

모든 바라밀들을 구족하사

제지의 공덕장엄을 갖추시고,
　諸　地

지극히 청정한 무아법을 성취하셨으니
　　　　　　無　我　法

진지가 달빛처럼 교교하시도다.
　眞　智

8-38-114

བཅོན་ཆེན་སྒྱུ་འཕྲུལ་དྲ་བ་སྟེ།　　　　　　རྒྱུད་ཀུན་གྱི་ནི་བདག་པོ་མཆོག

རྡོ་རྗེ་གདན་ནེ་མ་ལུས་ལྡན།　　　　　　ཡེ་ཤེས་སྐུ་རྣམས་མ་ལུས་འཆང་།

쬔첸 규튈 다와떼　　　규뀐 기니 닥뽀촉

도ㄹ제 닥니 말뤼덴　　　예쎼 꾸남 말뤼창

【梵　本】幻化網大精勤者　一切密續最勝主　全數金剛結跏趺　而持無餘智慧身
【釋智譯】廣大精進幻化網, 一切本續殊勝主, 金剛坐者具無餘, 智慧諸身持無餘

(114송)

환화망 가운데 대정진자로서[76]

모든 딴뜨라들의 승주이시니,
勝　主

금강좌를 온전히 갖추시었고

지혜신을 온전히 성취하셨도다.
智　慧　身

---

76) 제114송은 로첸·린첸쌍뽀(寶賢)의 역본에 의한 것으로 데게 판본의 1구는 "규툴다와낸조ㄹ체(sGyu ḥphrul dra ba rnal ḥbyor che)"이며, 3구는 "말뤼도제낄뚱떼(Ma lus rdo rjes skyil kruṅ ste)"이다.

ཀུན་ཏུ་བཟང་པོ་བློ་གྲོས་བཟང་།   ས་ཡི་སྙིང་པོ་འགྲོ་བ་འཛིན།

སངས་རྒྱས་ཀུན་གྱི་སྙིང་པོ་ཆེ།   སྤྲུལ་པའི་འཁོར་ལོ་སྣ་ཚོགས་འཆང་།

뀐뚜 상뽀 로되쌍   싸이 닝뽀 도와진

쌍계 뀐기 닝뽀체   뛸빼 콜로 나촉창

【梵　本】普賢具妙慧　地藏持衆生　一切佛大藏　持種種化輪
【釋智譯】一切賢善妙智患, 以及地藏持衆趣, 一切正覺之心大, 複持種種之幻輪。

(115송)

보현으로서 묘혜를 갖추시고
普賢　　　　　妙慧

지장으로서 유정을 섭지하시니,
地藏　　　　　　　攝持

일체제불의 대심수로서
大心髓

각종의 환륜을 성취하셨도다.
幻輪

8-40-116

དངོས་པོ་ཀུན་གྱི་རང་བཞིན་མཆོག   དངོས་པོ་ཀུན་གྱི་རང་བཞིན་འཛིན།

སྐྱེ་མེད་ཆོས་དེ་སྣ་ཚོགས་དོན།   ཆོས་ཀུན་རོ་པོ་ཉིད་འཆང་བ།

༁ྃ외뽀 뀐기 랑신촉   ༁ྃ외뽀 뀐기 랑신진

꼐메 최떼 나촉된   최뀐 ༁ྃ오보 니창와

【梵　本】一切有具勝自性　一切有皆持自性　是即無生法諸義　諸法自性能執持
【釋智譯】一切實事自性勝, 一切實事自性持, 即無生法種種義, 諸法體性能執持。

(116송)

일체 진실사에서 자성의 최승자로서[77]
眞實事　　　　　　　最勝者
일체 진실사의 자성을 집지하시니,
그 무생법에서 종종사가 출현하는
일체법의 자성을 또한 집지하시도다.

---

77) 제116송은 로첸·린첸쌍뽀의 역본으로 비말라미뜨라(無垢友) 등의 다른 판본의 3구는 "꼐메최데나촉뙨(sKye med chos de sna tshogs ston, 無生法種種出現)"이다.

8-41-117

ཤེས་རབ་ཆེན་པོ་སྐད་ཅིག་ལ། ཆོས་ཀུན་ཁོང་དུ་ཆུད་པ་འཆང་།

ཆོས་ཀུན་མངོན་པར་རྟོགས་པ་སྟེ། ཐུབ་པ་བློ་མཆོག་འབྱུང་བའི་མཐའ།

쎼랍 첸뽀 께찍라　　　최뀐 콩두 취빠창

최뀐 응왼빠르 똑빠떼　　툽빠 로촉 중외타

【梵　本】一刹那間大般若　證一切法而能持　現觀一切諸法者　上智牟尼知究竟
【釋智譯】廣大智慧刹那中, 解持諸法無遺餘, 一切諸法現觀番, 能仁勝智眞實際

(117송)

대반야의 지혜로써 찰나지간에[78]

일체법을 통달집지하시고,

제법을 있는 그대로 현관하시니
現　觀

능인승지가 생겨나는 궁극이시라.
能　仁　勝　智

---

78) 제117송은 로첸·린첸쌍뽀(寶賢)의 역본에 의한 것으로 데게 판본의 1구는 "깨찍찍라쎼랍체(sKad cig gcig la śes rab ches)"
이며, 4구는 "툽빠로촉양닥타(Thub pa blo mchog yaṅ dag mthaḥ)"이다. 한편 구루 빠드마쌈바와(蓮花生)의 판본 4구에는
"툽빠로촉중뽀쎌(Thub pa blo mchog ḥbyuṅ po sel)"로 나온다.

མི་གཡོ་རབ་ཏུ་དང་བའི་བདག   རྟོགས་པའི་སངས་རྒྱས་བྱང་ཆུབ་འཆང་།

སངས་རྒྱས་ཀུན་གྱིས་མངོན་སུམ་པ།   ཡེ་ཤེས་མེ་ལྕེ་འོད་རབ་གསལ།

미요 랍뚜 당외닥   족빼 쌍계 장춥창

쌍계 뀐기 ᠊᠊윈쑴빠   예쎼 메쩨 외랍쌜

【梵　本】無動最極澄明我　持於等正覺菩提　卽一切佛之現證　智火燄燄極光明
【釋智譯】不動最極淸淨性, 持於正覺妙菩提, 一切正覺現於前, 智火燄炎光顯威

(118송)

적연부동의 극청정성이신
寂 然 不 動　極 淸 淨 性

정등각불의 대보리를 갖추시니,

제불에 의해 여실히 현증된
現 證

지혜의 불꽃 광명을 밝히시도다.

【梵　本】上來妙觀察智四十二偈頌。
(以上妙觀察智共四十二頌)
已上無量壽佛曼茶囉讚妙觀察智二百七十五名計四十二頌

제9 평등성지찬탄품 - 24頌
第九 平等性智讚嘆品

(此下二十四頌。讚平等性智。故卽是出現寶生佛中圍卽一百四名數)　　【梵本】六 平等性智

9-1-119

འདོད་པའི་དོན་གྲུབ་དམ་པ་སྟེ། 　　　　དན་སོང་ཐམས་ཅད་རྣམ་སྦྱོང་བའི།

མགོན་པོ་སེམས་ཅན་ཀུན་གྱི་མཆོག 　　　སེམས་ཅན་ཐམས་ཅད་རབ་གྲོལ་བྱེད།

되뻬 된둡 담빠떼 　　　ⁱ앤쑹 탐쩨 남종외

곤뽀 쎔짼 뀐기촉 　　　쎔짼 탐쩨 랍될제

【梵　本】最上所樂義成就　一切惡趣悉淸淨　一切有情勝導師　一切有情令解脫
【釋智譯】隨樂成就微妙義, 一切惡趣悉淸淨, 諸有情中殊勝尊, 一切有情令解脫。

(119송)

소망의 의리를 성취한 지존이시자,

모든 악취의 괴로움의 정화자이시고

일체 유정의 최승의호자이시니,
　　　　　　　最勝依怙者

모든 유정들을 해탈로 이끄시도다.

9-2-120

ཉོན་མོངས་གཡུལ་དུ་གཅིག་དཔའ་བ།   མི་ཤེས་དགྲ་ཡི་རེགས་པ་འཇོམས།

བློ་ལྡན་སྐྱེག་འཆང་དཔལ་དང་ལྡན།   བཙན་པོ་མི་སྡུག་གཟུགས་འཆང་བ།

논몽 율두 찍빠와   미쎄 다이 덱빠좀

로덴 객창 뺄당덴   뗀뽀 미둑 숙창와

【梵　本】煩惱陳中獨勇猛　摧殺無知傲慢敵　具足樂空智吉祥　具持勇健醜惡相
【釋智譯】煩惱戰場獨勇猛, 無知敵慢能摧破, 具吉祥智而嚴身, 執持堅固之惡相

(120송)

번뇌와의 전쟁에 오로지 용감하시사[79]

무지의 원적의 교만을 파괴하시고,

선혜와 미색을 얻고 길상을 갖췄음에도

견고히 포악한 형상을 집지하셨도다.

---

79) 제120송은 로첸 · 린첸쌍뽀(寶賢)의 역본에 의한 것으로 데게 판본의 3구는 "로니객창뺄당덴(Blo ni sgeg ḥchaṅ dpal daṅ ldan)"이며, 4구는 "빠오미둑쑥창와(dPaḥ bo mi sdug gzugs ḥchaṅ bal)"이다.

9-3-121

ལག་པ་བརྒྱ་པོ་ཀུན་བསྐྱོད་ཅིང་། བོམ་པའི་སྟབས་ཀྱིས་གར་བྱེད་པ།

དཔལ་ལྡན་ལག་པ་བརྒྱས་གང་། ནམ་མཁའ་ཁྱབ་པར་གར་བྱེད་པ།

락빠 갸뽀 뀐꾜찡   곰빼 땁끼 가르제빠

뺄덴 락빠 계강라   남카 캽빠르 가르제빠

【梵　本】振百手而揮諸杖　足進止而作舞者　百臂旋動而吉祥　遍滿虛空之舞者
【釋智譯】能令動於百種手, 舉步相中而作舞, 吉祥百手皆圓滿, 遍空界中能作舞。

(121송)

백수를 춤추듯 크게 흔드시며[80]
百 手
용사의 보무로 가무를 추시고,
勇 士　步 武　歌 舞
길상한 백 손으로 하늘을 가리시며
허공을 뒤덮듯 춤을 추시도다.

---

80) 제121송은 로첸·린첸쌍뽀(寶賢)의 역본에 의한 것으로 데게 판본의 1구는 "락빼육빠갸꾀찡(Lag paḥi dbyug pa brgya bkyod chiṅ)"이며, 2구는 "깡빠꾀빼가르제빠(rKaṅ pa bkyod pas gar byed pa)"이다.

ས་ཡི་དཀྱིལ་འཁོར་བཞི་ཡི་ཐིག །　　　ཀྱང་པ་ཡ་གཅིག་མཐེལ་གྱིས་གནོན།

ཀྱང་པ་མཐེབ་མེན་མོའི་ཐིན་གྱིས་ཀྱང་།　　　ཚངས་པའི་ཡུལ་ས་རྩེ་ནས་གནོན།

싸이 낄코ㄹ 시이퀸　　　깡빠 야찍 틸기뇐

깡텝 쎈뫼 퀸기꺙　　　창빼 율싸 쩨네뇐

【梵　本】大地壇城之分界　以一足底力壓之　足拇指爪復抓壓　淨梵天界之尖頂
【釋智譯】大地中圍一界分, 以一足跟堅踏之, 以足爪甲界分內, 淨梵世界盡令押。

(122송)

사대주의 지륜인 대지의 계분을[81]
地 輪　　大 地　　界 分

한쪽 발바닥으로 진압하시고,

엄지발톱 하나만으로도 또한

범천의 세계마저 즈려밟으시도다.
梵 天

---

81) 제122송은 로첸 · 린첸쌍뽀(寶賢)의 역본에 의한 것으로 데게 판본의 4구는 "창빼공애쩨모뇐(Tshaṅs paḥi sgo ṅaḥi rtse mo gnon)"이다.

དོན་གཅིག་གཉིས་མེད་ཆོས་ཀྱི་དོན། དམ་པའི་དོན་ནི་འཇིགས་པ་མེད།

རྣམ་རིག་སྣ་ཚོགས་གཟུགས་དོན་ཅན། སེམས་དང་རྣམ་ཤེས་རྒྱུད་དང་ལྡན།

된찍 니메 최끼된 담뻬 된니 직빠메

남릭 나촉 숙된짼 쎔당 남쎼 규당덴

【梵　本】不二法義即唯一　是最勝義不可壞　種種表義色法義　具心與識之相續
【釋智譯】無二一義法之義, 即微妙義無怖畏, 亦種種識具色義, 於心與識具相續

(123송)

일의의 무이가 제법의 진실의이고[82]
一　義　　無 二　　　　　眞　實　義

제일의는 두려움이 없는 무외이나,
　　　　　　　　　　　　　　無　畏

종종심과 종종색의 의리를 집지하시어
種　種　心　　種　種　色　　義　利

마음과 더불어 의식의 상속을 갖추셨도다.
　　　　　　　　　　　相　續

---

82) 제123송은 로첸 · 린첸쌍뽀(寶賢)의 역본에 의한 것으로 데게 판본의 3구는 "남릭나축랑신된(rNam rig sna tshogs raṅ bshin don)"이다.

9-6-124

དངོས་དོན་མ་ལུས་རྣམས་ལ་དགའ།　　　སྟོང་པ་ཉིད་དགའ་འདོད་ཆགས་བློ།

སྲིད་པའི་འདོད་ཆགས་སོགས་སྤངས་པ།　　　སྲིད་གསུམ་དགའ་བ་ཆེན་པོ་སྟེ།

ⓐ외된 말뤼 남라가　　　똥빠 니가 되착로

씨빼 되착 쏙빵빠　　　씨쑴 가와 첸뽀떼

【梵　本】有境無餘皆具樂　樂空是卽無上智　有法之貪超越後　於三有中具大樂
【釋智譯】體義無餘數歡喜, 喜空之性貪愛心, 舍離三有之貪欲, 三有歡喜廣大者

(124송)

사물의 의리들에 대해 온전히 기뻐하시며[83]

공성을 환희하고 탐애하는 심지를 갖추셨으니,
深智

삼유의 탐착 등을 끊고 멀리 벗어나셔도

삼계의 요익을 기뻐하는 대환희자이시라.
饒益

---

83) 제124송은 로첸·린첸쌍뽀(寶賢)의 역본에 의한 것으로 데게 판본의 1구는 "응오뽀말뤼된가와(dṄos po ma lus don dgaḥ ba)"이며, 3구는 "씨빼되착라쏙대(Srid paḥi ḥdod chags la sogs ḥdas)"이며, 4구는 "씨빠쑴뽀가와체(Srid pa gsum po dgaḥ ba che)"이다.

སྙིན་དཀར་དགཔ་བཞིན་དུ་དགཔ།　　ཧོད་བཟང་སྟོན་ཀའི་ཟླ་བའི་ཧོད།

ཉི་མ་འཆར་ཀའི་དཀྱིལ་ལྟར་མཛེས།　　སེན་མོའི་ཧོད་ནི་ཟངས་ཆེར་དམར།

띤까ㄹ 닥빠 신두까ㄹ　　외상 뙨께 다외외

니마 차ㄹ깨 낄따ㄹ제　　쎈뫼 외니 세채ㄹ마르

【梵　本】清淨猶如白雲白　妙光猶如秋月光　端嚴猶如初日輪　大紅爪甲具光輝
【釋智譯】色貌鮮潔若白雲, 光明殊勝如秋月, 亦如初出妙日輪, 爪如赤銅光皎潔

(125송)

몸빛은 흰 구름처럼 희고 깨끗하시고[84]

묘광은 가을 달처럼 환히 빛나시며,

후광은 일출의 햇무리처럼 아름다우시고

손톱은 붉은 구리 빛처럼 빛나시도다.

---

84) 제125송은 로첸·린첸쌍뽀(寶賢)의 역본에 의한 것으로 데게 판본의 1구는 "닥빠띤까ㄹ신두까ㄹ(Dag pa sprin dkar bshin dlu dkar)"이다

9-8-126

ཚད་པན་བཟང་པོ་མཐོན་ཀའི་ཊེ།　　　སྐྲ་མཆོག་མཐོན་ཀ་ཅེན་པོ་ཅན།

ནོར་བུ་ཆེན་པོ་འོད་ཆགས་དཔལ།　　　སངས་རྒྱས་སྤྲུལ་པའི་རྒྱན་དང་ལྡན།

쬐빼 상뽀 퇸께쩨　　　꾸촉 퇸까 첸보짼

노ㄹ부 첸뽀 외착뺄　　　쌍계 뛸빼 겐당뗀

【梵　本】妙髻頂尖帝靑寶　勝髮押以大靑玉　大摩尼珠吉祥光　佛所變現莊嚴具
【釋智譯】頭冠殊勝尖末靑, 勝發亦複紺靑色, 大寶光明具吉祥, 正覺化身莊嚴具

(126송)

보관은 제청보의 두관처럼 빛을 발하고[85]
帝　靑　寶　　　頭　冠

감청색 정발은 청옥처럼 윤택하시니,
頂　髮

여의주 광명의 길상을 갖추셨고

부처님의 화신으로 장엄하셨도다.

---

85) 제126송은 로첸 · 린첸쌍뽀(寶賢)의 역본에 의한 것으로 데게 판본의 1구는 "쑤ㄹ퓌쌍뽀퇸깨촉(Zur phud bzaṅ po mthon kaḥi mchog)" 이다.

 འཇིག་རྟེན་ཁམས་བརྒྱ་ཀུན་སྐྱོད་པ།　　　རྫུ་འཕྲུལ་རྐང་པའི་སྟོབས་ཆེན་ལྡན།

དེ་ཉིད་དྲན་པ་ཆེན་པོ་འཆང་།　　　དྲན་པ་བཞི་པོ་ཉིད་འཛིན་རྒྱལ།

직뗀 캄갸 뀐꾜빠　　　주튈 깡빼 똡첸뗀

데니 뗀빠 첸뽀창　　　뗀빠 시뽀 띵진걀

【梵　本】百世間界皆震動　四神足具大趣向　持大憶念具如性　四念住之等持王
【釋智譯】諸百世界皆令動, 而能具彼神足力, 唯彼持於廣大念, 四念住中靜慮王

(127송)
백 세간의 세계를 일시에 진동시키시는

신통신족의 대력을 갖추시었고,
神通神足

진여를 억념하는 대억념을 집지하시니
　　　　　　　　大憶念

사념주를 구족한 삼마지왕이시라.
四念住　　　　　三摩地王

བྱང་ཆུབ་ཡན་ལག་མེ་ཏོག་སྤོས། རེ་བཞིན་གཤེགས་པའི་ཡོན་ཏན་མཚོ།

ལམ་གྱི་ཡན་ལག་བརྒྱད་ཆུལ་རིག ཡང་དག་མངས་རྒྱས་ལམ་རིག་པ།

장춥 옌락 메똑뙤   **데신 쎅빼 욘뗀초**

람기 옌락 계췰릭   **양닥 쌍계 람릭빠**

【梵　本】七覺支花香　如來功德海　解八正道旨　知覺正覺道
【釋智譯】菩提分法花朵香, 即是如來功德海, 明八道支義理故, 明了真實正覺道。

(128송)

보리분법의 꽃과 향의 공양으로[86]

여래의 공덕의 대해로 삼으시니,
　　　　　　大 海

팔정도의 이취를 여실하게 아시고
八 正 道

정등각의 정로를 여실지견하시도다.
　　　　　　如 實 知 見

---

86) 제128송은 로첸 · 린첸쌍뽀(寶賢)의 역본에 의한 것으로 데게 판본의 1구는 "장춥앤락메똑가(Byaṅ chub yan lag me tog dgaḥ)"이다.

9-11-129

སེམས་ཅན་ཀུན་ལ་ཞེས་ཆེར་ཆགས། ནམ་མཁའ་ལྟ་བུར་ཆགས་པ་མེད།

སེམས་ཅན་ཀུན་གྱི་ཡིད་ལ་འཇུག སེམས་ཅན་ཀུན་གྱི་ཡིད་ལྟར་མགྱོགས།

쎔짼 뀐라 쌔체ㄹ착   남카 따부ㄹ 착빠메

쎔짼 뀐기 일라죽   쎔짼 뀐기 이따ㄹ곡

【梵　本】大愛著於諸有情　寶無所著如虛空　於諸有情意中生　疾速如諸有情意
【釋智譯】於諸有情大分著, 亦如虛空無所著, 一切有情意中入, 速疾猶如有情意。

(129송)

모든 유정들에 크게 애착하실지라도[87]

또한 허공처럼 탐착을 여의시고,

모든 유정들의 뜻에 들어가실지라도

유정들의 뜻에 수순하여 들어가시도다.

---

87) 제129송은 로첸·린첸쌍뽀(寶賢)의 역본에 의한 것으로 데게 판본의 3구는 "쎔짼꾼기이래께(Sems can kun kyi yid las skyes)"이다.

9-12-130

སེམས་ཅན་ཀུན་གྱི་དབང་པོར་ཡིས། སེམས་ཅན་ཀུན་གྱི་ཡིད་འཕྲོག་པ།

ཕུང་པོ་ལྔ་དོན་དེ་ཉིད་ཡིས། རྣམ་དག་ཕུང་པོ་ལྔ་འཆང་བ།

쎔짼 뀐기 왕된쎼　　 쎔짼 뀐기 이톡빠

풍뽀 ୂ아된 데니쎼　　 남닥 풍뽀 ୂ아창와

【梵　本】知一切有情根境　移一切有情心意　知五蘊義之如性　持五蘊之極清淨
【釋智譯】知諸有情根與義, 能奪有情諸心意, 五蘊實事彼性知, 清淨五蘊令受持

(130송)

모든 유정들의 근경을 아시고
根　境
모든 유정들의 마음을 빼앗으신 뒤,

오온의 의미의 진실성을 알려 주시고

지극히 청정한 오온을 얻게 하시도다.

 རེས་འབྱུང་ཀུན་གྱི་མཐའ་ལ་གནས།　　 རེས་པར་འབྱུང་བ་ཀུན་ལ་མཁས།

རེས་འབྱུང་ཀུན་གྱི་ལམ་ལ་གནས།　　རེས་པར་འབྱུང་བ་ཀུན་སྟོན་པ།

애중 뀐기 탈라네　　애빠르 중와 뀐라케

애중 뀐기 람라네　　애빠르 중와 뀐뙨빠

【梵　本】住諸出離之邊際　能善巧於諸出離　住諸決定出離道　於諸出離能宣說
【釋智譯】住決定出諸邊際, 善能出於決定中, 向決定出道中住。宣說一切決定出。

(131송)

모든 출리의 궁극에 안주하시고[88]

모든 출리의 요체에 정통하시며,

모든 출리의 도 위에 체류하시어
　　　　　　　　道

모든 출리의 득과상을 가르치시도다.
　　　　　　　得果相

---

88) 제131송은 로첸·린첸쌍뽀(寶賢)의 역본에 의한 것으로 데게 판본은 "탐째응엔중타라내(Thams cad ṅes ḥbyuṅ mthaḥ la gnas), 탐째응에빠르중와캐(Thams cad ṅes par ḥbyuṅ ba mkhas), 탐째응엔중람라내(Thams cad ṅes ḥbyuṅ lam la gnas), 탐째응엔중뙨빠뽀(Thams cad ṅes ḥbyuṅ ston pa po)" 이다.

ཡན་ལག་བཅུ་གཉིས་སྲིད་རྩ་བཏོན། དག་པ་རྣམ་པ་བཅུ་གཉིས་འཆང་།

བདེན་བཞིའི་ཆུལ་གྱི་རྣམ་པ་ཅན། ཤེས་པ་བརྒྱད་པོ་རྟོགས་པ་འཆང་།

옌락 쭈니 씨짜뙨　　　닥빠 남빠 쭈니창

덴씨- 췰기 남빠짼　　　쒜빠 계뽀 똑빠창

【梵　本】拔除十二有支根　而持十二淸淨相　具知四諦行相義　八智覺知而受持
【釋智譯】十二支分拔有根, 持於淸淨十二種, 具有四諦之義相, 解持八種之心識。

(132송)

삼유의 근본인 십이지분을 발제하더라도
三有　　　　十二支分

환멸의 청정한 십이지상을 소지하시나니,
還滅　　　　十二支相

사제 도리의 십육행상을 갖추시어
四諦　　　十六行相

팔지에 대한 각지를 성취하셨도다.
八智　　　覺知

9-15-133

བདེན་དོན་རྣམ་པ་བཅུ་གཉིས་ལྡན།   དེ་ཉིད་རྣམ་པ་བཅུ་དྲུག་རིག

རྣམ་པ་ཉི་ཤུས་བྱང་ཆུབ་པ།   རྣམ་པ་སངས་རྒྱས་ཀུན་རིག་མཆོག

덴된 남빠 쭈니덴   데니 남빠 쭈둑릭

남빠 니슈 장춥빠   남빠 쌍곌 뀐리촉

【梵　本】具有十二諦義相　能知十六如如相　以二十相成正覺　一切勝解遍覺者

【釋智譯】十二諦相令具足, 十六實性能明了, 以二十種成菩提, 勝明一切正覺相

(133송)

십이지상의 제실의를 집지하시고
　十二支相　　　諦實義

십육행상의 진실성을 통달하시어,
　十六行相

이십 상으로 보리를 이룩하시니
　二十相　　　菩提

제불의 행상을 아는 최승편지이시라.
　諸佛　　行相　　　最勝遍智

སངས་རྒྱས་ཀུན་གྱི་སྤྲུལ་པའི་སྐུ། ཉེ་བ་དཔག་མེད་འཁྱེད་པ་པོ།

སྐད་ཅིག་ཐམས་ཅད་མངོན་པར་རྟོགས། སེམས་ཀྱི་སྐད་ཅིག་དོན་ཀུན་རིག

쌍계 뀐기 뙬빼꾸   제와 빡메 계빠뽀

께찍 탐제 ⁀왼빠ᄅ똑   쎔끼 께찍 뙨뀐릭

【梵　本】無量諸佛之化相　令顯現爲億萬身　刹那現證於一切　亦知一切刹那心
【釋智譯】一切正覺之化身, 無邊億界令出現, 刹那一切皆現觀, 心之刹那遍明義

(134송)

일체 부처님의 변화신을 나투시되[89]

무량억으로 나투는 현시자이시니,

찰나에 일체를 모두 현관하시고
　　　　　　　　現　觀

찰나심에 일체의를 두루 아시도다.
　　　一　切　義

---

89) 제134송은 로첸·린첸쌍뽀(寶賢)의 역본에 의한 것으로 데게 판본의 1구는 "빡메쌍걔뚤빠이(dPag med saṅs gyas sprul pa yi)"이며, 2구는 "꾼니제와계빠뽀(sKu ni bye ba ḥgyed pa po)"이다.

ཐེག་པ་སྣ་ཚོགས་ཐབས་ཆུལ་གྱིས།   འགྲོ་བའི་དོན་ལ་ཆོག་པ་པོ།

ཐེག་པ་གསུམ་གྱིས་ངེས་འབྱུང་ལ།   ཐེག་པ་གཅིག་གི་འབྲས་བུར་གནས།

택빠 나촉 탑췰기   **도외 된라 똑빠뽀**

택빠 쑴기 ༔애중라   **택빠 찍기 데부르네**

【梵　本】以種種乘方便道　令顯現爲世義利　由是三乘定出離　而唯住於一乘果
【釋智譯】種種乘者方便理, 衆趣之事通達者, 於諸三乘決定出, 住在於彼一乘果

(135송)
갖가지 수레의 방편의 도리로써

유정의 요익행에 통달한 님이시니,

삼승으로부터 출리하시어
　　三　乘　　　　　　出　離

오직 일승의 도과를 이루시도다.
　　一　乘　　道　果

ཉོན་མོངས་ཁམས་རྣམས་དག་པའི་བདག　　ལས་ཀྱི་ཁམས་རྣམས་ཟད་བྱེད་པ།

ཆུ་བོ་རྒྱ་མཚོ་ཀུན་ལས་བརྒལ།　　སྦྱོར་བའི་དགོན་པ་ལས་བྱུང་བ།

논몽 캄남 닥빼닥　　뤼끼 캄남 세제빠

추보 갸초 뀐래걜　　조ㄹ외 괸빠 래중와

【梵　本】煩惱界具淨我性　盡諸業界能滅盡　平息暴流而渡過　觀修稠林能出離
【釋智譯】諸煩惱界清淨性, 盡能滅除諸業界, 江河大海普渡過, 加行寂靜中出現

(136송)

모든 번뇌계가 청정성을 갖추었으니

모든 업계를 능히 제멸하시고,
　　　業界

폭류와 고해의 일체를 건너가시어

유가행의 적정에서 출현하시도다.
　瑜伽行　　寂靜

ཉོན་མོངས་ཉེ་བ་ཀུན་ཉོན་མོངས། བག་ཆགས་བཅས་པ་གཏན་སྤངས་པ།

སྙིང་རྗེ་ཆེན་པོ་ཤེས་རབ་ཐབས། དོན་ཡོད་འགྲོ་བའི་དོན་བྱེད་པ།

눈몽 녜와 뀐눈몽 박착 째빠 뗀빵빠

닝제 첸뽀 쎄랍탑 된요 도외 된제빠

【梵　本】煩惱隨煩惱雜染　以及習氣皆捨離　般若方便具大悲　不空世間成義利
【釋智譯】煩惱及與隨雜染, 及以習氣皆棄捨, 以於大悲智方便, 於諸有情作利益

(137송)

번뇌와 수번뇌와 염오와[90] 습기도
　　　　隨煩惱　　染汚

함께 영원히 끊어버리시고,

대비와 반야의 양 방편으로
　大悲

의로운 유정의 요익을 행하시도다.

---

90) 제137송은 로첸 · 린첸쌍뽀(寶賢)의 역본에 의한 것으로 데게 판본의 1구는 "뇐몽녜뇐꾼몽빠(Ñon moṅs ñe ñon kun moṅs
pa)"이며, 2구는 "박착째빠랍빵빠(Bag chags bcas pa rab spaṅs pa)"이다.

 དུ་ཤེས་ཀུན་གྱི་དོན་སྤངས་ཤིང་། རྣམ་ཤེས་དོན་ནི་འགོག་པར་བྱེད།

སེམས་ཅན་ཀུན་ཡིད་ཡུལ་དང་སྐུལ། སེམས་ཅན་ཀུན་གྱི་ཡིད་རིག་པ།

두쎄 뀐기 된빵싱   남쎄 된니 각빠ㄹ제

쎔짼 뀐이 율당덴   쎔짼 뀐기 이릭빠

【梵　本】捨離一切槪念義　持於識境之寂滅　具足有情諸意境　趣入一切有情意

【釋智譯】諸想之義悉棄舍，心識事義令滅除，有情諸意境具足，了知一切有情意

(138송)

일체상의 사실을 끊어버리시고[91]
一 切 想

인식의 경계를 멸진하시어,
滅 盡

일체 유정의 의식경계를 갖추시니

일체 유정들의 마음을 요지하시도다.
了 知

---

91) 제138송은 로첸·린첸쌍뽀(寶賢)의 역본에 의한 것으로 데게 판본는 "두쎄탐째랍빵된(ḥDu śes thams cad rab spaṅs don), 남쎄된니곡빠창(rNam śes don ni ḥgogs pa ḥchaṅ), 쎔짼꾼기이끼율(Sems can kun gyi yid kyi yul), 쎔짼꾼기이내빠(Sems can gyi yid gnas pa)"이다. 또한 비말라미뜨라(無垢友)의 판본의 4구는 "쌍걔꾼기툭릭빠(Saṅs rgyas kun gyi thugs rig pa)"로 나온다.

9-21-139

སེམས་ཅན་ཀུན་གྱི་ཡིད་ལ་གནས། དེ་དག་སེམས་དང་མཐུན་པར་འཇུག

སེམས་ཅན་ཀུན་ཡིད་ཚིམ་པར་བྱེད། སེམས་ཅན་ཀུན་གྱི་ཡིད་དགའ་བ།

쎔짼 뀐기 일라네   데닥 쎔당 튄빠르죽

쎔짼 뀐이 침빠르제   쎔짼 뀐기 이가와

【梵　本】住入一切有情意　於彼心中平等住　滿足一切有情意　一切有情意具樂

【釋智譯】住彼一切有情心, 隨順一切有情意, 滿足一切有情心, 令諸有情心歡喜

(139송)

모든 유정들의 의식에 주하시어[92]

그들 마음에 수순해 들어가시며,

모든 유정들의 심의를 만족시키시고

모든 유정들의 심의를 기쁘게 하시도다.

92) 제139송은 로첸·린첸쌍뽀(寶賢)의 역본에 의한 것으로 데게 판본의 1구는 "쎔짼꾼기이낭내(Sems ckun gyi yid naṅ gnas)" 이며, 2구는 "데닥쎔당냠니쓴(De dag sems daṅ mñam ñi son)" 이다.

9-22-140

གྲུབ་པ་མཐར་ཕྱིན་འཁྲུལ་པ་མེད། ནོར་བ་ཐམས་ཅད་རྣམ་པར་སྤངས།

དོན་གསུམ་ཐེ་ཚོམ་མེད་པའི་བློ། ཀུན་དོན་ཡོན་ཏན་གསུམ་གྱི་བདག

듑빠 타ㄹ친 튈빠메   노ㄹ빠 탐쩨 남빠ㄹ빵

된쑴 테촘 메뺄로   뀐된 욘뗀 쑴기닥

【梵　本】捨離立宗之過失　一切迷亂皆消除　於三世得無疑智　一切義利三德性
【釋智譯】成就究竟無錯謬, 一切謬解皆舍離, 於三義中無疑智, 諸義三種功德性

(140송)

성취가 구경에 달하여 잘못을 여의시고[93]

모든 허물들을 남김없이 끊어버리시며,

의혹이 없는 삼의의 지혜로
　　　　　三義

일체를 요익케 하는 삼공덕성을 성취하셨도다.
　　　　　　　　三功德性

---

93) 제140송은 로첸·린첸쌍뽀(寶賢)의 역본에 의한 것으로 데게 판본의 1구는 "듑타툴빠댄빠민(Grub mthaḥ ḥkhrul pa ldan pa min)"이며, 2구는 "툴빠탐쩨남빠ㄹ빵(ḥKhrul pa thams cad rnam par spaṅs)"이다.

ཕུང་པོ་ལྔ་དོན་དུས་གསུམ་དུ། སྐད་ཅིག་ཐམས་ཅད་རྗེ་བྲག་ཕྱེད།

སྐད་ཅིག་གཅིག་གིས་རྟོགས་པངས་རྒྱས། སངས་རྒྱས་ཀུན་གྱི་རང་བཞིན་འཆང་།

풍뽀 ⚬아된 뒤쑴두   께찍 탐쩨 제닥체

께찍 찍기 족쌍계   쌍계 뀐기 랑신창

【梵　本】五蘊義於三時中　每一刹那善觀察　刹那現證等正覺　具持一切佛自性
【釋智譯】五蘊義理三時中, 於諸刹那能分別, 一刹那中正等覺, 持於一切正覺性

(141송)

오온의 의취를 삼시에[94] 걸쳐
義趣　　三時

찰나마다 일체의 차별을 관찰하시고,

일찰나에 정등각을 이루시며

제불의 자성을 집지하시도다.

94) 제141송은 로첸·린첸쌍뽀(寶賢)의 역본에 의한 것으로 데게 판본의 1구는 "뒤쑴풍뽀응아이된(Dus gsum phuṅ po lṅa yi don)"이며, 2구는 "깨찍탐째남곰빠(sKad cig thams cad rnam bsgom pa)이며, 3구는 "깨찍찍응왼족쌍걔(sKad cig gcig mṅon rdzogs saṅs gyas)"이다.

9-24-142

ཕུས་མེད་ཕུས་ཏེ་ཕུས་ཀྱི་མཆོག ཕུས་ཀྱི་མཐའ་ནི་རྟོགས་པ་པོ།

གཟུགས་རྣམས་སྣ་ཚོགས་ཀུན་ཏུ་སྟོན ནོར་བུ་ཆེན་པོ་རིན་ཆེན་ཏོག

뤼메 뤼떼 뤼끼촉 뤼끼 타니 똑빠뽀

숙남 나촉 뀐뚜뙨 노ㄹ부 첸뽀 린첸똑

【梵　本】無支分身最勝身　觀察諸身之邊際　無餘色相能變現　寶幢具大摩尼頂
【釋智譯】無身之身身中勝, 解了諸身之邊際, 種種諸相諸處顯, 大寶卽是大寶首

(142송)

몸이 없는 몸으로 최승의 몸을 갖추시어[95]

일체 몸의 궁극을 요해한 님으로서,
　　　　　　　了解

갖가지 형색으로 일체를 나투시니

보석당간 위의 대마니주와 같으시도다.
　　　　　　大摩尼珠

【梵　本】上來平等性智二十四頌。
已上寶生佛曼荼囉讚平等性智一百四名計二十四頌

[이상은 24게송으로 제9 평등성지품 24송(第九平等性智讚嘆品二十四頌)을 설한 것이다.]

---

95) 제142송은 로첸 · 린첸쌍뽀(寶賢)의 역본에 의한 것으로 데게 판본의 2구는 "꾸니제와남빠르계(sKu ni bye ba rnam par ḫgyed)"이며, 3구는 "쑥남말뤼꾼뚜뙨(gZugs rnams ma lus kun tu ston)이다.

(此下十五頌。讚成所作智。故出現有義成就佛中圍。卽九十五名數)　　【梵本】七　成所作智

10-1-143

སངས་རྒྱས་ཀུན་གྱི་རྟོགས་བྱ་བ།　　　སངས་རྒྱས་བྱང་ཆུབ་བླ་ན་མེད།

གསང་སྔགས་ལས་ནི་བྱུང་ཡི་གེ་མེད།　　གསང་སྔགས་ཆེན་པོ་རིགས་གསུམ་པ།

쌍계 뀐기 똑자와　　　　　쌍계 장춥 라나메

쌍악 래중 이개메　　　　　쌍악 첸뽀 릭쑴빠

【梵　本】諸等正覺者所悟　皆爲無上佛菩提　密呪生處無文字　說爲三部大密呪
【釋智譯】一切正覺所通達, 正覺菩提卽無上, 出密呪處無文字, 大密呪者是三種

(143송)

제불이 현증하는 지혜법신은[96]
　　現　證　　　智慧法身

바로 부처님의 무상보리이시라,
　　　　　無上菩提

밀주의 소생으로 문자가 없나니
密呪　　　　　　　文字

세 부류의 대밀주를 갖추셨도다.
　　　大密呪

---

96) 제143송은 로첸·린첸쌍뽀(寶賢)의 역본에 의한 것으로 데게 판본의 3구는 "쌍악께내이게메(gSaṅs sṅgs skyes gnas yi ge med)"이다.

གསང་སྔགས་དོན་ཀུན་སྐྱེད་པ་པོ། ཐིག་ལེ་ཆེན་པོ་ཡི་གེ་མེད།

སྟོང་པ་ཆེན་པོ་ཡི་གེ་ལྔ། ཐིག་ལེ་སྟོང་པ་ཡི་གེ་དྲུག

쌍악 된뀐 꼐빠뽀　　틱래 첸뽀 이개메

똥빠 첸뽀 이갱아　　틱래 똥빠 이개둑

【梵　本】生出一切眞言義　皆由無字大明點　五文字者卽大空　百字亦寶爲空點

【釋智譯】衆咒諸義出生者, 大明點者無文字, 大空卽是五種字, 明點空者百種字。

(144송)

밀주의 일체의의 산출자이시니,[97]
　密呪　　　 一切　義

무문자의 대명점과,
　　　　大 明 点

다섯 문자의 대공과
　　　　　大　空

여섯 문자의 공명점이라.
　　　　　 空 明 點

---

97) 제144송은 로첸 · 린첸쌍뽀(寶賢)의 역본에 의한 것으로 닝마(舊密)십만딴뜨라의 판본과 다른 판본의 4구는 "틱레똥빠이게갸(Thig le stoṅ pa yi ge brgya)"로 나오며, 한역에서도 그와 같이 나온다.

10-3-145

 རྣམ་པ་ཀུན་ལྡན་རྣམ་པ་མེད།   བཅུ་དྲུག་ཕྱེད་ཕྱེད་ཐིག་ལེ་འཆང་།

ཡན་ལག་མེད་པའི་རྩིས་ལས་འདས།   བསམ་གཏན་བཞི་པའི་རྩེ་མོ་འཆང་།

남빠 뀐뗀 남빠메   쭈둑 체체 틱래창

옌락 메빼 찔래데   쌈뗀 시빼 쩨모창

【梵　本】一切形相無形相　十六半半持明點　超越支分與算數　持於第四禪之頂
【釋智譯】普具行相無行相, 十六半半明點具, 亦無支分超於數, 即四靜慮具初首

(145송)

일체종상을 지녀도 무형상이시라[98]

열여섯 · 여덟 · 넷의 명점을 갖추셨으나,
明　點

지분도 없으며 숫자의 헤아림을 떠났으니

제사선의 정점을 성취하셨도다.
第四禪　　頂點

---

98) 제145송은 로첸 · 린첸쌍뽀(寶賢)의 역본에 의한 것으로 데게 판본의 1구는 "남빠탐째남빠메(rNam pa tham cad rnam pa med)"이며, 3구는 "차메차댄래대빠(Cha med cha ldan las ḥdas pa)"이며, 4구는 "쌈땐시빼쩨모창(bSam gtan bshi paḥi rtse mo ḥchaṅ)"이다.

བསམ་གཏན་ཡན་ལག་ཀུན་ཤེས་ཤིང་། ཏིང་འཛིན་རིག་དང་རྒྱུད་རིག་པ།

ཏིང་འཛིན་ལུས་ཅན་ལུས་ཀྱི་མཆོག ལོངས་སྤྱོད་རྫོགས་སྐུ་ཀུན་གྱི་རྒྱལ།

쌈뗀 옌락 뀐쎄싱 땡진 릭당 규릭빠

땡진 뤼짼 뤼끼촉 롱쬐 족꾸 뀐기걀

【梵　本】知一切禪定支分　等持種姓及傳承　等持身爲最勝身　一切受用身之王
【釋智譯】靜慮支分皆遍知, 禪定種性知心續 ; 具禪定身身中勝, 圓滿報身一切勝

(146송)

선정의 지분들 모두를 아시고
　　　支　分

삼매의 종성과 심속에 밝으시니,
　　　　　　　　心　續

삼매신 가운데 최승신이시고
三　昧　身　　　　最　勝　身

수용신 가운데 일체왕이시라.
受　用　身

སྤྲུལ་པའི་སྐུ་སྟེ་སྐུ་ཡི་མཆོག	སངས་རྒྱས་སྤྲུལ་པའི་རྒྱུད་འཆང་བ།

ཕྱོགས་བཅུར་སྤྲུལ་བ་སྣ་ཚོགས་འགྱེད།	ཇི་བཞིན་འགྲོ་བའི་དོན་བྱེད་པ།

뛸빼 꾸떼 꾸이촉　　쌍계 뛸빼 규창와

쵹쭈ㄹ 뛸와 나촉계　　지신 도외 뒨제빠

【梵　本】化身亦爲最勝身　受持諸化佛傳承　周遍十方而化現　隨宜世間作義利

【釋智譯】化身即是殊勝身, 持佛化現之心續, 種種化現十方中, 如法利益於有情

(147송)

변화신 가운데 수승신으로
　　　　　　　　殊　勝　身

제불화신의 전승을 갖추셨으니,
　　　化　身　　　傳　承

시방에 종종의 화신을 나투시며

여실히 유정의 이익을 행하시도다.

ལྷ་དང་ལྷ་དབང་ལྷ་ཡི་ལྷ།　　　ལྷ་ཡི་བདག་པོ་ལྷ་མིན་བདག

འཆི་མེད་དབང་པོ་ལྷ་ཡི་བླ།　　　འཇོམས་བྱེད་འཇོམས་བྱེད་དབང་ཕྱུག་པོ།

하당 하왕 하일라　　　하이 닥뽀 하민닥

치메 왕뽀 하일라　　　좀제 좀제 왕축뽀

【梵　本】天中天及諸天主　天帝及阿修羅主　無滅天主與天師　摧壞天摧壞天王

【釋智譯】自在之天天中天, 非天自在天中主, 自在無滅天之師, 作壞作壞自在者

(148송)

천신과 천중천,[99)]
天神　　天中天

천주와 비천자재,
天主　　非天自在

불사자재와 천계의 스승으로
無滅自在　　　天界

작괴천과 작괴자재천이시라.
作壞天　　作壞自在天

---

99) 제148송은 로첸·린첸쌍뽀(寶賢)의 역본에 의한 것으로 데게 판본의 2구는 "하민왕뽀진제닥(lHa min dbaṅ po sbyin byed bdag)"이다.

སྲིད་པའི་དགོན་པ་ལས་བརྒལ་བ།   སྟོན་པ་གཅིག་པུ་འགྲོ་བའི་བླ།

འཇིག་རྟེན་ཕྱོགས་བཅུར་རབ་གྲགས་པ།   ཆོས་ཀྱི་སྦྱིན་བདག་ཆེ་བ་པོ།

씨빼 괸빠 래걜와   뙨빠 찍뿌 도월라

직뗸 쵹쭈ㄹ 랍닥빠   최끼 진닥 체와뽀

【梵　本】渡過三有之荒野　唯一導師衆生師　世間十方名稱遍　是爲廣大法施者

【釋智譯】三有寂靜令超越, 唯一師者有情師, 名稱普於十方界, 法施之主廣大者

(149송)

삼유의 황야를 건너셨으니
三有

유일한 도사로서 유정들의 스승이시며,

시방 세계에 칭송이 자자하시니

묘법을 베푸는 위대한 법시자이시라.
法施者

བྱམས་པའི་གོ་ཆ་ཆས་པ་སྟེ། ། སྙིང་རྗེ་ཡི་ནི་ཡ་ལད་བགོས། །

ཤེས་རབ་རལ་གྲི་མདའ་གཞུ་ཐོགས། ། ཉོན་མོངས་མི་ཤེས་གཡུལ་རྫོ་སེལ། །

잠빼 고차 채빠떼   닝제 이니 얄래괴

쎄랍 랠디 다슈톡   뇬몽 미쎄 율오쌜

【梵　本】具慈擐甲作莊嚴　具悲鎧甲披甲者　以般若劍及弓箭　作離煩惱無智戰

【釋智譯】備足莊嚴慈鎧者, 以慈潛心爲堅甲, 智慧爲劍持弓箭, 煩惱無知戰場滅。

(150송)

자애의 견고한 갑옷을 걸치시고
慈愛

대비의 견고한 투구를 쓰시며,
大悲

반야이검과 활과 화살을 들고서
般若利劍

번뇌무지를 전장에서 섬멸하시도다.
煩惱無智

དཔའ་བོ་བདུད་དག་བདུད་འདུལ་བ། བདུད་བཞིའི་འཇིགས་པ་སེལ་བར་བྱེད།

བདུད་ཀྱི་དཔུང་རྣམས་བྱེད་པ། རྫོགས་པའི་སངས་རྒྱས་འཇིག་རྟེན་འདྲེན།

빠보 뒤다 뒤뒬와   뒤시- 직빠 쎌와ㄹ제

뒤끼 뿡남 팜제빠   족빼 쌍계 직뗀댄

【梵　本】勇猛降魔魔之敵　四魔怖畏能除去　一切魔軍能降伏　世間導師正覺者
【釋智譯】勇猛魔怨能降者, 兼除四種怖畏魔, 亦能退諸魔軍旅, 究竟正覺救世間

(151송)

대웅으로, 마라인 적을 항복 받으시며
　大　雄
사종 마라의 공포를 제거하시고,
　四　種
모든 마군들을 물리치셨으니
삼계세간을 인도하는 정등각이시라.

མཆོད་འོས་བསྟོད་འོས་ཕྱག་གི་གནས། རྟག་ཏུ་རི་མོར་བྱ་བའི་འོས།

བཀུར་འོས་རྗེད་པར་བྱ་བའི་མཆོག ཕྱག་བྱར་འོས་པ་བླ་མའི་རབ།

최외 뙤외 챡기네   딱뚜 리모ㄹ 자외외

꾸ㄹ외 제빠ㄹ 자외촉   챡자ㄹ 외빠 라매랍

【梵　本】應禮應供應恭敬　是應恒常受承侍　最受尊敬及尊崇　歸依最殊勝上師
【釋智譯】是堪供贊禮敬處, 亦是恒常承侍境, 應供詠處最殊勝, 真堪禮敬上師。

(152송)

마땅히 공양 찬탄 예배드려야 하고

항상 받들어서 모셔야 하며,

존경하고 칭송해야 할 최승처이시니
最　勝　處
마땅히 예경해야 하는 큰 스승이시라.

10-11-153

འཇིག་རྟེན་གསུམ་པོ་གོམ་གཅིག་བགྲོད། མཁའ་ལྟར་མཐའ་མེད་རྣམ་པར་གནོན།

གསུམ་རིག་གཙང་མ་དག་པ་སྟེ། མཚོན་ཤེས་དྲུག་ལྡན་རྗེས་དྲན་དྲུག

직뗀 쑴뽀 곰칙되 카따ㄹ 타메 남빠ㄹ뇐

쑴릭 짱마 닥빠떼 ·윈쎼 둑뗀 제뗀둑

【梵　本】一步能遊於三界　如空無邊而跨步　淨行者具三明淨　具六神通六隨念
【釋智譯】一步能遊三世界, 如空無邊真鎮押, 三明清淨是清淨, 具六神通六隨念

(153송)

한걸음으로 삼세간에 들어가시니
三 世 間

허공처럼 끊임없이 지배하시고,

삼명을 알아 청정하고 명징하시니
三 明　　　　　　　　明 澄

육통을 갖추시고 육수념을 섭지하셨도다.
六 通　　　　　　六 隨 念

བྱང་ཆུབ་སེམས་དཔའ་སེམས་དཔའ་ཆེ།　　 རྫུ་འཕྲུལ་ཆེན་པོ་འཇིག་རྟེན་འདས།

ཤེས་རབ་ཕ་རོལ་ཕྱིན་པའི་མཐའ།　　ཤེས་རབ་ཀྱིས་ནི་དེ་ཉིད་ཐོབ།

장춥 쎔빠 쎔빠체　　주튈 첸뽀 직뗀데

쎼랍 파뢸 친빼타　　쎼랍 기니 데니톱

【梵　本】菩提薩埵大勇識　具大神足超世間　成就般若波羅密　能達般若如如性

【釋智譯】菩提勇識大勇識, 大神通者超世間, 達彼智慧之邊際, 亦以智慧證彼性。

(154송)

보리살타의 마하살타이시니

대신통을 얻어 세간을 초월하시고,

반야바라밀의 궁극에 이르시어

반야로 궁극의 진여를 증득하시도다.

བདག་རིག་གཞན་རིག་ཐམས་ཅད་པ།　　ཀུན་ལ་ཕན་པའི་གང་ཟག་མཆོག

དཔེར་བྱ་ཀུན་ལས་འདས་པ་སྟེ།　　ཤེས་དང་ཤེས་བྱའི་བདག་པོ་མཆོག

다릭 센릭 탐쩨빠　　뀐라 펜빼 강삭촉

빼르자 뀐래 데빠떼　　쎼당 쎼재 닥뽀촉

【梵　本】一切自明與他明　勝數取趣利一切　超越一切諸譬喩　能知所知殊勝主
【釋智譯】自明明他一切者, 殊勝丈夫利一切, 超離一切諸譬喩, 能智所智殊勝主

(155송)
자명과 타명의 일체자이시고
自明　　他明
일체에 이익을 주는 대장부이시며,
일체의 비유를 뛰어넘으시니
比喩
능지와 소지에 대한 최승존이시라.
能智　　所智

གཙོ་བོ་ཆོས་ཀྱི་སྦྱིན་བདག་སྟེ། ཕྱག་རྒྱ་བཞི་པོའི་དོན་སྟོན་པ།

འགྲོ་བའི་བསྙེན་བཀུར་གནས་ཀྱི་མཆོག ངེས་འབྱུང་གསུམ་པོ་བགྲོད་རྣམས་ཀྱི།

쪼오 최끼 진닥떼 챡갸 시뾔 된뙨빠

도외 녠꾸ㄹ 네끼촉 ᢀ에중 쑴뽀 되남끼

【梵　本】是爲最上法施主　宣說四種手印義　爲行三出離種姓　作諸世間承侍主
【釋智譯】尊者卽是法施主, 宣說四種手印義, 有情奉施殊勝住, 決定出生三種行

(156송)

주존이시며 묘법의 대시주이시자,[100]
　主尊　　　　　　　　　　　大施主

사종수인의 요의를 설하시고,
　四種手印　　要義

유정이 받들어 섬기는 최승쳐이시니

삼출리의 길을 가는 님들의 지존이시라.
　三出離

---

100) 제156은 로첸·린첸쌍뽀(寶賢)의 역본에 의한 것으로 데게 판본의 1구는 "쪼오최끼진빼닥(gTso bo chos kyi sbyin paḥi
　　bdag)"이다.

དོན་གྱི་དམ་པ་རྣམ་དག་དཔལ། འཇིག་རྟེན་གསུམ་ན་སྐལ་བཟང་ཆེ།

དཔལ་ལྡན་འབྱོར་པ་ཀུན་བྱེད་པ། འཇམ་དཔལ་དཔལ་དང་ལྡན་པའི་མཆོག

된기 담빠 남닥뺄   직뗀 쑴나 깰상체

뺄뗀 조르빠 뀐제빠   잠뺄 뺄당 덴빼촉

【梵　本】勝義淸淨具吉祥　廣大三界之勝福　一切圓滿皆吉祥　最勝吉祥妙吉祥
【釋智譯】微妙義中淨吉祥, 三世間中大勝福。具足吉祥皆成辦, 文殊師利勝吉祥。

(157송)
승의의 청정으로 길상을 갖추시니
勝　義

삼세간에서 제일의 대복조이시며,
大福祚

길상을 갖춰 모든 풍요를 산출하시니

문수사리는 길상을 구족한 최승자이시니라."
最勝者

【梵　本】上來成所作智十五頌。
今者, 從五智門以二十句敬禮來稱贊, 每贊四句各稱贊一智:
已上有義成就佛曼荼囉讚成所作智九十五名計一十五頌

[이상은 십바라밀(十波羅蜜)과 수(修)와 근수(近修)와 능수(能修)와 행업(行業)의 청정함을 드러내는 성소작지(成所作智)를 15게송으로 설한 것이다.]

제11 오지여래찬탄품 - 5頌
第 十 一 五 智 如 來 讚 嘆 品

(此下五頌。如次結讚五智。大圓鏡淸淨法界妙觀察平等性成所作智。如次一頌一智也)　【梵本】丙 後行讚如來智

11-1-158

 མཆོག་སྦྱིན་རྡོ་རྗེ་མཆོག་ཁྱོད་འདུད། ཡང་དག་མཐར་གྱུར་ཁྱོད་ལ་འདུད།

སྟོང་ཉིད་ལས་བྱུང་ཁྱོད་ལ་འདུད། རབ་རྒྱས་བྱང་ཆུབ་ཁྱོད་ལ་འདུད།

촉진 도ㄹ제 촉쾨뒤 　　　　양닥 타ㄹ규ㄹ 쾰라뒤

똥니 래중 쾰라뒤 　　　　ᇮ애계 장춥 쾰라뒤

【梵　本】勝施金剛我歸依　眞實邊際我歸依　於空性藏我歸依　諸佛正覺我歸依
【釋智譯】勝施金剛我敬禮, 眞實邊際我敬禮, 出現空性我敬禮, 正覺菩提我敬禮

(158송)

승시의 금강이신 당신께 예경하나이다.[101]
　勝 施　　金 剛

진실궁극에 들어가신 당신께 예경하나이다.

공성에서 출생하신 당신께 예경하나이다.
　空 性

부처님의 대보리이신 당신께 예경하나이다.
　　　　大 菩 提

---

101) 제158송은 데게 판본에 의한 것으로 로첸 · 린첸쌍뽀(寶賢)의 역본의 제1구는 "촉진도제쾨라뒤(mChog sbyin rdo rje khyod la ḥdud)" 이다.

སངས་རྒྱས་ཆགས་པ་ཁྱོད་ལ་འདུད། སངས་རྒྱས་འདོད་ལ་ཕྱག་འཚལ་འདུད།

སངས་རྒྱས་དགྱེས་པ་ཁྱོད་ལ་འདུད། སངས་རྒྱས་རོལ་ལ་ཕྱག་འཚལ་འདུད།

쌍계 착빠 쾰라뒤   쌍계 될라 챡챌뒤

쌍계 계빠 쾰라뒤   쌍계 뤨라 챡챌뒤

【梵　本】諸佛貪樂我歸依　諸佛色身我歸依　諸佛欣悅我歸依　諸佛遊戲我歸依

【釋智譯】正覺貪著我敬禮，正覺欲者我敬禮，正覺歡喜我敬禮，正覺遊戲我敬禮

(159송)

부처님의 탐착이신 당신께 예경하나이다.

부처님의 애탐이신 당신께 예경하나이다.
　　　　愛　貪

부처님의 기쁨이신 당신께 예경하나이다.
　　　　欣　悅

부처님의 유희이신 당신께 예경하나이다.

 སངས་རྒྱས་འཛུམ་པ་ཁྱོད་ལ་འདུད།　　　　སངས་རྒྱས་བཞད་ལ་ཕྱག་འཚལ་འདུད།

 སངས་རྒྱས་གསུང་ཉིད་ཁྱོད་ལ་འདུད།　　　　སངས་རྒྱས་ཕྱག་ས་ལ་ཕྱག་འཚལ་འདུད།

쌍계 줌빠 쾰라뒤　　　　쌍계 섈라 챡챌뒤

쌍계 쑹니 쾰라뒤　　　　쌍계 툭라 챡챌뒤

【梵　本】諸佛微笑我歸依　諸佛戱語我歸依　諸佛正語我歸依　諸佛有法我歸依

【釋智譯】正覺微笑我敬禮, 正覺笑者我敬禮, 正覺語者我敬禮, 正覺心者我敬禮

(160송)

부처님의 미소이신 당신께 예경하나이다.[102]

부처님의 소성이신 당신께 예경하나이다.
　　　　　笑　聲

부처님의 음성이신 당신께 예경하나이다.

부처님의 심법이신 당신께 예경하나이다.
　　　　　心　法

---

102) 제160송은 로첸 · 린첸쌍뽀(寶賢)의 역본에 의한 것으로 데게 판본의 2구는 "쌍걔낭라착찰뒤(Saṅs rgyas snaṅ la phyag ḥtshal ḥ
陀顯相我禮敬)"이다.

11-4-161

མེད་པ་ལས་བྱུང་ཁྱོད་ལ་འདུད། སངས་རྒྱས་འབྱུང་བ་ཁྱོད་ལ་འདུད།

ནམ་མཁའ་ལས་བྱུང་ཁྱོད་ལ་འདུད། ཡེ་ཤེས་ལས་བྱུང་ཁྱོད་ལ་འདུད།

메빠 래중 퀼라뒤 쌍계 중와 퀼라뒤

남카 래중 퀼라뒤 예쎼 래중 퀼라뒤

【梵　本】由無而生我歸依　從佛因生我歸依　由虛空生我歸依　從智因生我歸依
【釋智譯】出現無者我敬禮, 出現正覺我敬禮, 出現虛空我敬禮, 出現智者我敬禮

(161송)

무자에서 출현하신 당신께 예경하나이다.[103]
無 者

부처님이 출생하시는[104] 당신께 예경하나이다.

허공에서 출현하신 당신께 예경하나이다.

지혜에서 출현하신 당신께 예경하나이다.

---

103) 제161송은 로첸·린첸쌍뽀(寶賢)의 역본에 의한 것으로 데게 판본의 1구는 "응외멜래중퀼라뒤(dṄos med las byuṅ khyod la ḥdud, 由無事生我禮敬)"이다.

104) 이 구절의 원문은 "쌍계중와(Saṅs rgyas ḥbyuṅ ba, 佛出生)"이니, 썀발라의 백련법왕은, "쌍계중와쾌라뒤(Saṅs rgyas ḥbyuṅ ba khyod la ḥdud, 佛出生於你拜敬)"는 "비출생(非出生)이 출생처럼 나타남이다."라고 해석하였다. 짠드라고민(皎月)은, "쌍계중와(佛出生)"는 법신이니, "법신의 붓다에서 출생하신 당신께 예경합니다."라고 하였다. 가랍도제(極喜金剛)는, "공덕의 힘이 오신(五身)과 오지(五智)의 법성의 상태에 머무르고 빛남이다."라고 하였다. 잠뺄쎄녠(文殊友)은, "여기에는 실사(實事)가 없으므로 실사가 없음이다. 그와 같이 또한 유정의 이익을 위하여 윤회세계에 출현을 연출하므로 없음에서 출현함이다. 이로 말미암아 붓다가 출생하므로 붓다가 출생함이다."라고 하였다. 구루 빠드마쌈바와(蓮花生)은, "'붓다가 출생하는 당신께 예경합니다.'라고 함은, 붓다는 심수(心隨)인 본정(本淨)이며, 출생은 자정(自淨)의 광명이며, 당신은 심수(心隨)이며, 예경은 무이무별로 예경함이다."라고 하였다. 비말라미뜨라(無垢友)는, "붓다가 유정의 이익을 위하여 세간에 출생하므로 당신에게 예경함이다."라고 하였다. 쓰므르띠즈냐나끼르띠(念智稱)는, "붓다가 출생함이란, '삼세의 제불들이 당신으로부터 출생함'이다."라고 하였다. 2대 달라이 라마는, "그 지혜는 또한 자성이 없는 공성에서 출현함과 불변의 대락의 일찰나가 구족함으로부터 붓다로 스스로 출생함이다."라고 하였다.

제11 오지여래찬탄품 | 171

སྒྱུ་འཕྲུལ་དྲ་བ་ཁྱོད་ལ་འདུད། སངས་རྒྱས་རོལ་སྟོན་ཁྱོད་ལ་འདུད།

ཐམས་ཅད་ཐམས་ཅད་ཁྱོད་ལ་འདུད། ཡེ་ཤེས་སྐུ་ཉིད་ཁྱོད་ལ་འདུད།

규튈 다와 쾰라뒤 쌍계 뢸뙨 쾰라뒤

탐쩨 탐쩨 쾰라뒤 예쎼 꾸니 쾰라뒤

【梵　本】於幻化網我歸依　諸佛戱舞我歸依　一切一切我歸依　如來智身我歸依
【釋智譯】幻化網者我敬禮, 正覺顯論我敬禮, 一切一切我敬禮, 彼智身者我敬禮

(162송)

대환망의 환사이신 당신께 예경하나이다.
　　　幻師

부처님의 유희를 나투시는 당신께 예경하나이다.

일체의 일체이신 당신께 예경하나이다.

여래의 지신이신 당신께 예경하나이다."
　　　智身

以上贊如來智五頌
已上結讚大圓鏡智淸淨法界智妙觀察智平等性智成所作智如次各一頌

13-1-163

ༀ་སརྦ་དྷརྨ་ཨ་བྷཱ་བ་སྭ་བྷཱ་བ་བི་ཤུདྡྷེ་བཛྲ་ཙ་ཀྵུཿཨ་ཨཱ་ཨཾ་ཨཿ

OṂ SARVA DHARMA ABHĀVA SVABHĀVA VIŚUDDHA
VAJRACAKṢU: A Ā AṂ A:

(163송)

옴 싸르와 다르마 아바와 쓰와바와 비슛다
바즈라작쮸: 아 아- 암 아:

【釋智譯】唵, 薩哇答麻, 阿巴哇, 沙巴哇, 比述答, 班渣, 阿啊, 暗阿,
拔裏帝巴力述達, 薩哇答麻, 牙都達, 薩哇鄉丁塔葛答。

13-2-164

པྲ་ཀྲྀ་ཏི་པ་རི་ཤུདྡྷེ་སེ་ན་ཆརྨ་ཡ་དུ་ཏ་སརྦ་ཏ་ཐཱ་ག་ཏ་ཛྙཱ་ན་ཀཱ་ཡ་མཉྫུ་ཤྲཱི་པ་རི་ཤུདྡྷི་ཏཱ་མུ་པཱ་དཱ་ཡེ་ཏི

PRAKṚTI PARIŚUDDHA SARVA DHARMA YADUTA SARVA TATHĀGATA JÑĀ-
NAKĀYA MAÑJUŚRĪ PARIŚUDDHITĀ MUPĀDĀYETI

(164송)

쁘라끄리띠 빠리쑹다: 싸르와다르마 야두따 싸르와
따타가따 즈냐나까야 만주쓰리 빠리쑹디따 무빠다에띠

【釋智譯】良納尬牙, 曼殊室利, 巴力述帝答, 目巴答耶帝暗盧可,
薩哇打塔葛答, 些答牙, 哈啦哈啦, 唵吽些。

ཨྃ་ཨཿསརྦ་ཏ་ཐཱ་ག་ཏ་ཧྲྀ་ད་ཡ་ཧ་ར་ཧ་ར་ཨོྃ་ཧཱུྃ་ཧྲཱིཿབྷ་ག་ཝན་ཛྙཱ་ན་མཱུརྟི་ཝཱ་གཱི་ཤྭ་ར་

མ་ཧཱ་པ་ཙ་སརྦ་དྷརྨ་ག་ག་ན་ཨ་མ་ལ་སུ་པ་རི་ཤུདྡྷ་དྷརྨ་དྷཱ་ཏུ་ཛྙཱ་ན་གརྦྷ་ཨཿ།།

AM Ā: SARVA TATHĀGATA HṚDAYA HARA HARA OṂ HUṂ HRĪ: BHAGAVAN
JÑĀNA MŪRTI VĀGĪŚVARA MAHĀPACA SARVA DHARMA GAGANA AMALA SU
PARIŚUDDHA DHARMADHĀTU JÑĀNA GARBHA Ā:

(165송)

암 아-: 싸르와 따타가따 흐리다야
하라하라 옴 훔- 흐리-:
바가완 즈냐나 무르띠 와기쓰와라 마하빠짜
싸르와 다르마 가가나 아말라 쑤 빠리쑷따
다르마다뚜 즈냐나 가르바 아-:

【釋智譯】巴葛灣, 良納, 目帝, 瓦吉夏啦, 馬哈巴夾, 薩哇達麻, 葛葛拿,
(阿)麻拉蘇巴哩, 述答, 答麻答都, 良納, 葛巴, 啊。

제14 수희찬탄품 - 5頌   【梵本】丁 結頌
第十四 隨喜讚嘆品

14-1-166

ཿ དེ་ནས་དཔལ་ལྡན་རྡོ་རྗེ་འཆང་།   དགའ་ཞིང་མགུ་ནས་ཐལ་མོ་སྦྱར།

མགོན་པོ་བཅོམ་ལྡན་དེ་བཞིན་གཤེགས།   རྫོགས་སངས་རྒྱས་ལ་ཕྱག་འཚལ་ནས།

데네 뺄덴 도ㄹ제창   가싱 구네 탤모자ㄹ

곤뽀 쫌덴 데신쎅   족쌍 곌라 챡채네

【梵　本】爾時吉祥金剛持　合掌悅樂作隨喜　向彼怙主等正覺　世尊如來作敬禮
【釋智譯】複次吉祥持金剛, 懇分歡喜而合掌, 如來尊者出有壞, 敬禮究竟正覺已

(166송)

이때에 길상을 갖춘 지금강은
기쁘고 즐거움에 합장한 채,
중생의 구호주이신 여래
정등각 세존께 예경하옵고,

14-2-167

དེ་ནས་མ་གོན་པོ་གསང་བའི་བདག ལག་ན་རྡོ་རྗེ་ཁྲོ་བོའི་རྒྱལ།

སྣ་ཚོགས་གཞན་དང་ལྷན་ཅིག་ཏུ གསང་བསྟོད་ནས་ནི་ཚིག་འདི་གསོལ།

데네 곤뽀 쌍외닥　　　라나 도ㄹ제 토쀠걀

나촉 셴당 헨찍뚜　　　쌍뙤 네니 칙디쐴

【梵　本】其餘諸種怙主衆　秘密主與金剛手　與忿怒王同讚嘆　高聲如是而白言
【釋智譯】複次尊各密自性, 持金剛之金剛王, 所餘種種同住處, 高聲如是而白言

(167송)

또한 세간의 구호이자 비밀주인[105]
秘　密　主

금강수보살, 금강의 분노왕은

각양의 다른 집금강들과 함께

찬탄하여 이와 같이 아뢰었도다.

---

105) 제167송은 로첸·린첸쌍뽀(寶賢)의 역본에 의한 것으로 데게 판본과는 구문의 배열에서 차이가 있다. 데게 판본에 의하면,
"남망괸뽀섄남당(rNam maṅ dgon po gsan rnas daṅ), 쌍왕락나도제데(gSaṅ dbaṅ lag na rdo rje de), 토왜걀뽀ㄹ째남끼
(Khro boḥi rgal por bcas rnams kyis), 쌍뙤내니칙디쏠(gSaṅ bstod nas ni tshig ḥdi gsol)"이다.

མགོན་པོ་བདག་ཅག་ཡི་རང་ངོ་། ལེགས་སོ་ལེགས་སོ་ལེགས་པར་གསུངས།

རྣམ་གྲོལ་འབྲས་བུ་འཚལ་བ་ཡི། འགྲོ་བ་མགོན་མེད་རྣམས་དང་ནི།

곤뽀 닥짝 이랑오 랙쏘 랙쏘 랙빠ㄹ쑹

남될 데부 챌와이 도와 뀐메 남당니

【梵　本】怙主我等今隨喜　善哉善哉善妙說　令我等得大義利　正等正覺能證得

【釋智譯】尊者我等亦隨喜, 善哉善哉說善哉, 爲彼欲求解脫果, 有情爲無救度各

(168송)

"구호주이시여, 저희들은 수희하나이다.

훌륭하고 훌륭하오니, 선설하셨나이다.

해탈의 선과를 간절히 희구하는
善果

의지할 곳이 없는 외로운 유정들과,

བདག་ཅག་ཡང་དག་རྟོགས་པ་ཡི།　　　བྱང་ཆུབ་འཐོབ་པའི་དོན་ཆེན་མཛད།

སྒྱུ་འཕྲུལ་དྲ་བའི་ཆུལ་བསྟན་པ།　　　འདི་ནི་རྣམ་དག་ཞི་གནས་པའི་ལམ།

닥짝 양닥 족빠이　　　장춥 톱빼 된첸제

규튈 다외 췰뗀빠　　　디니 남닥 략뺄람

【梵　本】世間舞所依怙故　由是渴求解脫果　宣說幻化網妙理　此乃淸淨吉祥道

【釋智譯】我等眞實救度者, 作護菩提大利益, 宣說幻化微妙理, 此是淸淨微妙道

(169송)

저희들에게 정등각의 대보리를

성취하는 큰 이익을 주시었으니,

대환망의 성불묘리를 설하신,
大幻網　　成佛妙理

이 법은 청정미묘한 위대한 길이나이다.
大道

14-5-170

ཟབ་ཅིང་ཡངས་ལ་རྒྱ་ཆེ་སྟེ།   དོན་ཆེན་འགྲོ་བའི་དོན་བྱེད་པ།

སངས་རྒྱས་རྣམས་ཀྱི་ཡུལ་འདི་ནི།   རྫོགས་པའི་སངས་རྒྱས་ཀུན་གྱིས་བཤད།

삽찡 양라 갸체떼   된첸 도외 된제빠

쌍계 남끼 율디니   족빼 쌍계 뀐기세

【梵　本】甚深微妙與廣大　爲世間作大義利　如是諸佛之境界　正等覺者已宣說
【釋智譯】亦是甚深極廣大, 大義有情作利益, 一切正覺境界者, 諸正覺等皆已說

(170송)

이 법은 깊고 미묘하고 광대한 것이오니

대의리로 유정의 이익을 위해 지었나이다.
　大　義　利

이와같은 제불의 미묘하신 경계를,

정등각자이신 부처님께서 설하셨나이다."

【梵　本】上來結頌五頌。
以上五頌, 從隨喜門來稱贊, 易懂, 不解釋(於此不寫出)。

བཅོམ་ལྡན་འདས་འཇམ་དཔལ་ཡེ་ཤེས་སེམས་དཔའི་དོན་དམ་པའི་མཚན་ཡང་དག་པར་...

བརྗོད་པ་བཅོམ་ལྡན་འདས་དེ་བཞིན་གཤེགས་པ་ཤཱཀྱ་ཐུབ་པས་གསུངས་པ་རྫོགས་སོ།།

쫌덴데 잠뺄 예쎼 쎔빼 된담빼 첸양닥빠ㄹ죄빠,

쫌덴데 데신쎅빠 샤꺄툽빼 쑹빠족쏘.

【釋智譯】出有壞妙吉祥智勇識所誦眞如之眞實名經出有壞釋迦如來所說已畢。

『바가범문수지혜살타 승의명 여실칭송』을
薄 伽 梵 文 殊 智 慧 薩 埵 勝 義 名 如 實 稱 誦

세존이신 석가능인 여래 부처님께서
釋 迦 能 仁

친히 설하시어 완결[106]하셨나이다.

---

106) 구루 빠드마쌈바와(蓮花生)는, " '바가범 묘길상지혜살타의 진실명(眞實名)을 여실하게 칭송함' 이라 함이니, 그 뜻을 앞에서 상세하게 이미 설하였다. '예쎄쎔빠(지혜살타)' 라고 함은, 예(Ye)는 본래부터 무생(無生)이며, 쎼(Śes)는 대본정(大本淨)을 앎이다. 쎔(Sem)은 무사념(無思念)의 뜻을 생각함이다. 빠(dPah)는 심수의 뜻에 두려움이 없음이다. 진실명(眞實名)은 사유와 언설을 소연하는 경계를 벗어남이다. 여실(如實)은 무생이며 언설을 여임이다. [칭송함은] 반드시 대비밀로부터 설함이다. '바가범 여래 석가능인께서 금구(金口)로 친히 설하심이다.' 라고 함이니, 그 뜻을 앞에서 이미 설하였다. 찌띠요가에 의해서 설명하면, 현상계의 사물의 법들을 파괴함이다. 심수의 본정의 공간에 있음이다. 인과의 심식(心識)의 법에서 떠남이다. 여거(如去, 如來)는 5가지로 설하니, 심수의 공간으로 들어감과 광명의 허공으로 들어감과 깨달음의 뜻으로 들어감과 대자해탈(大自解脫)로 들어감과 구승의 아홉 견수(見修)로 들어감의 다섯이다. 바가범(出有壞)은 소취와 능취의 모든 적들을 파괴함이다. 정등각은 진정으로 알고, 진정으로 청정하고, 남김이 없이 구족함의 뜻이다. 석(釋)[쌔(Sa)]은 반야의 열쇠로 능취와 소취의 둘의 자물쇠를 열어냄이다. 가(迦)[까(Kya)]는 광명의 일월의 정수로 출현하여, 무명의 장폐와 습기가 흩어지고, 구승의 정점인 찌띠(總極)의 수레가 만개함이다. 능인(能仁)[툽빠(Thub pa)]은 구승의 정점인 이 찌띠로써 구승(九乘)의 전도된 견해와 잘못된 종론을 이김이다. '금구(金口)에서는 입으로 직접 설하여 보임으로써 친히 설하심이다. 완결은 여타를 남김이 없이 널리 설함이다."라고 설하였다.

제12 독송공덕품
第十二 讀誦功德品

1. 초륜(初輪)을 수순하여 찬탄하는 11게송[107]이니, 권청자인 금강
   수보살과 그 권속들을 이 딴드라(密續)의 결집자로 가지하시고,
   이것을 수지하고 독송하는 법행(法行)에 무량한 복덕이 일어나도
   록 가피를 내리시는 공덕을 설한 품이다.

   금강저를 손에 쥔 금강수보살마하살[108]이여, [내가 설한 바의] 이것
   은 ① 바가범 출유괴(出有壤)의 지신(智身)이며, 모든 여래들의 지신(智身)이
   며, 문수지혜살타의 온전히 청정한 비공통의 진실명여실칭송(眞實名如實
   稱誦)[109]이니, 그대로 하여금 환희와 극도의 청정함과 대적열(大適悅)과 무

---

107) 깔라짜끄라빠다(時足)는, "초륜(初輪)을 수순하여 공덕을 찬탄하는 11게송은 제일청법품십육송(第一請法品十六頌)과 제이회
   답품육송(第二回答品六頌)과 제삼종성관찰품이송(第三種姓觀察品二頌)과 제사대환망속현증보리품삼송(第四大幻網續現證菩
   提品三頌)과 제오금강법계대만다라보리심설품십사송(第五金剛法界大曼茶羅菩提心說品十四頌)과 제육청정법계지찬탄품이
   십오송(第六淸淨法界智讚嘆品二十五頌)까지의 6품 66게송에 대한 공덕을 찬탄한 것이다."라고 설하였다.

108) 깔라짜끄라빠다는, "모든 붓다들의 청정한 마음의 지혜를 상징하는 금강저를 손에 쥐고 계시므로 집금강(執金剛)의 금강수
   보살이며, 또한 이것은 공성과 대비가 불이(不二)의 발심을 한 뒤 자타의 이익을 행함이 구경에 도달한 표시로 손에 끝이
   다섯 갈래의 오고금강저(五股金剛杵)를 손에 쥐고 계시므로 금강수보살이라 한다."고 설하였다.

109) 깔라짜끄라빠다의 공덕품석에는 "진실하게 원만한 모든 성도(聖道)의 구경(究竟)이다."로 나온다.

상(無上)의 [환희]를 여실하게 일으키기[110] 위한 뜻이며, ② 몸·말·뜻의 삼밀(三密)을 온전히 청정토록 하기 위함[111]이며, ③ 온전히 구족하지 못함과 온전히 청정하지 못한 지위(地位)와 바라밀과 복덕과 지혜의 자량들을 원만하게 함과 온전히 청정토록 하기 위함[112]이며, ④ 무상의 (無上義)를 완전히 깨닫지 못함을 완전히 깨닫도록 하기 위함[113]이며, ⑤ 얻지 못함을 얻게 하기 위함이며, ⑥ 내지는 모든 여래들의 묘법의 이취를 여실하게 지니도록 하게 위한 뜻으로 내가 열어 보임이며, ⑦ 여실하게 자세히 설명하고, ⑧ 상세히 해설하고, ⑨ 상세히 분별하고, ⑩ 자세히 드러내 밝히고, ⑪ 가지(加持)를 함이로다. 금강저를 손에 쥔

---

110) 깔라짜끄라빠다는, "그대라고 함은 금강수보살이다. 환희라고 함은, 외경과 내심의 본질이 갖가지로 출현하는 찰나이니, 외경과 내심의 갖가지 더러움을 여읨으로써 청정함이며, 그것이 크게 성숙하므로 환희이다. 대적열(大適悅)라고 함은, 과거에 희열이 구경에 도달함의 향유함을 단지 소연함을 적열함을 크게 얻으므로 환희의 여읨이다. '무상의 [환희]를 일으킴'이라고 함은, 위없는 구경의 지혜는 분별의 성상을 여읜 구생희(俱生喜)이다. 일으킴이란, 과거 그대의 마음(心續)에 그와 같은 지혜가 발생한 적이 없는 그것들을 일으킴이다."라고 설하였다.

111) 깔라짜끄라빠다는, "그 또한 요약하면, 부정(不淨)함을 보이기 위하여, '몸·말·뜻의 삼밀(三密)이 전적으로 부정함이다.'라고 설하니, '4가지 부정사(不淨事)가 있다.'라고 하였다. 부정하게 하는 것은 더러움인 번뇌의 몸 등이다. 그 또한 번뇌와 업과 소지(所知)의 장애이다. 번뇌는 의식에 탐착 등이 있으므로 전적으로 일으키니, 몸의 업인 살생 등의 셋은 신업(身業)의 더러움이다. 망어 등의 넷은 구업(口業)이며, 해치는 마음 등의 셋은 의업(意業)이며, 모든 미세한 업과 번뇌들 또한 더러움이 있게 만듦이 삼밀(三密)이 온전히 부정함이다. '청정토록 하게 함'이란, 무엇으로 청정하게 만듦인가 하면, 비공통의 도의 지혜로써 청정하게 한다. 여기서는 사관정(四灌頂)으로 발생하고 깨닫는 지혜이다. 사관정이란, 보병(寶瓶)과 비밀과 반야지(般若智)와 [구의(句義)]의 제사관정(第四灌頂)이다. 보병관정에 의해서 몸의 더러움을 청정하게 한 뒤 깨달음의 지혜로 몸을 청정하게 하므로 본존의 만다라이다. 비밀관정에 의해서 말의 더러움을 청정하게 한 뒤 깨달음의 지혜로 말을 청정하게 하므로 어청정(語淸淨)의 진언문자의 만다라이다. 반야지관정에 의해서 뜻의 더러움을 청정하게 한 뒤 깨달음의 지혜로 뜻이 청정한 지혜의 만다라이다. 제사관정에 의해서 부정한 비밀의 모든 장애들이 청정해짐으로써 비밀청정의 대락의 만다라이다."라고 설하였다.

112) 깔라짜끄라빠다는, "여기서 온전함이란 수승함이며, 구족하지 못함은 완전하지 못함과 채우지 못함이다. 어떤 것을 구족하지 못함인가? 하면, 지위(地位)이니, 그것이 위의 도과와 공덕의 의지처가 됨이다. 원만하게 함은, 십일지(十一地)와 십삼지(十三地)이니 불지(佛地)이니, 그러므로 그들 불지를 갖추지 못함이다. (중략) 여기서 십바라밀에 안주하여도 도를 구족하지 못함을 온전히 구족하게 함과 청정한 자성을 구족하지 못함을 온전히 구족하게 함과 획득의 도과를 구족하지 못함을 온전히 구족하게 함과 [묘법의] 이취의 교계를 구족하지 못함을 구족하게 함이다."라고 설하였다.

113) 깔라짜끄라빠다는, "[무상의(無上義)]의 무상은 위가 없음이다. 의(義)는 추구하고자 하는 대인(大印)이다. 깨닫지 못함은 통달하지 못함이다. 깨닫도록 하게 함은 실현토록 하게 한다는 정언(定言)이다. 예를 들면, 빈자가 보물이 있음을 깨닫는 것과 같음이다. 얻지 못함은 붓다의 공덕을 그것으로는 가히 얻지 못함이다. 얻게 함은 그것의 자체가 되도록 관정을 수여함이다."라고 설하였다.

금강수보살마하살이여, 이것은 내가 그대의 마음의 흐름[114]을 모든 밀주(密呪)의 본연인 법성의 위신력(威神力)으로 가지함이로다. [이상은 초륜(初輪)을 수순하여 찬탄하는 11게송이다.]

2. 제이륜(第二輪)을 수순하여 찬탄하는 52게송[115]이니,『문수진실명경』을 수지하고 독송하는 불자들에게 제불보살님이 가피를 내리시는 공덕을 설한 품이다.

달리 또한 금강저를 손에 쥔 금강수보살마하살이여, ① 이 진실명여실칭송(眞實名如實稱誦)은 [모든 여래들의] 극도로 원만한 청정과 원만한 정결(淨潔)[116]이며, 일체지지(一切知智)이며, 몸 · 말 · 뜻의 비밀이며, ② 모든 여래들의 불보리(佛菩提)[117]이며, ③ 모든 정등각자(正等覺者)들의 현증

---

114) 깔라짜끄라빠다는, "그대의 마음의 흐름이란, 법기를 갖춘 금강수 그대의 마음의 흐름을 말한다. 모든 밀주(密呪)라고 함은, 또한 밀주이자, 일체 또한 임으로써 모든 명주(明呪)와 총지(總持)이다. 그들은 법의 핵심이 되므로 가지를 함이다, 본연의 법성이란, 비로자나현증경에서, '비밀주여, 달리 또한 밀주의 본연은 모든 여래들이 행하지 않고, 행하게 하지 않고, 수희를 행하지 않음도 또한 아니다. 왜냐하면, 이것은 일체법의 성상(性相)이다. 이와 같으니, 여래들이 출현하여도 또한 좋으며, 출현하지 않아도 또한 좋으니, 그 제법의 법성은 본래부터 존재함이니, 그 또한 여기서 밀주들의 본연의 법성이다.' 라는 등을 널리 설하였다. 그와 같은 등의 가지는 진성을 통탈하는 등의 가지이다."라고 설하였다.

115) 깔라짜끄라빠다에 의하면 "제이륜(第二輪)을 수순하여 찬탄하는 52게송"은 제칠대원경지찬탄품십송(第七大圓鏡智贊嘆品十頌)에 대한 공덕을 찬탄한 것이라 하였다.

116) 깔라짜끄라빠다는, "정결(淨潔)은 복덕과 지혜의 자량을 깨끗하게 함이니, 잘 단련한 순금처럼 미세한 과실조차도 있지 않음이다. 그와 같이 청정하고 정결함으로 말미암아 진소유와 여소유를 지견(知見)함이 일체지지(一切知智)이다."라고 설하였다.

117) 깔라짜끄라빠다는, "이제 유정의 이익을 위하여 청정한 세간의 지혜가 출현하는 차제를 낱낱이 열어 보이기 위하여, '몸 · 말 · 뜻의 비밀이며'라고 설하니, 극도로 청정하고 정결하게 한 거울에 갖가지 영상이 낱낱이 출현함과 같이 대비의 서원에 의해서 교화대상들에게 몸 · 말 · 뜻의 비밀이 온전히 됨은 대원경지이다. 그러므로 대원경지인 부동불(不動佛)의 만다라와 흉악한 교화대상들을 조복하기 위하여 부동불 또한 오종상으로 변화함을 알도록 하라. 그들의 핵심의 뜻으로 부동불을 열어 보인 까닭에, '모든 여래들의 불보리(佛菩提)이며' 라는 등을 설하였다. 여래는 비로자나불 등의 넷이다. 모두라고 함은, '모든 여래가 남김없이 오불에 거두어 진다 '라는 의취이다."라고 설하였다.

(現證)[118]이며, ④ 모든 여래들의 무상법계(無上法界)이며, ⑤ 모든 선서(善逝)들의 법계를 깨달음[119]이며, ⑥ 제불승자(諸佛勝者)들의 모든 마라의 힘을 제압함이며, ⑦ 모든 십력자(十力者)들의 십력(十力)의 힘[120]이며, ⑧ 모든 일체지자(一切智者)들의 일체지(一切知)이며, ⑨ 일체법의 언교(言敎)[121]이며, ⑩ 제불의 진실한 일체해(一切解)[122]이며, ⑪ 모든 보살마하살들의 더러움이 없고 극도로 원만함이며, ⑫ 청정한 복덕과 지혜의 자량의 원만한 성취이며, ⑬ 모든 성문과 연각들의 출생처(出生處)[123]이며, ⑭ 모든 하늘과 사람들의 원만한 복전이며, ⑮ 대승의 선주처(善住處)[124]이며, ⑯ 모든 보리살타 행(行)의 근원이며, ⑰ 모든 성도(聖道)의 진실변제(眞實邊際)

---

118) 깔라짜끄라빠다는, "'모든 정등각자(正等覺者)들의 현증(現證)이며'라고 함은, 전도됨이 없이 자타의 의리를 원만하게 구족함이 정등각자이다. 그들의 실증하는 법성을 부동불이 현증함이다."라고 설하였다.

119) 깔라짜끄라빠다는, "'모든 여래들의 무상법계(無上法界)'를 통달함이란, 여래는 앞에서 설한 바와 같으며, 법계란 힘과 무외 등이다. 계(界)는 발생의 근원이다. 무상(無上)은 위가 없음이다. 통달함이란, 실증함이다."라고 설하였다.

120) 깔라짜끄라빠다는, "[모든 십력자(十力者)들의 십력(十力)의 힘이며]라고 함이니, 십력으로 그것을 산정한 그들의 힘은 방편과 반야의 힘에서 출현하므로 십력의 힘이다. 그 또한 수승한 반야의 힘을 열어 보이기 위하여, '모든 일체지지자(一切智知者)들의 일체지(一切知)이며'라고 설하니, 일체는 남김이 없음이며, 앎은 있는 그대로 [여소유성(如所有性)] 아는 것이니, 무비(無比)의 지혜로써 있는바 일체를 [진소유성(盡所有性)] 아는 것이다. 들이란, '일체지지(一切知智)를 소유한 자들의 지혜의 눈이 이것이다.'라고 함이다."라고 설하였다.

121) 깔라짜끄라빠다는, "법은 대승이다. 언교(言敎)는 타(他)로부터 왔기 때문이다. 그러므로 자타에게 그렇게 말한다."고 설하였다.

122) 깔라짜끄라빠다의 공덕품석에는 일체해(一切解)인 '꾼뚜춥빠(Kun tu chub pa)' 대신에 '둡빠(bsGub pa, 成就)'로 나온다.

123) 깔라짜끄라빠다는, "이제 일체의 출생처가 됨을 열어 보이기 위하여, '성문과 연각들의 출생처(出生處)이며'라고 설함이니, 승의에 있어서는 어떤 법도 또한 생하거나 또는 멸하거나 하는 것을 진실로 소연하지 않을지라도, 세속의 분상에서는 무이지(無二智) 그것이 환상과 변화의 모양으로 일체의 출생처가 됨을 설하니, 그 또한 '소승의 성문과 연각 둘의 교파 또한 여기에서 출생함이다.'라고 한다."라고 설하였다.

124) 깔라짜끄라빠다의 공덕품석에는 선주처(善住處)인 '랍뚜내빠(Rab tu gnas pa)' 대신에 '뗀(rTen, 依支處)로 나온다. 깔라짜끄라빠다는, "수레 또한 이자, 또한 대(大)인 까닭에 대승이니, 그 수레는 자타의 의리를 성취하는 그것을 그렇게 부른다. 선주처(善住處)[의지처]라고 함은, 그것이 '공성과 대비에 의거하므로'라고 함이다. '모든 보리살타들의 [보리살타 행의] 근원이며'라고 함은, 보리는 평등성이다. 여기에 발심함이 보살이다. 들이란, 많음의 뜻이다. 근원이란 무릇 있는바 일체가 또한 여기에서 발생함이다."라고 설하였다.

에 도달함[125]이며, ⑱ 모든 해탈들의 관도(觀度, 尺度)[126]이며, ⑲ 모든 출리도(出離道)의 출생처(出生處)[127]이며, ⑳ 여래의 종족의 상속이 끊어지지 않음이며, ㉑ 보살마하살의 종족과 후손이 번성함이며, ㉒ 모든 적론(敵論)들을 제압함이며, ㉓ 모든 외도들을 파괴함이며, ㉔ 사마(四魔)의 힘과 무리와 군대들을 파괴함이며, ㉕ 모든 유정들을 바르게 섭수함이며, ㉖ 출리(出離)의 길을 가는 모든 자들의 성도(聖道)를 온전히 성숙[128]시킴이며, ㉗ 사범주(四梵住)에 머무는 모든 자들의 삼매(三昧)[129]이며, ㉘ 심일경성(心一境性)에 머무는 모든 자들의 선정[130]이며, ㉙ 몸·말·뜻 셋의

---

125) 깔라짜끄라빠다의 공덕품석에는 "성도(聖道)의 진실원만은 일체의 구경(究竟)이다."로 나온다. 깔라짜끄라빠다는, "'성도(聖道)의 진실변제(眞實邊際)에 도달함이며[성도(聖道)의 진실원만은 일체의 구경(究竟)이며]'라고 함이니, 성도(聖道)는 특별하게 뛰어남이니, 성문과 연각과 보리살타이다. 도(道)는 그것에 의해서 자기의 과(果)를 얻으므로 가는 길이다. 진실원만은 과실이 없이 각자의 구경에 도달함이다. 일체의 변제는 그들이 무엇이 될지라도 구경은 불지(佛地)이다."라고 설하였다.

126) 깔라짜끄라빠다는, "'모든 해탈들의 척도(尺度, 觀度)이며'라고 함이니, 해탈은 모든 결박에서 떠남이다. 들이란, 성문 등들이다. 척도란 표준이 됨이니, 이것으로 비교하여 오직 관찰함이다."라고 설하였다.

127) 깔라짜끄라빠다는, "'모든 출리도(出離道)의 출생처(出生處)이며'라고 함이니, 출리(出離)는 각자가 의심이 없이 도과(道果)를 얻음이니, 성문의 출리와 연각의 출리와 보살의 출리이다. 도(道)는 수레이다. 출생처란 자궁이다. 그것과 일치하는 까닭에 그렇게 말함이니, 실제로는 일체법의 출생처가 됨이다. 그것으로부터 출생하는 수승한 종족을 열어 보이기 위하여, '여래의 종족의 이어짐이 끊어지지 않음이며'라고 함이니, 여래란 진여성에 들어감이니, 진여성은 일체법의 진성(眞性)으로 금강처럼 견고함이다. 그것의 본성에 도달하므로 들어감이다. 또는 그것을 알거나 들어가지 않음을 또한 그렇게 말한다. 그 또한, '길상한 진여성에 들어가고, 진여로부터 다시 또한 오시므로, 여래라고 부른다.'라고 설하였다. 종족은 골육이다. 끊어지지 않음은 영원히 다른 것으로 변하지 않음이다."라고 설하였다.

128) 깔라짜끄라빠다는, "'출리(出離)의 길을 가는 모든 자들의 성도(聖道)를 온전히 성숙시킴이며'라고 설함이니, 출리는 도과(道果)이다. 감이란, 성취하게 하는 길이다. 모든 자들이란, 성문 등이다. 성도(聖道)는 삼계로부터 반드시 출리하는 길이니, 자량도 등이다. 온전히 라고 함은 최상을 말함이다. 성숙은 구경의 결과를 얻게 함이다."라고 설하였다.

129) 깔라짜끄라빠다는, "'사범주(四梵住)에 머무는 모든 자들의 삼매(三昧)이며'라고 함이니, 여기서 범정은 정등각의 붓다이다. 그 또한 '열반(涅槃) 범정(梵淨)을 얻으시고(95송 2구)'라고 하였다. 사범주는 자·비·희·사(慈悲喜捨)의 넷이다. '에(La)'라고 함은, 예경의 문이다. '머무는 모든 자들'이란, 대승자들이니, 성문 등은 거기에 머물지 않기 때문이다. 삼매란 마음을 일체법에 평등히 안주함이다. 이것은 또한 실제로 대원경지이다."라고 설하였다.

130) 깔라짜끄라빠다는, "'심일경성(心一境性)에 머무는 모든 자들의 선정이며'라고 함은, 마음을 한 곳에 안치하는 자들의 뜻이니, 만약 마음이 의식의 대경을 쫓아서 산란함은 '마음이 선정에 들지 못한다.'라고 생각한 뒤, 마음을 안으로 바르게 안치함을 소연한 뒤 심사(尋思)와 사찰(伺察)의 혜(慧)로 탐착을 여읜 희(喜)와 낙(樂)에서 출현하는 것들을 소연하는 자들이다. 선정이란 또한 그것이다."라고 설하였다.

수습과 조복에 정진[131]하는 모든 자들의 유가(瑜伽)[132]이며, ⑳ 바르게 수습하는 모든 자들이 일체의 계박(繫縛)[133]에서 벗어남이며, ㉛ 근본번뇌와 수번뇌(隨煩惱)의 일체를 끊어버림이며, ㉜ 모든 장애들의 식멸(息滅)이며, ㉝ 모든 공포(恐怖)[134]로부터 온전히 벗어남이며, ㉞ 일체의 온(蘊)들로부터 온전히 해탈함[135]이며, ㉟ 모든 마음의 산란의 지멸(止滅)이며, ㊱ 모든 풍요의 산실[136]이며, ㊲ 모든 쇠퇴들의 온전한 파괴이며, ㊳ 모든 악도(惡道)의 문을 막음이며, ㊴ 해탈의 성채로 들어가는 정로(正路)[137]이며, ㊵ 윤회의 수레 속에 들어가지 않음이며, ㊶ 법륜의 온전한 굴

---

131) 여기서 '조복에 정진하는' 의 구절은 깔라짜끄라빠다의 공덕품석에 나오는 구절을 인용한 것이다.

132) 깔라짜끄라빠다는, "'몸ㆍ말ㆍ뜻 셋의 수습과 조복에 정진하는 모든 자들의 유가(瑜伽)이며' 라고 함이니, '그와 같이 마음만 오직 정진하는 것이며 다른 것이 아닌가' 라고 하므로, '몸ㆍ말ㆍ뜻 셋의 수습과 조복에 정진하는 모든 자들의 유가(瑜伽)이다.' 라고 설하였다. 몸은 신업(身業)을 조중(粗重)과 함께 끊음이다. 말은 말의 과실을 업(語業)을 조중(粗重)과 함께 끊음이다. 뜻은 번뇌와 함께 마음의 조중을 끊음이다. 그 또한 정념과 정지로 섭수하는 위의(威儀)로 무의미한 행위를 끊은 뒤 항상 불방일(不放逸) 속에 머무름을 조복이라 한다. 정진이란, 항상 그 의리를 기뻐함이다. 유가란, 사마타와 위빠싸나의 몸ㆍ말ㆍ뜻으로 유가를 행함이다." 라고 설하였다.

133) 깔라짜끄라빠다는, "이제 모든 죄장을 여읨을 열어 보이기 위하여, '일체의 계박(繫縛)에서 벗어나게 함이며' 라는 등을 여기서 계박은 독물과 불과 병기와 원수 등의 갖가지 해침들이다. 벗어나게 하고, 해치지 못하게 함이다." 라고 설하였다.

134) 이 구절은 구절은 깔라짜끄라빠다의 공덕품석에 나오는 구절을 인용한 것으로 데게 판본에는 '결박(結縛, ḥChiṅ ba)' 로 나온다.

135) 이 구절은 깔라짜끄라빠다의 공덕품석에 나오는 구절을 인용한 것으로 데게 판본에는 '유여(有餘, lHag ma)' 로 나온다. 깔라짜끄라빠다는, "'일체의 온(蘊)들로부터 온전히 해탈함이며' 라고 함이니, 온(溫) 또한 이며, 또한 일체인 까닭에 일체의 온(蘊)이라 한다. 그 일체의 온(蘊)은 모두가 근취온(近取蘊)이다. 그들은 괴로움의 본질이라 설하였다. 요약하면, '오온(五蘊)은 고통이다.' 라고 하였다. 그러므로 그것의 결박을 여읜 뒤 무루온(無漏蘊)을 지님이다. 온전히 해탈함은 크게 벗어남이다." 라고 설하였다.

136) 깔라짜끄라빠다는, "'모든 풍요의 산실이며' 라고 함이니, 풍요는 원만구족이다. 모두란, 장수와 수용물 등이다. 산실은 대원경지라고 하는 뜻이다." 라고 설하였다.

137) 깔라짜끄라빠다는, "'모든 악도(惡道)의 문을 막음이며' 라고 함이니, 악도는 악취에 들어감이니, 하열한 장소이다. 문은 그곳으로 들어가는 죄업과 불선업이다. 모두는 몸ㆍ말ㆍ뜻의 불선의 문들 일체이다. 막음은 봉하는 뜻이다. 그것으로 어떻게 되는가 하면, '해탈의 성채로 들어가는 정로(正路)이며' 라고 설함이니, 모든 결박으로 벗어남이 해탈이다. 성채는 붓다의 궁전인 밀엄찰토(密嚴刹土)이다. 들어감은 그 장소로 들어가는 정로로 과실이 없음이다." 라고 설하였다.

138) 깔라짜끄라빠다는, "'여래교법의 보산(寶傘)과 보당(寶幢)과 보번(寶幡)을 높이 들음이며' 라고 함이니, 여래의 백법(白法)의 분면에서 진여에 들어감이다. 교법은 백법(白法)으로 자기의 마음을 조복함이다. 보산은 번열을 막아주기 때문이다. 보당은 마군과의 전쟁에서 승리한 상징의 뜻이다. 보번은 아군을 나타낸다. 들음은 적방의 무리로부터 승리를 거둘 때 높이 들어 올리고 활짝 펴는 것이다." 라고 설하였다.

림이며, ㊷ 여래교법의 보산(寶傘)과 보당(寶幢)과 보번(寶幡)을 높이 들음[138]이며, ㊸ 정법을 선설하는 성소[139]이며, ㊹ 모든 보살들의 밀주문(密呪門)의 행을 행하는 자들의 신속한 성취[140]이며, ㊺ 반야바라밀을 근수하는 모든 보살들의 수증(修證)[141]이며, ㊻ 무이(無二)의 관찰과 수행을 근수하는 보살들의 공성의 깨침이며, ㊼ 모든 바라밀과 자량들의 산출이며, ㊽ 모든 청정지(淸淨地)와 바라밀들의 원만한 구족[142]이며, ㊾ 청정한 사성제(四聖諦)들의 낱낱이 깨달음[143]이며, ㊿ 일체법에 염주(念住)[144]하는 자들의 심일경(心一境)의 깨달음[145]이니, ㉛ 이 진실명여실칭송은 붓다의 일체의 공덕을 [온전히 산출하고] 원만히 구족[146]하게 함이다. [이상

---

139) 깔라짜끄라빠다는, "'정법을 선설하는 성소이며'라고 함이니, 또한 법이자 또한 일체임으로써 일체법이다. '이와 같이 있는바 일체의 정등각 붓다들께서 유정의 이익을 위하여 있는바 모든 법을 연설하고 선설하는 그 성소 또한 여기다.'라고 설하였다. 그러므로 '금강좌를 빠짐없이 갖춘다.'라고 하였다."라고 설하였다.

140) 깔라짜끄라빠다는, "'모든 보살들의 밀주문(密呪門)의 행을 행하는 자들의 신속한 성취이며'라고 함이니, 보살은 대승의 종성이다. 밀주는 금강승의 문을 통해서 깨닫는 지혜이다. 문은 들어가는 길이다. 행을 행하는 자들이란, 유정의 이익을 위하여 사업(四業)을 행함이다. 신속한 성취란, 이 밀전(密典)을 구족하는 문을 통해서 행위 또는 승해(勝解)의 문을 통해서 작의(作意)하거나 또는 희구의 문을 통해서 구송함이다. 이것의 가피로써 장애가 없이 실지(悉地)를 성취함이다."라고 설하였다.

141) 깔라짜끄라빠다는, "'반야바라밀을 근수하는 모든 보살들의 수증(修證)이며'라고 함이니, 보살은 앞에 설한 바와 같다. 반야바라밀은 자성이 공함이다. 근수는 그것에 마음이 흥취를 일으킴이다. 수(修)는 실천함이며, 증(證)은 그것의 힘에 의해서 통달함이다."라고 설하였다.

142) 깔라짜끄라빠다의 공덕품석에 나오는 이 구절은 "일체지(一切地)의 원만구족과 원만청정이다."로 나온다.

143) 깔라짜끄라빠다의 공덕품석에 나오는 이 구절은 "청정한 사성제(四聖諦)의 바른 성취이다."로 나온다.

144) 이것은 깔라짜끄라빠다의 공덕품석에 나오는 이 구절의 번역으로 데게 판본에는, '사념주(四念住)들의 일체법이 하나의 낱낱의 깨달음이다.'로 나온다

145) 깔라짜끄라빠다는, "'일체법에 염주(念住)하는 자들의 심일경(心一境)에 의한 깨달음이며'라고 함이니, 일체법은 신(身)과 수(受)와 심(心)과 일체법(一切法)이다. 념(念)은 친숙한 사물에 마음을 집지함이다. 주(住)는 반복해서 익히는 것이다. [념주하는] 자들의 심일경(心一境)이란, 어떤 것들에 념주(念住)하는 자들의 억념의 본성인 마음이 다른 것에 의해서 산란하지 않음이니, 교계 등에 의해서 몸 등의 진실성을 통달함이 깨달음이다."라고 설하였다.

146) 이 구절은 깔라짜끄라빠다의 공덕품석에 인용한 것이며, 깔라짜끄라빠다는, "'이 진실명여실칭송은 붓다의 일체의 공덕을 [온전히 산출하고] 원만히 구족하게 함이다.'라고 함이니, '이 진실명여실칭송'이라 함은, 대원경지와 부동여래의 만다라를 열어 보임으로써 '이'라고 하였다. '제불의 일체의 공덕을 온전히 산출하고 원만히 구족하게 함이다.'라고 함은, 요약해서 설함이니, 겸해서 얻는다는 말이다. 공덕의 종류를 허설한 뒤 다겁에 걸쳐서 설할지라도 다함이 없으니, 그것을 여기에

은 제이륜(第二輪)을 수순하여 찬탄하는 52게송[147]이다]

3. 제삼륜(第三輪)을 수순하여 찬탄하는 게송[148]이니,『문수진실명 경』을 수지하고 독송하는 불자들에게 질병과 마장과 죄장이 소 멸하고 수명과 복덕이 증장하고 반야의 지혜가 자라나게 가피 를 내리시는 공덕을 설한 품이다.

또한 금강저를 손에 쥔 금강수보살마하살이여, ① 이 진실명여실칭 송(眞實名如實稱誦)은 모든 유정들의 몸 · 말 · 뜻 셋으로 지은 모든 죄업들 을 남김없이 소멸하며, ② 모든 유정들의 일체의 악도를 정화하며, ③ 모든 악취(惡趣)를 남김없이 물리치며, ④ 모든 업장(業障)[149]을 바르게 끊 어버리며, ⑤ 팔무가만(八無暇滿)에 태어나는 일체를 태어나지[150] 않게 함

거두어서 설한 것은 제불의 공덕을 마명보살(馬鳴菩薩)이 설함과 같으니, '능히 설하지 못함이다.'와 '푸른 색 하늘의 변 제를 알지 못함과 같이'라는 등으로서 설해 보였다. 그러므로 한 붓다의 공덕 또한 가히 설하지 못한다면, 제불의 공덕은 더 말할 필요가 없음이니, 그와 같은 공덕의 집적이 극도로 많고 달리 또한 다른 논전에서 '극도로'라고 말함이 또한 있 다. 세간의 있는바 모든 공덕과 성문과 연각의 있는바 모든 공덕과 보살의 공덕 등도 여기에 속함이다. '온전히 산출하고 원만히 구족하게 함이다.'라고 함이니, 온전히 산출함은, 제불이 소유한 공덕의 산출처가 됨이며, 원만히 구족하게 함은, 그들의 공덕들을 남김없이 구족하게 하므로 원인이다."라고 설하였다.

147) 원문에는 52게송이나 실제는 1게송이 빠져있다.

148) 깔라짜끄라빠다에 의하면 "제삼륜(第三輪)을 수순하여 찬탄하는 52게송"은 제팔묘관지찬탄품이십사송(第八妙觀智贊嘆品二 十四頌)에 대한 공덕을 찬탄한 것이라 하였다.

149) 깔라짜끄라빠다는, "'모든 업장(業障)을 바르게 끊어버리며'라고 함이니, 백업(白業)에 의한 장애와 흑업(黑業)에 의한 장애 와 흑백의 업이 진실의(眞實義)를 온전히 가리고 덮음이 업장이다. 그것을 남김없이 온전히 청정하게 하고 업에 자재함을 얻는 그 힘에 의해서 삼계의 번뇌가 되지 않음이 바르게 끊어버림이다."라고 설하였다.

150) 깔라짜끄라빠다의 공덕품석에는 '팔무가만(八無暇滿)에 태어나는 일체의 태어남의 상속(相續)이 생하지 않게 함'으로 나온 다. 깔라짜끄라빠다는, "무가만(無假滿)은 한가함의 기회가 없음이니, 깨닫고 익히는 학습이 없음이다. 그것은 여덟이니, 지 옥에 태어남과 아귀에 태어남과 축생으로 태어남과 변방에 태어남과 몸이 지분이 온전하지 못함과 장수천에 태어남과 사 견(邪見)과 악업에 행하므로 삼보를 유기한 자들의 여덟이다. '태어남이 상속'은, 거듭해서 그것들에 생을 받음이다. '태어 나지 않게 함'은, 그것에 들어가지 않음이다."라고 설하였다.

이며, ⑥ 팔난(八難)의 공포를 온전히 식멸하며, ⑦ 모든 악몽(惡夢)들을 반드시 제멸[151]하며, ⑧ 모든 흉상(凶相)들을 남김없이 제멸[152]하며, ⑨ 마귀들의 모든 불길한 표상들을 남김없이 식멸[153]하며, ⑩ 모든 마라와 원적들의 일체의 악행을 멀리 구축하고, ⑪ 모든 선근과 복덕을 증장시키며, ⑫ 일체의 비리작의(非理作意)가 일어나지 못하게[154] 하며, ⑬ 교오(驕傲)와 오만(傲慢)과 아만(我慢)과 아집(我執)의 일체를 남김없이 파괴[155]하며, ⑭ 모든 고통과 우비가 일어나지[156] 않게 하며, ⑮ 모든 여래들

---

151) 깔라짜끄라빠다는, "'모든 악몽(惡夢)들을 반드시 제멸하며' 악몽(惡夢)은 신체가 불안함과 습기와 이매(魑魅) 등에서 감각이 변화된 것이니, 그것은 불길한 모양으로 인식되는 일체이다. 그 또한 무력하게 만듦으로써 제멸하는 것이다."라고 설하였다.

152) 깔라짜끄라빠다는, "'모든 흉상(凶相)[흉조(凶兆)]들을 남김없이 제멸함이며'이라고 함이니, 어떤 이에 의해서 징후로 만든 모양을 보는 것이 조짐이니, 점술에 의해서 칼과 거울과 소년 등을 만들어 냄을 분별할 때 흉조가 출현하는 일체가 흉상의 일체이다. 그것들의 힘을 무력화시키고 죄가 되지 못하게 하므로 제멸함이다."라고 설하였다.

153) 이 구절은 깔라짜끄라빠다의 공덕품석에서 인용한 것으로, "'마귀(魔鬼)의 모든 불길한 표징들을 남김없이 제멸하며'라고 설함이니, 귀(鬼)는 삿되게 인도함이니, 어떤 이들의 성취를 장애함과 생각이 전도되게 하므로 귀(鬼)라고 한다. 표상은 그것들에 앞서 출현함이니, 형상과 소리 등을 불쾌하게 연출함이다. 그것을 보거나 들으면 불길하게 되므로 흉조이다. 식멸함은 그와 같은 것이 일어나지 않게 함이다"라고 설하였다.

154) 깔라짜끄라빠다는, "'일체의 비리작의(非理作意)가 일어나지 못하게 하며'라고 함이니, 비리작의는 마음을 평등하게 안치하는 데에 역연의 방면인 무명이 앞서서 감이다. 일체는 탐착을 마음에 작의(作意)하는 등이다. 어떻게 일으키지 않는가 하면, 스승의 교계에 의해서 관찰하고 표준으로 삼으므로써 일으키지 않고 내외의 법에 자아가 없음을 앎으로써 비리작의를 물리침이다."라고 설하였다.

155) 깔라짜끄라빠다는, "'교오(驕傲)와 오만(傲慢)과 아만(我慢)과 아집(我執)의 일체를 남김없이 파괴하며'라고 설함이니, 여기서 교오(驕傲)는 자기의 원만구족을 탐착하고 기쁜 마음을 탐착하므로 방종함이다. 오만(傲慢)은 자신을 특별하게 뛰어나다고 생각함이다. 아만(我慢)은 교만함이다. 아집(我執)은 나의 것을 집지함이니, 무엇을 의지하는가 하면, 오근취온(五近取蘊)의 의거해서 의식을 자기로 집지하고 여타를 자기의 것으로 붙잡음이다. 그러므로 육계(六界)의 집합을 전적으로 붙잡음을 무명이라 한다. 이제 무아를 깨달으므로 광명이 발생한다. 구멍과 틈이 없으므로 달걀의 공동(空洞)과 같다. 그것을 무엇으로 능히 여기는가 하면, 금강처럼 극도로 견강한 방편승(方便乘)으로 여니, 그 또한 명관정(明灌頂)의 단계에서 자아로 집착하는 식온(識蘊)을 부동여래로 깨달음과 자아로 집착하는 사온(四蘊)을 나머지 사여래(四如來)로 깨달음과 지대(地大) 등을 사불모(四佛母)로 깨달음과 눈 등의 근처(根處)들을 보살들로 깨달음이다. 비밀관정의 단계에서 본존의 만다라들 또한 능취와 소취가 공하여 무아임을 알고 반야지(般若智)의 관정의 단계에서 구생지혜의 현현과 공성의 일미로써 남김없이 파괴한다."라고 설하였다.

156) 깔라짜끄라빠다는, "그 또한 무명을 파괴하므로, 윤회의 과환인 '모든 고통과 우비가 일어나지 않게 하며'라고 함이니, 제삼관정의 단계에서 이희(離喜)의 고통과 승희(勝喜)의 구경에 도달하지 못한 안락인 우비의 고통과 우비이다. 그것을 일으키는 원인은 하열한 반야로써 삿되게 분별함이다. 일어나지 않게 함은 안락이 구경에 도달한 구생지혜를 수습하므로 고통과 우비가 소멸하게 된다."라고 설하였다.

의 심수(心隨)[157]가 되며, ⑯ 모든 보살들의 비밀[158]이며, ⑰ 모든 성문과 연각들의 대비밀[159]이며, ⑱ 모든 무드라(印)와 만뜨라(眞言)[160]가 되며, ⑲ 일체법의 불가설(不可說)을 설하는 자들의 정념(正念)과 정지(正知)를 바르게 생기[161]하며, ⑳ 위없는 반야를 생기하고 의식을 총명[162]하게 하며, ㉑ 무병과 힘과 자재와 원만구족[163]을 얻게 하며, ㉒ 길상과 선법(善法)과 적정과 미호(美好)들을 크게 증장[164]시키며, ㉓ 명성과 찬양과 찬

---

157) 깔라짜끄라빠다는, "그것은 어떤 것과 같은가 하면, '모든 여래들의 심수(心隨)가 되며'라고 설함이니, 여래는 앞에서의 명관정(明灌頂)의 단계에서 비로자나불 등이다. 여래 또한 이며, 일체 또한 임으로써 모든 여래들이다. 심수(心隨)는 그들이 일미로 변화한 핵심이니, 일체법의 진성이 장애의 더러움을 여의고 허공처럼 삼세가 평등성에 머무는 뜻이다."라고 설하였다.

158) 깔라짜끄라빠다는, "'모든 보살들의 비밀이며'라고 함이니, 보살은 지장보살 등의 일체이다. 비밀은 일미가 됨이다."라고 설하였다.

159) 깔라짜끄라빠다는, "'모든 성문과 연각들의 대비밀이며'라고 함이니, 성문과 연각은 탐욕을 여읨이다. 그것에서 벗어남은 이탐의 경지에서 생을 받음이다. 대비밀은 원만수용의 현상이 소멸한 뒤 겨자씨 정도에 머무는 의리(義利)이다.

160) 깔라짜끄라빠다는, "'모든 무드라(印)와 만뜨라(眞言)가 되며'라고 함이니, 무드라(印)는 이것을 표시하므로 인(印)이니, 업인(業印) 등이다. 만뜨라(眞言)는 마음이 슬프지 않게 하는 지혜이다. 모두는 그와 같은 성상의 일체이다."라고 설하였다.

161) 깔라짜끄라빠다는, "'일체법의 불가설(不可說)을 설하는 자들의 정념(正念)과 정지(正知)를 바르게 생기하며'라고 함이니, 법은 온·계·처(蘊界處)이다. 불가설은 '대명점(大明点)은 불립문자(144송 2구)'임을 말한다. 말함은 어떤 이가 그것의 뜻을 통달하도록 하게 위해서 타인에게 언설을 빌어서 설함이다. 들이라 함은, 그것을 집지하는 모두를 말한다. 정념(正念)은 자신이 과거에 실천함이다. 정지(正知)는 교계의 표상을 신뢰한 뒤 일체사(一切事)에 자재하게 들어감이다. 바르게 생기함은 그것들이 전도됨이 없음이니, 그와 같이 성취함이다."라고 설하였다.

162) 깔라짜끄라빠다는, "이제 공통성취의 원인을 열어 보이기 위하여, '위없는 반야를 생기하고 의식을 총명하게 하며'라고 함이니, 위없음은 그것의 위가 없음이다. 반야는 앎의 특별함이니, 반야가 극히 수승함의 뜻이다. 무엇에 의해서 생기하는가 하면, 앞에서 스승의 은혜에 의해서 발생한 감로명점 심장의 연꽃 위에 안치하고 닦으면 무루의 반야에 의해서 삼세를 알게 됨과 그가 금강을 연꽃에 바르게 교합하여 생긴 정(精)을 혀로 취하면 의식이 총명하고 지혜가 증장하니, 십만의 게송을 마음으로 기억하고 잊지 않는 등을 얻음이다."라고 설하였다.

163) 깔라짜끄라빠다는, "'무병과 힘과 자재와 원만구족하게 하며'라고 함이니, 여기서 병은 사풍(邪風)과 담즙(膽汁)과 연액(涎液) 등이다. 대저 오감로(五甘露)를 전체 닦아 성취하거나 또는 개별적으로 닦아 성취하거나 또는 취정(取精, 鍊丹) 또는 약수유(藥酥油, 수유에 약재 등을 넣어 보양하는 비법)의 지혜와 또는 안마(按摩, 약물 등을 몸에 바르고 문지르는 비법)의 지혜 또는 무병과 수명이 허공과 같아지는 등등의 그 딴뜨라와 그 경전에서 세존께서 널리 설하였다. 힘은 오육(五肉)의 조제와 또는 오감로(五甘露)로써 십만 무드라와 상합하므로 힘을 증장시킴이다. 자재는 지명자(持明者)의 대열에 들어간 뒤 자재하게 됨이다. 원만구족은 '토행(土行, 땅 속을 다니는 신통)과 보검(寶劍, 隱身) 등을 또한 성취하게 한다.'라는 정언(定言)이다."라고 설하였다.

164) 깔라짜끄라빠다는, "그와 같이 공통성취를 열어 보인 뒤 세간의 안락과 미호(美好)들을 성취함을 열어 보이기 위하여, '길상과 선법(善法)과 적정과 묘선(妙善)들을 크게 증장시키며'라고 함이니, 여기서 길상은 상서로움이다. 선법은 백법(白法)이다. 적정은 안락을 생기함이다. 미호(美好)은 그에게 있으면 아름다움과 타인을 기쁘게 함이다. 그것들을 그것에 의해서 생장시키고 끊어지지 않게 함이 크게 증장시킴이다."라고 설하였다.

송과 찬미[165]가 크게 울리게 하며, ㉓ 질병과 모든 대공포들을 식멸[166]하며, ㉕ 모든 최고의 청정함[167]들 가운데 또한 극상의 청정함이며, ㉖ 최고의 청결함들 가운데 또한 극상의 청결함[168]이며, ㉗ 최고로 정결하게 하는 것들 가운데 또한 극상으로 정결하게 하는 것[169]이며, ㉘ 모든 최고의 연정(研淨)들 가운데 또한 극상의 연정[170]이며, ㉙ 모든 부요(富饒)를 지닌 자들 가운데 극상의 부요를 지님이며, ㉚ 모든 최상의 길

---

165) 깔라짜끄라빠다는, "'명성과 찬양과 찬송과 찬미가 크게 울리게 하며'라고 함이니, 명성은 자기의 공덕을 모두가 칭찬함이다. 찬양은 그와 같은 공덕을 칭찬하므로 자기의 마음이 안락함이다. 찬송은 자기를 칭찬할 때 가송으로 형태로 설함이다. 찬미는 자기를 위대함의 자체로 말함이다. 크게 울리게 함은 모두가 듣도록 하는 모양으로 칭찬함이다."라고 설하였다.

166) 깔라짜끄라빠다는, "'질병과 모든 대공포들을 식멸하며'라고 함이니, 질병은 몸과 마음에 고통을 줌이다. 모든 대공포들이라 함은, 나찰의 공포와 질병의 공포와 감관 등의 공포와 빈곤의 공포와 친구와 헤어지는 공포와 국왕의 형벌의 공포와 낙뢰(落雷)의 공포와 사업쇠퇴의 공포는 대공포이다. 모두의 뜻은, '이들 대공포들과 앞에서 말한 일체를 식멸함이다.'라고 하였다."라고 설하였다.

167) 데게 판본의 원문은 "최고의 청정함들 가운데 극상의 청정함이며"이나, 깔라짜끄라빠다의 공덕품석의 구절을 따랐으며, 그에 의하면, "그와 같이 관정을 시여하고 깨달음을 지닌 자들에게 발심을 하도록 하고 위안을 주기 위하여 그와 같이 열어 보인 뒤, 특별한 능정(能淨)을 열어 보이기 위하여, '모든 최고의 청정함들 가운데 또한 극상의 청정함이며'라고 함이니, 여기서 최상의 청정함은 본존의 몸이다. '들의 또한'은, '각자의 사유가 청정함이다.'라는 그것으로 관찰한 것들이다. 또한 이란, 모두의 뜻이다. 동등함 가운데 뛰어나게 하는 문이다. 그와 같이 선지식들에게 비구와 바라문이라고 함과 같다. 그러므로 청정한 본존의 몸 또한 일지라도 극상의 청정함은, '과실을 끊은 구생의 지혜이다.'라고 함이다."라고 설하였다.

168) 데게 판본의 원문은 "최고의 청결함들 가운데 극상의 청결함이며"이나, 깔라짜끄라빠다의 공덕품석에는, 청결(gTsan ba) 대신 청정(Dag pa)으로 나오나, 청결로 고쳤다. 그에 의하면, "'최고의 청결함들 가운데 또한 극상의 청결함이며'라고 함이니, 최고의 단어는 최상의 의미이다. 청결은 더러움을 여읨이다. '들의 또한'은, 그와 같은 사람들의 가운데 또한 이다. 극상의 청결은, '청결의 본성 그 또한 이것이다.'라고 함이다."라고 설하였다.

169) 데게 판본에는 없으나 깔라짜끄라빠다의 공덕품석에서 인용한 것으로, "'최고로 정결하게 하는 것들 가운데 또한 극상으로 정결하게 하는 것이며'라고 함이니, 최고의 단어는 앞에서 설함과 같다. 정결하게 함이란, 소정(所淨)에 의거함이니, 그것의 어떠한 더러움이다, 그것을 씻어냄으로써 정결하게 함이다. 그 더러움 또한 둘이니, 바깥의 더러움과 안의 더러움이다. 여기서 바깥의 더러움이 정결하므로 안의 더러움이 정결하게 됨을 바람과 안의 더러움이 정결하므로 바깥의 더러움이 정결하게 됨을 바람이다. 바깥의 더러움이 정결하므로 안의 더러움의 정결을 바람은, 능정의 땅과 물과 길상초(吉祥草) 등을 설치함이다. 안의 정결함에 의해서 바깥의 정결함을 바람은, 무드라(印)와 진언의 염송과 수습에 의해서 정결해짐이다. 그와 같음 또한 정결하게 하는 것으로 봄으로써 정결하게 하는 것들이다. 극상으로 정결하게 함은 자성이 청정함이다. 달리 정결하게 함은 단지 언설일 뿐이다."라고 설하였다.

170) 데게 판본에는 없으나 깔라짜끄라빠다의 공덕품석에서 인용한 것으로, "'모든 최고의 정련(淨練)들 가운데 또한 극상의 정련이며'라고 함이니, 최고의 단련은 좋게 극도로 단련함이니, 극도의 미세한 과실 또한 없음이다. 그와 같은 어떤 것들의 극상의 단련의 본질이 되는 어떤 것이니, '이 지혜이다.'라고 함이다."라고 설하였다.

상들 가운데 또한 극상의 길상[171]이며, ㉛ 구호를 구하는 자들의 구호[172]이며, ㉜ 머물 곳이 없는 자들의 처소[173]이며, ㉝ 구도(救度)를 원하는 자들의 구도[174]이며, ㉞ 우군(友軍)이 없는 자들의 우군이며, ㉟ 안식처를 구하는 자들의 섬[175]이며, ㊱ 피난처가 없는 자들의 위없는 피난처이며, ㊲ 삼유(三有)의 바다의 피안으로 가는 자들의 나룻배[176]이며, ㊳ 모든 질병들을 반드시 치료하므로 대의왕(大醫王)이며, ㊴ 모든 취하고 버려야 하는 법들을 바르게 분별하므로 반야이며, ㊵ 모든 악견(惡見)의

---

171) 깔라짜끄라빠다는, "그와 같이 청정과 연정(硏淨)을 설시한 뒤, 이제 청정과 연정의 결과를 열어 보이기 위하여, '모든 최고의 길상들 가운데 또한 극상의 길상이며'라고 함이니, 최승의 길상은 최고로 크게 상서로움이다. 그것은 지지(知智)의 수 승함으로부터 출현한다고 하였다. 무엇을 알고 무엇으로 아는가 하면, 시간을 앎이며, 청정과 연정(硏淨)의 지혜로써 앎이다. 시간이란, 선한 시절과 악한 시절이다. 이것은 설권륜(說權輪)을 통해서 알도록 하라. 어떤 이가 좋은 시절들을 안 뒤에 사업을 행하면 모든 사업들에 길상이 생기고, 나쁜 시절에 안 뒤 그때 사업을 개시하지 않으므로 모든 불행들이 생기지 않음이다. 그러므로 극상의 길상은 항상 길상함이다. 이보다도 더 길상함이 세존께서 입멸하고 자궁에 들어가는 등의 시절의 길상이 극상의 길상이다."라고 설하였다.

172) 깔라짜끄라빠다는, "그와 같이 길상을 설한 뒤 이제 모든 유정들의 이익을 위하여 의지(依止)가 됨을 또한 열어 보이기 위하여, '구호를 구하는 자들의 구호자이며'라고 함이니, 구호를 구하는 자들이란, 마음이 공포에 극도로 사로잡힘이니, 그것을 끊어버리길 원하는 마음도 포함한다. 공포를 멸하고 달리 마음을 두려움으로부터 지켜줌으로써 구호라 한다."라고 설하였다.

173) 깔라짜끄라빠다는, "'머물 곳이 없는 자들의 처소이며'라고 함이니, 어디에고 머물고자 하는 의지처가 없음이다. 그와 같은 모든 자들에게 또한 의지처가 되어주고 견고히 머묾으로써 처소이다."라고 설하였다.

174) 깔라짜끄라빠다는, "'구도(救度)를 원하는 자들의 구도이며'라고 함이니, 그와 같이 열기에 의해서 괴로워하는 자들이 열기로부터 구도를 원함이다. 추위에 의해서 위험에 처한 자들이 추위로부터 구도를 원함이다. 그러므로 구도를 원함이다. 그와 같이 기갈 등으로부터 구도를 원함이다. 구도는 일산과 담요와 음식과 음료 등이다. 그와 같이 사유하고 실제로 멸함이다."라고 설하였다.

175) 깔라짜끄라빠다는, "'안식처를 구하는 자들의 섬이며'라고 함이니, 대저 시내와 대하 또는 호수들에 의해서 완전히 둘러싸인 중앙에 의지처가 되는 땅 또는 평지 따위를 섬이라고 한다. 만약 강물 등이 휩쓸어갈 때 위와 같은 장소를 만나기를 생각하고 기원함이 섬을 원함이다. 내가 그와 같이 되고 이익을 행함이 섬이다."라고 설하였다.

176) 깔라짜끄라빠다는, "'삼유(三有)의 바다의 피안으로 가는 자들의 나룻배이며'라고 함이니, 여기서 삼유인 욕계와 색계와 무색계들은 대해와 같으므로 바다이다. 왜냐하면, 극히 건너기가 어렵기 때문이다. 깊고 넓고 파도와 비인(非人)과 마갈(摩竭) 등이 극도로 많기 때문에 또한 극히 건너기가 어려움이다. 그와 같이 삼유 또한 극히 건너기가 어려우니, 무시이래 쌓은 습기가 두텁고, 번뇌가 극히 크고, 악우(惡友)가 극히 많은 삼유는 극도로 건너기가 어렵다고 한다. 그것의 피안은 열반이다. 가기를 원함은 윤회의 과환을 알고 열반의 공덕을 앎이다. 그 또한, '윤회바다의 두려움으로부터, 해탈하기를 사유하는 자들'이라고 하였다. 나룻배는 그로부터 벗어나는 방편이니, 배 등과 같음이다."라고 설하였다.

암폐(暗蔽)를 멸하므로 지혜의 광명[177]이며, ㊶ 모든 유정들의 심원과 소망들을 뜻대로 얻게 하므로 여의주(如意珠)이며, ㊷ 문수살타의 지신(智身)을 온전히 얻게 하므로 일체지지(一切知智)[178]이며, ㊸ 오안(五眼)을 온전히 얻게 하므로 온전히 청정한 지혜의 관조이며, ㊹ 재시(財施)와 무외시(無畏施)와 법시(法施)를 크게 행하므로 육바라밀의 구족이며, ㊺ 복덕과 지혜의 자량과 삼매를 원만히 구족하므로 십지(十地)를 얻음[179]이며, ㊻ [외경과 내심의] 이법(二法)을 버림으로써 무이(無二)의 법성[180]이며, ㊼ 특별히 증익(增益)을 여읨으로써 진여성(眞如性)의 자성(自性)과 다름이 아닌 법성[181]이며, ㊽ 모든 여래들의 지신(智身)의 청정한 자성인 까닭에 진실

---

177) 깔라짜끄라빠다는, "'모든 악견(惡見)의 암폐(暗蔽)를 멸하므로 지혜의 광명이며'라고 함이니, 악견은 전도된 반야이니, 원인과 결과의 의미에 어리석으므로 저 세상이 없다고 말함이다. 그것은 어둠과 같으므로 암폐(暗蔽)이다. 진실한 반야로 전도됨을 멸한 뒤 인과와 붓다의 몸과 지혜로써 유정의 이익을 행함이 지혜의 광명이다."라고 설하였다.

178) 깔라짜끄라빠다는, "'문수살타의 지신(智身)을 온전히 얻게 하므로 일체지지(一切知智)이며'라고 함이니, 문수지혜살타의 의미는 앞에서 설하였다. 몸은 지신(智身)으로 자생이다. 얻음은 깨달음이다. 일체지지는 모든 사물을 남김없이 여실하게 앎이다. 그러므로 그 지신은 일체지(一切知)의 어머니라고 설함이다."라고 설하였다.

179) 깔라짜끄라빠다는, "'복덕과 지혜의 자량과 삼매를 원만히 구족하므로 십지(十地)를 얻음이며'라고 함이니, 복덕은 무엇을 하든 선업이 된다. 지혜는 무엇을 하든 해탈하게 된다. 자량은 수승한 안락이 됨이다. 삼매는 마음을 평등하게 안치함이니, 이와 같이 몸을 곧게 세우고, 앞에서 설한 육륜(六輪)을 몸에서 사유한 뒤 「아(阿)」에서 생기한 이검에 아로 장식한 화염으로 고통의 뿌리가 되는 심장의 분별을 자른 뒤 금강법(金剛法)의 길과 금강심오(金剛深奧)의 길로부터 지혜의 감로가 몸·말·뜻의 비밀의 24맥도를 채움으로써 십지를 얻고 바라밀을 구족함을 앞뒤의 교계에 의해서 알도록 하라"고 설하였다.

180) 깔라짜끄라빠다는, "이제 무이지(無二智)의 진성을 명료하게 열어 보이기 위하여, '[외경과 내심의] 이법(二法)을 버림으로써 무이(無二)의 법성이며'라고 함이니, 2가지 법을 여읨으로써 무이(無二)의 법성이라고 함은, 2가지 법은 외경과 내심들이다. 여읨은 본성이 성립되지 않음이다. 그러므로 이 지혜는 무이(無二)라고 하였다."라고 설하였다.

181) 깔라짜끄라빠다는, "'특별히 증익(增益)을 여읨으로써 진여성(眞如性)의 자성(自性)과 다름이 아닌 법성이며'라고 함이니, 증익은 없음을 있는 것으로 덧붙임이다. 그와 같이 있는 것을 없다고 훼손함이 또한 감손(減損)이다. 그와 같은 변제로부터 벗어남이 진실성의 자성이다. '다름이 아닌 법성'이라 함은, 제법으로부터 법성이 별도로 없음의 정언(定言)이다. 그 또한, '제법의 법성은 어디로부터 또한 오지 않으며, 또한 어디로 가지 않음이다. 그 머무름으로부터 달리 변함이 또한 없다.'라고 하였다."라고 설하였다.

변제(眞實邊際)의 자성[182]이며, ㊾ 악견(惡見)의 밀림을 남김없이 멸하므로 온갖 종류의 최승을 구족한 공성의 자성[183]이니, ㊿ 이 진실명여실칭송은 이와 같이 무이(無二)의 법성의 뜻과 이름을 여실하게 집지(執持)함을 분명하게 밝힘으로써 일체법불가설(一切法不可說)[184]이도다. [이상은 제삼륜(第三輪)을 수순하여 찬탄하는 52게송[185]이다]

4. 제사륜(第四輪)을 수순하여 찬탄하는 게송[186]이니, 『문수진실명경』을 수지하고 독송하는 불자들에게 제불보살님들께서 오도와 십지를 신속하게 마치도록 가피를 내리시는 공덕을 설한 품이다.

---

182) 깔라짜끄라빠다는, "'모든 여래들의 지혜[또는 지신(智身)]의 청정한 자성인 까닭에 진실변제(眞實邊際)의 자성이며'라고 함이니, 여래의 뜻은 단어를 만나는 것으로 앎이다. 지혜[또는 지신(智身)]의 청정함이란, 지혜는 오지가 일미를 이룬 몸이다. 청정함은, 과실을 남김없이 여읨이다. 까닭이란, '그러므로'의 뜻이다. 진실변제의 자성이라 함은, 진실은 전도되지 않음이다. 변제는 구경에 이름이니, 거기에서 더 이상이 없음이라는 정언이다. 자성은 유일이다."라고 설하였다.

183) 깔라짜끄라빠다는, "'악견(惡見)의 [백천(百千)의] 밀림을 남김없이 멸하므로 온갖 종류의 최승을 구족한 공성의 자성이며'라고 함이니, 악견은 단멸로 봄이다. 그것은 밀림과 같으므로 밀림이다. 안락한 길로부터 잘못된 밀림이 쇠퇴함이 없이 나아감이다. 그와 같이 악견은 소분(小分)의 밀림으로 들어감이다. 남김없이 멸함은, 그 길에 들어가지 않으므로 정견이다. 공성과 대비를 불이로 수습함이다. 온갖 종류의 최승을 구족한 공성의 자성은 온갖 현현이 전혀 단절되지 않음과 그 또한 본성이 공함이니, 일체법이 제석의 활[무지개의 뜻]과 같음을 오로지 통달함이다."라고 설하였다.

184) 깔라짜끄라빠다는, "이제 그와 같이 설해 보인 그것들을 마무리하여 열어 보이기 위하여, '이 진실명여실칭송은'이라고 함이니, 요약하면은 간접적으로 열어 보임이다. 이 진실명여실칭송은 아미타여래와 묘관찰지이다. 그것들을 요약하여 설함이 무엇인가 하면, 이와 같이, 무이(無二)의 법성의 뜻과 이름을 여실하게 집지(執持)함을 분명하게 밝힘으로써 일체법불가설(一切法不可說)의 [반야]이다. 여기서 무이의 법성에서 무이는 외경과 내심이 공함을 앎이다. 법성은 명지(明智)의 본성이 공한 불가설(不可說)의 자성이다. 승의의 이름을 여실하게 칭송함을 집지함은, 그와 같은 법성이 의미인 까닭에 승의이다. '의'라고 함은 여섯의 단어이다. 이름은 명칭의 별명이다. 집지함은 의미를 통달하고 이익을 원함이다. 열어 보임은 타인에게 이다."라고 설하였다.

185) 원문에는 52게송으로 나오나 깔라짜끄라빠다의 공덕품석에서 인용한 2구를 빼면 실제는 48게송으로 4게송이 빠져있다.

186) 깔라짜끄라빠다에 의하면 "제사륜(第四輪)을 수순하여 찬탄하는 19게송"은 제구평등성지찬탄품이십사송(第九平等性智贊嘆品二十四頌)에 대한 공덕을 찬탄한 것이라 하였다.

또한 금강저를 손에 쥔 금강수보살마하살이여, 어떤 선남자 또는 선여인이 밀주문(密呪門)의 행위를 행[187]하는 이들로, 바가범 문수지혜살타의 지신(智身)[188]과 모든 여래들의 지신(智身)과 둘이 아닌 승의(勝義)의 진실명여실칭송(眞實名如實稱誦)이라 부르는, 이 정발대보주(頂髮大寶珠)[189]는 일체를 원만히 구족하고, 빠짐이 없이 완전하며, 구(句)의 조각이 아닌 온전한 게송이니, 구문(句文)과 글자가 온전한 이것들[190]을 날마다 세 때에 걸쳐서 지니고, 독송하고, 문의(文義)를 통달하고, 여실하게 작의(作意)토록 하며, 또한 타인에게도 자신이 행하는 그때처럼 자세히 설명하

---

187) 깔라짜끄라빠다는, "'어떤 선남자 또는 선여인으로 밀주문(密呪門)의 행위를 행하는 이들로'라고 함은, 몸을 지닌 사람의 수승한 종성을 설해 보임을 사유함이니, 여기서 선남자 또는 선여인이라 함은, 발심을 하고 관정을 받음이니, 여기서 종성은 금강부족 등이다. [관정을 받을 때] 던진 꽃이 떨어진 그곳이 그의 종성이자, 그 부족의 선남자 또는 선여인이 됨이다. 소의(所依)인 몸의 차별에 의해서 남녀를 구분함이 선남자 또는 선여인이다. 밀주(密呪)는 비밀의 서언들이다. 행위는는 자격을 갖춘 자들이 행하는 일이기 때문이다. 행(行)함은 실천함이다. 어떤 이들이란, 근본을 낱낱이 가르지 않고 전체를 말하는 단어이니, 밀주의 행위를 행하는 어떤 선남자 또는 선여인으로 하근 또는 중근 또는 상근들을 말함이다."라고 설하였다.

188) 깔라짜끄라빠다는, "여기서 하근이 행하는 바가 어떤 것인가를 열어 보이기 위하여, '바가범 문수지혜살타의 지신(智身)' 등을 설함이니, 바가범(세존)의 뜻은 앞에서 설한 바와 같다. 지혜살타의 지혜는 다섯 서언으로 표시하는 오서언(五誓言)이다. 오식(五食)으로 표시하는 여래들의 오지(五智)이니, 그래서 그렇게 말함이다. 그들이 차별이 없음이 살타이다."라고 설하였다.

189) 이 구절은 깔라짜끄라빠다의 독송공덕품석에서 인용한 것으로, "'모든 여래들의 일체지(一切知)의 지신(智身)과 둘이 아닌 승의(勝義)의 진실명여실칭송(眞實名如實稱誦)이라 부르는, 이 정발대보주(頂髮大寶珠)는'라고 함이니, '모든 여래들의 일체지(一切知)의 지신(智身)이라 함은, 하근의 소연의 대상 또한 그것이라고 함이니, 그 의미는 방금 말한 그것이다. 그것의 성상(性相)이 여하한가 하면, 둘이 아닌 불이(不二)라고 함이니, 그 뜻을 이해하기 쉽다. 그것이 세속이 아님을 보이기 위하여 승의라고 함이다. 무엇으로 표시하는가 하면, 진실명여실칭송(眞實名如實稱誦)이라 부르는 것이 표시하려는 그 경전의 명칭이기에 그와 같이 말함이다. 그 경전의 위대함을 비유를 설해 보이기 위하여 정발대보주(頂髮大寶珠)라고 말함이니, 그의 머리 위에 있는 무가(無價)의 대보주와 같다고 설함이다.

190) 깔라짜끄라빠다는, "'이것들로 날마다 세 때에 걸쳐서 지니고, 독송하고, 문의(文義)를 통달토록 하며, 여실하게 작의(作意)하며'라고 함이니, 이것들이란, 그와 같이 [구와 게송의] 숫자를 계산한 이것들이다. '로'라고 함은, 3번째의 뜻에는 여섯이 있으니, 구문과 글자를 열심히 낭송하므로 자타의 이익을 행함이다. 그러므로 '날마다 세 때에 걸쳐서 지니고, 독송하고, 통달토록 하며, 여실하게 사유하여'라고 하였다. 날마다 라고 함은, 하루 하루마다이다. 세 때는 오전과 정오와 오후이다. 지님은 경전을 지님이다. 독송은 경문을 낭송함이다. 통달은 그 뜻을 생각함이다. 여실이라 함은 앞에서 설하였다. 작의(作意)는 마음에 머무르게 함이다."라고 설하였다.

고, 그와 같이 해설토록 하라. 또한 존명(尊名)의 의미[191]들 가운데 어느 적절한 하나를 선택한 뒤, 그 문수지혜살타의 모습을 관상(觀想)토록 하라. 일념으로써 수습하고, 진정으로 신해(信解)하고, 본존의 진실을 사유토록 하라. 이것들에 의해서 전적으로 [행위거지가 몸·말·뜻의] 삼문(三門)에 안주하는 것으로 머무르게 되고, 일체법을 낱낱이 깨달으며, 최승[192]이 되고, 더러움이 없으며, 반야로 관통하고, 믿음으로 바르게 건너가는 그들에게, 삼세에 무시로 모든 제불보살님들께서 회집하시니, 바르게 내림하고 바르게 강림하신 뒤, 모든 법의 문(門)을 열어 보이시며, 자기의 본신(本身)을 친히 보여주시며, 모든 불보살님들의 가피로써 몸·말·뜻의 상속을 또한 바르게 가지시며, 모든 불보살님들의 섭수로써 또한 섭수하시며, 일체법에 두려움이 없는 무외변재(無畏辯才)를 또한 얻도록 하시며, 모든 아라한과 성문연각들 또한 성법(聖法)을 애중하는 마음으로 자기의 본신을 친히 보여주시며, 조복하기 어려운 자들을 조복하는 대분노왕(大忿怒王)과 대집금강(大執金剛) 등의 유정의 구호자들 또한 [내림하여] 갖가지 변화신의 형상들로써 몸

---

191) 깔라짜끄라빠다는, "이제 중근이 소연하는 대상이 어떤 것인가를 열어 보이기 위하여, '존명(尊名)의 의미들 가운데 어느 적절한 하나를 선택한 뒤, 그 존명의 문수지혜살타의 모습을 관상(觀想)하며'라고 함이니, 여기서 존명은 이름이다. 의미는 그것이 표시하는 본존이다. 어느 적절한 하나는 어떤 상황에 알맞음이다. 문수지혜살타는 반야륜(般若輪)의 배꼽에 그가 머무름이다. 관상은 사유함의 뜻이며, 뜻은 그것이 표시하는 본존이다."라고 설하였다.

192) 깔라짜끄라빠다는, "이제 상근의 밀주문(密呪門)의 행위를 열어 보이기 위하여, '일체법을 낱낱이 깨달으며, 최승이 되고'라는 등을 설함이니, 여기서 법은 유위와 무위의 법이다. 일체는 그 이외의 달리 있지 않기 때문이다. 깨달음은 반야가 수승함이다. 최승이 됨은 구생의 지혜로 찰나에 통달함이다."라고 설하였다.

의 광채와 기력과 위광이 제복당하지 않게 하시고, 밀주(密呪)와 대인(大印)과 현증(現證)과 만다라들을 열어 보이시며, 모든 밀주(密呪)와 명주(明呪)의 왕들 또한 남김없이 내림하고, 사귀(邪鬼)와 비나야까(引邪路)와 마라(魔羅)와 원적과 퇴괴(退壞)와 대무능승(無能勝)들 또한 밤낮으로 매순간마다 모든 행위들과 [행주좌와의] 위의(威儀)들 가운데서 수호하고, 보호하며, 숨겨 보호하느니라. 또한 범천과 제석천과 근제석천(近帝釋天)[193]과 용무(勇武)와 무애자(無愛子, 那羅延天)와 편산동자(遍散童子)와 대자재천(大自在天)과 육면동자(六面童子)와 대흑천(大黑天)과 극희자재(極喜自在)와 염마왕(閻魔王)과 수천(水天)과 비사문천(毘沙門天, 醜陋身)과 나찰녀(羅刹女)와 시방의 세간 수호신들을 비롯한 그들 모두 또한 항상 끊임없이 밤낮으로 가거나 머물거나 눕거나 앉거나, 잠에 들고 깨어나거나, 선정에 들거나, 선정에 들어가지 않거나, 홀로 머물거나, 군중 속에 들어가거나, 나아가 마을과 읍과 촌락과 도성에 가고 오고 머물고 앉고 자고, 교외와 왕궁에 머물거나, 문루(門樓)와 문방(門房)과 대로와 소로와 십자로와 삼거리와 촌락의 중간과 상점에 머무르거나, 내지는 빈 마을과 산과 황야와 하천주변과 시림과 밀림에 들어가거나, 더럽거나, 더럽지 않거나, 취하거나, 크게 취하거나 항상 어느 때나 일체의 모든 곳에서 크게 수호하

---

193) 제석천왕의 대신(大臣)들을 말한다.

고, 보호하고, 위호하며, 낮과 밤 일체에 안락하게 하느니라. 또한 하늘과 용과 야차와 건달바와 아수라와 금시조와 긴나라와 대병복(大瓶腹)과 인간과 비인(非人)들과 또한 성요(星曜)와 성수(星宿)와 본모(本母)와 중중모(衆中母)와 칠본모(七本母)들과 모든 야차모(夜叉母)와 나찰모(羅刹母)와 식육모(食肉母)들 또한 모두 무리를 지어서 그들의 권속들과 더불어 모든 행위들과 [행주좌와의] 위의(威儀)들 속에서 크게 수호하고, 보호하며, 위요하며, 또한 그의 몸에 광채와 위세가 증장하게 하며, 무병과 기력과 연수(延壽)를 얻게 하느니라.[이상은 제사륜(第四輪)을 수순하여 찬탄하는 19게송[194]이다]

5. 제오륜(第五輪)을 수순하여 찬탄하는 게송[195]이니, 『문수진실명경』을 수지하고 독송하는 미래의 불자들에게 문수살타께서 신속하게 가피를 내리시는 공덕을 설한 품이다.

또한 금강저를 손에 쥔 금강수보살마하살이여, [어떤 선남자 또는 선여인이] 진실명여실칭송(眞實名如實稱誦) 정발대보주(頂髮大寶珠)라 부르는 이것을 날마다 빠짐없이 바르게 수지하여, 세 번을 염송하고, 경문을

---

194) 경문에는 19게송의 찬탄으로 되어있으나 실제는 단락이 구분되어 있지 않다.

195) 깔라짜끄라빠다에 의하면 "제오륜(第五輪)을 수순하여 찬탄하는 51게송"은 제십성소작지찬탄품십오송(第十成所作智贊嘆品十五頌)에 대한 공덕을 찬탄한 것이라 하였다.

이해하고 독송하며, 크게 낭송하며, 바가범 문수지혜살타의 몸 모습을 소연하여, 그 모습을 사유하고, 그 모습을 수순하여 선정[196]을 행하면, 그는 문수살타의 화현의 색신이 교화대상의 심신을 섭수하므로 오래지 않아 그 색신을 친견하게 되고, 제불보살님들의 갖가지 변화의 색신들과 함께 허공 가운데 계시는 성중들을 또한 친견하게 되느니라.

또한 그 대유정(大有情)은 어디에 어떻게 태어[197]날지라도 악도와 악취에 떨어지는 두려움이 일어나지 않으며, 하천한 종성으로 태어나지 않으며, 변방의 사람으로 태어나지 않으며, 근기가 하열하지 않으며, 육근(六根)이 온전하지 못함이 없으며, 사견(邪見)과 악견(惡見)의 종성에 태어나지 않으며, 부처님이 계시지 않는 국토에는 태어나지 않으며, 부처님이 출현하시고, 부처님이 설하신 교법을 버리지 않고 격리[198]되지 않으며, 장수천(長壽天)에 태어나지 않으며, 기근과 질병과 도병(刀兵)의 말겁(末劫)에는 태어나지 않으며, 오탁(五濁)의 악세에는 태어나지 않

---

196) 깔라짜끄라빠다는, "여기서 선정은 넷으로 설하였으니, 심사(尋思)와 사찰(伺察)과 희열(喜悅)과 안락(安樂)이다. 여기서 심사는 안과 밖의 일체를 집지함이다. 사찰은 그것의 본질을 결정하고 그것의 자성을 통달함이다. 희열은 공성의 몸을 봄으로써 그것을 애집하고 마음이 변함없이 머무름이다. 안락은 그 몸과 더불어 마음이 화합하여 일미와 명징의 자체로써 움직이지 않음이다."라고 설하였다.

197) 깔라짜끄라빠다는, "'어떻게 태어날지라도'라고 함은, 화신이 색계의 천신과 인간 등의 유정의 그 부류와 그곳에 태어날지라도 모든 유정들처럼 고통 등이 있음이 아니다."라고 설하였다.

198) 깔라짜끄라빠다는, "'부처님이 설하신 교법을 버리지 않고 감춰지지 [격리되지] 않으며'라고 함이니, 붓다의 출현을 만날지라도 또한 법을 불신하는 영향으로 듣기를 바라지 않음이 법을 버림이다. 본성과 처소 등에 의해서 격리를 당하여 법을 듣는 복분이 없음이 격리이다. 이것이 불신과 격리의 태어남의 장애이니 일곱 번째이다."라고 설하였다.

느니라. 또한 왕난(王難)과 도적과 원수의 액난을 만나지 않으며, 쇠약[199]과 빈궁의 재난들을 모두 만나지 않으며, 오명(汚名)과 훼방과 저주와 추문(醜聞)과 악명(惡名)의 공포[200]들을 만나지 않느니라.

또한 탄생이 우월하고 고귀한 종성과 가문에 태어나며, 용모가 수려하고, 신체가 단정하고 신색(身色)이 아름다우며, 세상 사람들이 사랑하고, 그들을 매료시키고, 서로 어울리면 크게 안락하고, 쳐다보면 즐거워하고, 세간의 아름다움과 행복을 구족하며, 언사가 신실(信實)하고, 태어나는 곳마다 전생을 기억하고, 수용이 광대하고, 권속이 넘치고, 재부와 권속이 다함을 모르고, 모든 유정들 가운데 최상이 되고, 최승의 공덕[201]을 구족하며, 천성적으로 육바라밀의 공덕을 구족하고, 사범주(四梵住)에 안주하며, 정념(正念)과 정지(正知)를 구족하고, 방편(方便)과 역(力)과 원(願)과 지(智)의 넷을 구족하느니라.

모든 논전(論典)들에 두려움이 없으며, 변재가 무애하고, 언사가 명료하고, 어리석지 않으며, 총명하고, 박통하느니라. 게으르지 않고, 소욕지족(少欲知足)하며, 의리(義利)가 광대하고, 애탐이 없으며, 모든 유정들

---

199) 쇠약은 구변(口辯)이 하열함이다.

200) 깔라짜끄라빠다는, "오명(汚名)은 타인이 행한 과실을 자기가 입음이다. 훼방은 타인이 믿지 못하게 하기 위하여 자기에게 공덕이 없다고 말함이라고 하였다. 저주는 잘못을 들추는 이야기를 퍼뜨림이라고 하였다. 추문(醜聞)은 칭송을 받을 자격이 없다고 말을 퍼뜨림이다. 악명(惡名)은 명성이 아닌 말을 이야기 함이다."라고 설하였다.

201) 이 구절은 예시용진걜챈의 주석에 의한 것으로 본문에는 '모든 유정들의 최승이 되는 서원과 지혜를 바르게 구족하며'로 나온다.

의 최승의 신뢰처(信賴處)이며, 아사리가 되고, 스승으로 섬기고, 그 사람이 [신통력으로] 이전에 듣지 못하였던 공예와 산술과 신통과 글자와 논전들의 의미와 글들을 명확하게 아느니라. 극히 청정한 율의(律儀)와 정명(正命)과 극히 청정한 삼문(三門)의 행위를 구족하고, 원만히 출가하고, 원만히 근원계(近圓戒)를 수지하느니라. 일체지지(一切知智)와 보리심을 결단코 잊어버리지 않으며, 완전한 성불이 아닌 이승(二乘)의 정성(定性)과 행도(行道)²⁰²⁾에는 영원히 들어가지 않느니라. [이상은 제오륜(第五輪)을 수순하여 찬탄하는 51게송²⁰³⁾이다]

6. 제육륜(第六輪)을 수순하여 찬탄하는 게송²⁰⁴⁾이니, 『문수진실명경』을 수지하고 독송하고 사유하는 불자들에게 현생과 구경의 이익을 신속하게 성취하는 공덕이 발생함을 보이시는 공덕을 설한 품이다.

또한 금강저를 손에 쥔 금강수보살마하살이여, 그와 같이 무량한 공덕을 바르게 구족하며, 그와 같은 갖가지 여타의 무량한 공덕들도

---

202) 깔라짜끄라빠다는, "'성문과 아라한과 연각의 정성(定性)과 행도(行道)에 영원히 들어가지 않느니라'라고 함이니, 이것은 '탐욕을 여읜 수레는 영원히 붓다가 되지 못한다.'라고 함이다"라고 설하였다.

203) 경문에는 51게송의 찬탄으로 되어있으나 실제는 단락이 구분되어 있지 않다.

204) 이 "제육륜(第六輪)을 수순하여 찬탄하는 게송"은 제십일오지여래찬탄품오송(第十一五智如來贊嘆品五頌)에 대한 공덕을 찬탄한 것이다.

바르게 구족하게 되느니라. 금강저를 손에 쥔 금강수보살마하살이여, 이 진실명여실칭송(眞實名如實稱誦)을 바르게 수지하는 그 선남자 선여인은 오래지 않아 복덕과 지혜의 자량을 원만하게 구족하고, 매우 신속하게 붓다의 공덕들을 바르게 성취한 뒤 아뇩다라삼먁삼보리(正等覺)를 이루니라. 다겁(多劫)에 걸쳐 열반에 들지 않는 불입열반(不入涅槃)의 법[205]으로 모든 유정들을 위하여 위없는 묘법을 연설하는 대도사가 되고, 시방에 대법고(大法鼓)를 다함없이 울리는 대법왕이 되느니라. [이상은 제육륜(第六輪)을 수순하여 찬탄하는 무량한 공덕이다]

---

205) 이 구절은 판본마다 상이하니, 성취자 깔라짜끄라빠다의 독송공덕품석에는, "열반의 법으로 변하지 않는(Yoṅs su mya ṅan las ḥdaḥ baḥi chos)"으로 나오고, 금총지(金總持)의 한역에는, "구일체지일체종지(具一切智一切種智)"라고 나오고, 사문석지(沙門釋智)의 한역에는, "어다겁중불입열반(於多劫中不入涅槃)"으로 나온다.

제2부

문수사리 예찬문모음

문수사리의 예찬문 모음

1) 길상지혜묘덕찬
吉祥智慧妙德讚

아사리 금강병기(金剛兵器)

범어로 「쓰리즈냐나구나팔라나마쓰뚜띠

(Śrījñānaguṇaphalanāmastuti) 」는,

티베트어로 「뺄예시왼땐쌍뽀셰자왜뙤빠

(dPal ye śes yon tan bzaṅ po ses bya baḥi bstod pa bsugs so) 」이며,

우리말로는 「길상지혜묘덕찬」이다.
吉祥智慧妙德讚

바가완 만주고샤(Mañjughoṣa) 님께 정례하나이다.
世尊　　　　妙音

문수사리 당신의 지혜는

이장의 구름을 여읜,[206]
二 障

---

206) 이 길상지혜묘덕찬(吉祥智慧妙德讚)은 일반적으로 1번째의 대단덕(大斷德)의 설명, 2번째의 대증덕(大證德)의 설명, 3번째의 대비심(大悲心)의 찬양, 4번째의 대범음(大梵音)의 찬탄, 5번째의 신대화현(身大化現)의 논설의 다섯을 설명한 것으로 알려졌으며, 이 "문수사리 당신의 지혜는 이장(二障)의 구름을 여읜"이란 구절은 문수살타께서 해탈을 막는 탐욕 등의 번뇌장과 일체지자의 길을 막는 무명과 습기 등의 소지장의 이장(二障)을 끊은 단덕(斷德)을 설명한 것이라 하였다.

태양처럼 청정하고 크게 빛나시고,

진소유의 일체의를
盡所有   一切義
여실하게 통견²⁰⁷⁾하시므로 인하여
         洞見
가슴의 푸른 연꽃 위의 반야경²⁰⁸⁾을 드시었네.²⁰⁹⁾

문수사리 당신께서는 삼유의 뇌옥에서,

무명²¹⁰⁾의 어두움으로 혼미하고,

---

207) "진소유(盡所有)의 일체의(一切義)를 여실하게 통견(洞見)함"이란 구절을 도둡첸(rDo grub chen)은 그의 『잠뺄뙤델(文殊讚釋)』[도둡직메땐빼니매쑹붐3권]에서 해설하길, "그와 같은 그 문수보살님은 존재하는 모든 소지계(所知界)의 일체의(一切義)를 착란이 없이 있는 그대로 통견하시니, 진실명경의 제117송에서, '대반야의 지혜로써 찰나지간에, 제법의 실상을 통달집지하시니, 제법을 있는 그대로 현증하시니, 능인대지의 출생의 변제이라네[제117송]. 적연부동과 극명의 자체이며[제118송1구]'라고 설하였다. 거기서 소지계를 어떻게 관조하는가 하면, 일체법은 연기(緣起)로 발생한 환상과 같은 놀이로 관조하니, '여기에는 달리 창조자가 없으며, 자재아(自在我) 등도 없으며, 원인이 없음과 원인의 상속이 단절됨에서 또한 결과가 발생하지 않으며, 그 원인인 결과로 전변함이 또한 아닐지라도 저울대의 머리와 끝이 오르고 내림과 같이 원인이 또한 멸하고서 결과가 역시 발생하니, 그 또한 원인과 결과는 동류임과 작은 원인에서 큰 결과가 발생하는 등의 무관찰의 범속한 사유의 현분(現分)에다 인과의 행상을 안치하는 일체가 거짓이 없이 존재한다'라고 착오가 없이 관조함이다. 사물을 부정(否定)하는 무실사(無實事)들 또한 사물에 의뢰하여 안치하는 것임을 또한 알고, 마음의 일찰나에 관조를 행한다"라고 하였다.

208) "가슴의 연꽃 위에 반야경을 드시었네."라는 의미에 대하여, "삼승의 길에 들어선 사부들이 닦아 증해야 하는 모든 수증처(修證處)의 섭의(攝義)인 팔현증(八現證)의 행상을 남김없이 통달한 상징으로 『8천송 반야경』을 가슴에 들고 있음이다. 그렇다면 팔현증에 포함되지 않는 여타의 소지계를 통달함은 표시하지 않음인가? 하면, 그 또한 간접적으로 표시한 것이니, 『석량론(釋量論)』에서, '핵심의 뜻을 속이지 않음으로써, 여타는 또한 추측해서 안다'라고 함과 같이, 세간에서 대자재천의 신통을 성취한 자들 또한 깨닫지 못한 이와 같은 심오한 도들을 관조함을 보이면, 알기가 쉬운 기예와 시문 등을 앎을 능히 추측해서 알기 때문이다"라고 도둡첸의 『잠뺄뙤델(文殊讚釋)』에서 설하였다.

209) "태양처럼 청정하고 밝게 빛나시고, 진소유(盡所有)의 일체의(一切義)를 여실하게 통견(洞見)하심으로 말미암아, 가슴의 연꽃 위에 반야경을 드시었다."라는 이 구절은, 2번째의 대증덕(大證德)의 설명으로 알려졌다.

210) 여기서 무명이란, 내외의 일체법을 자아로 집착하는 분별에 의해서 단지 명언(名言)으로 그렇게 함이 아니라 실제로 자기의 방면에 일다(一多) 등으로 성립함을 인정하는 착란식(錯亂識)이다.

온갖 괴로움에 시달리는,

유정의 무리들을 외아들처럼 사랑[211]하시고,

60가지 공덕을 지니신 미묘한 음성을

하늘의 천둥소리처럼 크게 발출하시여,

무명의 잠 속에서 깨어나게 하시고,

업보의 가쇄를 풀어주시고,

아와 아소의 무명의 어두움을 멸하시고,
　我　　我所

모든 고통의 싹들을 잘라내는

반야의 이검을 손[212]에 잡으셨네.
　　　利 劍

본래 청정[213]하시며 십지의 구경에 달하여,
　　　　　　　　　　十 地

---

211) "문수사리 당신께옵서는 삼유의 뇌옥에서 무명의 암흑 속에 혼미하고 괴로움에 시달리는, 그들 유정의 무리들을 외아들처럼 사랑하시고"라는 이 구절은, 3번째의 대비심(大悲心)의 찬양으로 알려졌다. 또한 여기서 삼유(三有)는 번뇌의 소산인 부정한 유류의 근취온(近取蘊)을 가지고 삼계육도에서 끝없이 윤회생사하는 유정의 온신(蘊身)을 말한다.

212) "무명의 잠 속에서 깨어나게 하시고, 업보의 가쇄를 풀어주시고, 아집과 아소(我所)의 무명의 어두움을 멸하여, 모든 고통의 싹들을 잘라내는 반야의 이검을 손에 잡으셨네"라는 이 구절은, 4번째의 대범음(大梵音)의 찬탄으로 알려졌다.

213) '본래로 청정하시며' 라고 함은, 대성문수사리께서는 무량겁 전에 이미 장애의 그물을 남김없이 잘라서 이장의 더러움이 청정함을 말한다.

단증의 공덕의 몸을 구족하신
斷 證

대법왕자 보살의 몸이시며,
大 法 王 子

32묘종상과 80수형호[214]의
妙 種 相   隨 形 好

대인의 상호[215]로 몸을 장엄하시고,

저의 심지의 어두움을 멸해 주시는
心 地

문수사리보살님께 예경[216]하나이다.

만약 어떤 이가 정결한 증상(增上)의 의요(意樂)로써 1번, 7번, 21번, 백 번, 천 번을 날마다 낭송하면, 그 사람은 위에서 설한 순서대로 그와 같이 장애가 맑아지고, 들음을 집지하고 걸림 없는

---

214) '32묘종상(妙種相)과 80수형호(隨形好)'의 원문은 '쭈탁쭈당쭉니(bCu phrag bcu daṅ bcu gñis)'이니, 직역하면, '열개의 열과 열둘'이니, 32상과 80종호를 합한 112가지를 말한다.

215) 대인(大人)의 상호(相好)에 대하여 도둡첸의 잠뺄뙤델(文殊讚釋)에서, "여래의 선근은 어째서 다함을 알지 못하고 무량한 것인가? 하면, 단지 비유로 설명하면 이와 같으니, '각각의 범부와 성문과 연각의 일체의 공덕의 10배에 의해서 선서(善逝)의 몸 털 하나를 성취하고, 몸 털 하나를 이루는 원인의 집합 100배에 의해서 수형호(隨形好) 하나를 이루고, 80수형호의 그와 같은 원인의 집합 1천배에 의해서 30묘종상의 어떤 하나를 이루고, 30묘종상을 성취하는 복덕의 1만 배에 의해서 미간의 백호(白毫)를 이루고, 그것의 원인이 되는 그와 같은 선근 10만 배에 의해서 정수리의 육계인 무견정상(無見頂相)을 이루고, 무견정상을 성취하는 그와 같은 선근 십만구지(十萬俱胝)에 의해서 법라성(法螺聲)을 성취한다'고 하였다"라고 설하였다.'

216) "본래로 청정하시며 십지의 구경에 달하여, 단증(斷證)의 공덕의 몸을 구족하신 대법왕자보살의 몸이시며, 32묘종상(妙種相)과 80수형호(隨形好)의 대인의 상호로 몸을 장엄하시고, 저의 심지(心地)의 어두움을 멸해 주시는 문수사리보살님께 영겁토록 예경하나이다"라는 이 구절은, 5번째의 신대화현(身大化現)의 설시로 알려졌다.

변재와 불망다라니(不忘陀羅尼)를 얻으며, 또한 일체의 적론(敵論)을 부수는 반야의 혜근(慧根)과 혜력(慧力) 등의 무량한 공덕들을 지니게 되고, 또한 어떤 이가 날마다 세 차례에 걸쳐서 찬탄을 행하면, 그 사람은 그와 같이 설한 바의 공덕들을 지님으로써 반야와 대비와 오도(五道)와 십지(十地)들을 차례로 경과하고, 위로 위로 크게 크게 초출하여 신속하게 일체지자의 해탈성(解脫城)에 들어간 뒤, 중생들을 남김없이 윤회에서 구출하는 대선장(大船長)이 된다.

이 「길상지혜묘덕찬(吉祥智慧妙德讚)」은 인도의 아사리 도제췬차(金剛兵器)가 지어서 완결하고, 인도의 빤디따 붐탁쑴빠(ḥBum phrag gsum pa)와 티베트의 응옥 로짜와(rṄog lo tsā ba) 로댄쎄랍(具慧般若)이 옮겼다.

2) 문수사리 기원문 : 소지의 허공계모[217]
所知 虛空界母

나모 만주쓰리예(Mañjuśrīye).

(1송)

깊고도 넓은 소지계의 하늘 속에
所知界

만개한 지혜 만다라의 광명의 빛살로,

구생의 무지의 암흑 덩어리 일체를
九生

진멸하는 주존 문수사리께 예경하나이다.

(2송)

지금부터 제가 보리의 심수를 얻을 때까지

당신이 아닌 다른 귀의처가 제게는 없사오니,

업력으로 육도세계 어느 곳에 태어날지라도

윤회의 공포에서 구원하소서, 문수사리시여.

---

217) 소지(所知)의 허공계모찬(虛空界母讚)은 "잠묀쎼자이카잉마슉쏘(ḥJam smon śes byaḥi mkhaḥ dbyiṅs ma bsugs so)"의 옮김이며, 저자는 미상이며, 법행해탈개문(法行解脫開門)에서 발췌하였다. 『최쬐장돌고제(法行解脫開門), 로쌍공갠(Blo bzaṅ dgoṅs rgyan) 14권』(Chos spyod byaṅ grol sgo ḥbyed), Drepung Loseling Educational Society, Drepung Loseling, 1996, Mundgod, India.

(3송)

제가 금생의 마음의 활동을 버린 뒤

자애로운 선지식들 모두를 여의고서,

무섭고 두려운 염왕에게 붙잡혀갈 때

염왕의 공포에서 구원하소서, 문수사리시여.

(4송)

무시이래 쌓고 쌓은 악업의 힘에 의해

재생의 바르도에서 번뇌의 업풍이
業風

참기 어려운 악취의 험지로 몰고 갈 때

번뇌의 업풍의 문이 닫히게 하소서, 문수사리시여.

(5송)

바르도의 의식이 생을 맺으려고 할 때

팔무가만의 불행을 멀리 여의고,
八 無 暇 滿

부처님의 바른 가르침의

깃발을 든 가문의 종성으로

태어나는 길연을 지어주소서, 문수사리시여.
　　　　吉　緣

(6송)

후생에는 선취의 칠덕[218]으로
　　　　善　趣　　七　德

아름답게 장엄한 가만의 몸을 얻은 뒤에,

불법을 여법하게 집지하는 선지식들과

해후하는 길연을 지어주소서, 문수사리시여.
　　　　吉　緣

(7송)

대비와 선교방편을 구족한 그 선지식께서

바르게 선설하신 광대한 경전의 바다를,

여실하게 깨치고, 타인에게 능히 설하는

변별의 지혜를 하사하소서, 문수사리시여.

---

218) 선취(善趣)의 칠덕(七德)은 인천칠덕(人天七德)이라고 하니, 1.종성이 고귀함과 2.형색이 단엄함과 3.장수(長壽)와 4.무병(無病)과 5.복분(福分)이 수승함과 6.재부가 풍족함과 7.지혜가 광대함이다.

(8송)

세세생생 오로지 타인의 이익을 위하여

인색함을 버려 모든 재물을 보시하고,

산란을 버린 선정의 수행 등을 비롯한

육바라밀의 갖춤을 하사하소서, 문수사리시여.

(9송)

윤회의 번열을 진멸하는 청량의 지존인

경전의 대설산의 면목을 보길 원하여도,

산란과 나태의 진흙 창에 빠져있으니

대비로 신속하게 섭수하소서, 문수사리시여.

(10송)

심오한 도를 관조하는 길에 들어온 뒤

증득해탈의 열반성에 가기를 원하여도,

복분이 하열한 저는 윤회의 사슬에 묶였으니
福 分
윤회의 탐착의 사슬을 끊어주소서, 문수사리시여.

(11송)

자리의 적멸의 백화 정원을 버린 뒤
自利   寂滅

대리의 부처님의 연꽃정원을 갈망하여도,
大利

제 심지가 무명의 아둔함에 덮여있으니

무명의 아둔함을 거두어주소서, 문수사리시여.

(12송)

간추리면, 제가 태어나는 모든 생마다

광대한 경전의 바다를 의지처로 삼으며,

모든 유정의 소망을 남김없이 산출하는

여의보주가 되게 하소서, 문수사리시여.

(13송)

문수사리여, 당신께 올린 기원의 힘으로,

복혜의 두 자량이 청정한 대선으로
福慧   大船

모든 유정들을 윤회의 바다에서 건지옵고,

저 또한 당신처럼 되게 하소서, 문수사리시여.

(14송)

이제 이 시간부터 미래세에

보리의 심수를 얻을 때까지,
心 髓

거룩한 문수사리 당신께서는

저의 스승이 되어 주소서.

(15송)

어느 때 당신을 뵙기를 원하거나

또는 당신께 여쭙기를 바라오면,

구호주 문수사리 거룩한 당신을

막힘이 없이 문득 뵈옵게 하소서.

(16송)

시방의 허공계의 변제가 다하도록

일체유정의 이익을 이루기 위하여,

문수사리 당신께서 행하신 그대로

저의 행도 또한 그와 같게 하소서.

(17송)

저 또한 문수사리 당신의 은혜로써

초지인 환희지를 얻을 때까지,
初 地

모든 생애들을 언제나 기억하오며

여법하게 출가 하도록 하소서.

(18송)

자애로운 당신의 대지의 빛살로
大 智

제 심지의 우치의 어두움을 멸하시고,

경문과 논전들의 이취를 통달하는
理 趣

지혜와 변재의 광명을 하사해 주소서.

옴 아 라 빠 짜 나 디 (힘닿는 대로 염송한 뒤)

이러한 선근으로 저 또한 신속하게

지존한 문수사리의 경지를 성취한 뒤,

단 하나의 유정조차도 버리지 않고
본존의 큰 경지로 인도하게 하소서.

당신을 찬양하고 기원 드린 힘으로
제가 어디에 머물든, 머무는 그곳에는
질병과 빈궁과 다툼 등이 없어지고
법과 길상이 융성하길 기원하나이다.

3) 팔동녀의 문수사리 예찬문
八童女

성문수사리어자재보살님께 예배[219]하나이다.
聖 文 殊 師 利 語 自 在

(1송)

열여섯 살 동자 몸을 지니신 분

지혜의 등불로 몸을 장엄하시고,

세간의 무지의 어두움을 멸하는

만주고샤 당신을 찬양하고 예배하나이다.

(2송)

자기 몸의 찬란한 빛살 덩어리로

만월의 광채를 눌러서 제압하고,

무명의 어두움을 깨끗이 정화하신

문수사리 당신을 찬양하고 예배하나이다.

---

219) 이 예찬문은 데게 대장경의 십만딴뜨라부(동북대학목록 No.552)에 『잠뺄응악기왕축라부모갸끼뙤빠(妙吉祥語自在八童女讚)』
의 명칭으로 수록되어 있다.

(3송)

머리엔 천생의 오계가 빛나시고
五 髻

마니의 광채가 영롱한 몸을 지니시고,

모두가 환희하는 아름다운 당신의 몸

문수사리 당신을 찬양하고 예배하나이다.

(4송)

감로와 같고 부드럽고 깊고 그윽한

마음을 휘어잡는 미성을 발출하시는,

청정한 묘법의 보배로운 창고이신

문수사리 당신을 찬양하고 예배하나이다.

(5송)

갠지스의 물방울처럼 셀 수 없는

세간계의 모든 번뇌의 더러움을,

남김없이 모두 정화하여 주시는

문수사리 당신을 찬양하고 예배하나이다.

(6송)

송곳니를 세우고 자긍심이 충천한

두렵고 무서운 분노상을 나투시어,

염왕의 교만을 파괴하고 부수시는

문수사리 당신을 찬양하고 예배하나이다.

(7송)

검푸른 자기 눈빛의 광채와도 같은

푸른 연꽃으로 아름답게 장엄하시고,

왼손에 발우를 단정히 들고 계시는

문수사리 당신을 찬양하고 예배하나이다.

(8송)

시방에 계시는 제불들을 언제나

성대하게 공양하고 찬양하시며,

해탈의 길을 열어주는 스승이신

문수사리 당신을 찬양하고 예배하나이다.

여덟 동녀가 찬탄하는 문수예찬을 완결한다.

4) 성 문수어자재 예찬문[220]
聖 文殊語自在

아사리 틱레붐빠(明点寶瓶)

범어로 「아르야와기쓰와라쓰또뜨람

(Āryavāgīsvarastotraṁ)」은,

티베트어로 「팍빠응악기왕축라뙤빠

(ḥPhags pa ṅag gi dbaṅ phyug la bstoe pa)」이며,

우리말로는 「성 문수어자재님을 찬탄하다」이다.

성 문수사리어자재님께 예배하나이다.
聖 文殊師利語自在

(1송)

미려한 복장의 아름다운 동자의 몸

번뇌가 청정한 백련화의 하얀 몸빛,

일천만 달빛 같이 화사한 무비의 몸
無 比

만주고샤 대비의 지존께 예배하나이다.

---

220) 이 예찬문은 데게 대장경의 땐규르(동북대학목록 No.2708)에 『잠빨응악기왕축라부모걔끼뙤빠(妙吉祥語自在八童女讚)』의
명칭으로 수록되어 있다.

(2송)

언사의 허물을 벗은 가릉빈가의 미성

공성의 심오한 묘음을 발출하여,
妙 音

일체유정을 무명의 긴 잠에서 일깨우는

만주고샤 청정한 음성께 예배하나이다.

(3송)

무이와 대락의 변제를 여읜 마음으로

허공처럼 무변한 일체유정을 살피시고,

환상의 도리로 유정의 이익을 원성하시는

만주고샤 무희론의 마음에 예배하나이다.

(4송)

무분별의 지혜의 승의륜과
勝 義 輪

무연대비의 그물로 일체를 연결하여,

삼계윤회의 그물을 잘라버리시는

문수의호 환화망께 예배하나이다.
文 殊 依 怙 幻 化 網

(5송)

반야의 눈으로 일체유정을 살피시고

청정무구한 광명인 반야의 달빛으로,

무명의 자욱한 어두움을 진멸하시는

문수의호 반야의 달빛에 예배하나이다.

(6송)

대락의 의미를 표하는 반야모의 형상에
般 若 母

유정을 탐애하는 눈으로 흘깃 살피시고,

무아의 두렴 없는 사자후를 발출하시는

시종천녀 유계모께 예배하나이다.
有 髻 母

(7송)

어리고 청초한 미색의 여인의 모습에

방편과 반야를 구족한 풍만한 가슴,

유정의 이익행을 사유하는 자애모인
慈 愛 母

시종천녀 근유계모께 예배하나이다.
近 有 髻 母

(8송)

아, 만주고샤 대비의 구호주시여
불선의 마음을 물리치게 하소서!
꿈속에서도 또한 죄악의 마음이
이제부터 일어나지 않게 하소서!

(9송)

제가 태어나는 모든 생애들마다
만주고샤 당신을 오직 일념으로,
사유하고 또한 공손히 기원하고
항상 닦음으로 당신을 기쁘게 하소서!

(10송)

아, 만주고샤 대비의 지존이시여
삼세에 들어가는 큰 길에서,
보리심의 수레를 끌어주시는
저의 선지식이 되어 주소서!

　성문수어자재의 본존권속의 오존찬(五尊讚)을 빤디따 틱레붐빠(明点寶瓶)
가 지어서 완결하다.

5) 문수진실명송오지종성섭략찬[221]
文殊眞實名誦五智種姓攝略讚

승시의 대금강이신 당신께 예경하나이다.
勝施

진실변제에 들어가신 당신께 예경하나이다.

공성에서 출생하신 당신께 예경하나이다.

부처님의 대보리이신 당신께 예경하나이다.

부처님의 탐착이신 당신께 예경하나이다.

부처님의 애탐이신 당신께 예경하나이다.

부처님의 기쁨이신 당신께 예경하나이다.

부처님의 유희이신 당신께 예경하나이다.

부처님의 미소이신 당신께 예경하나이다.

부처님의 소성이신 당신께 예경하나이다.
笑聲

---

221) 이 성취법은 챈쏭걘케르촉딕(藏文梵文選編)[감숙민족출판사]에서 인용하였으며, 회향게(廻向偈)는 역자가 보충하였다.

부처님의 음성이신 당신께 예경하나이다.

부처님의 마음이신 당신께 예경하나이다.

무에서 출현하신 당신께 예경하나이다.
無
부처님이 출생하시는 당신께 예경하나이다.

허공에서 출현하신 당신께 예경하나이다.

지혜에서 출현하신 당신께 예경하나이다.

대환망 환사이신 당신께 예경하나이다.
幻 師
부처님의 유희를 나투시는 당신께 예경하나이다.

일체의 일체이신 당신께 예경하나이다.
一 切
부처님의 지신이신 당신께 예경하나이다.
智 身

[근본주]
根 本 呪

옴 싸르와 다르마 아바와 쓰와바와 비슛다 바즈라 작쓔: 아 아- 암 아:

[영청주]
迎 請 呪

쁘라끄리띠 빠리쓧다: 싸르와다르마 야두따 싸르와 따타가따 즈냐나까야 만주쓰리 빠리쓧디따 무빠다예 띠.

[가지주주]
加 持 珠 呪

암 아-: 싸르와 따타가따 흐리다야 하라하라 옴 훔- 흐리-: 바가완 즈냐나 무르띠 와기쓰와라 마하빠짜 싸르와 다르마 가가나 아말라 쑤 빠리쓧따 다르마다 뚜 즈냐나 가르바 아-:

[육종성섭주]
六 種 姓 攝 呪

옴 바즈라 띡스나, 두:카 쯔체다, 쁘라즈냐 즈냐나 무

르따 예, 즈냐나까야, 와기쓰와라, 아라빠짜나, 야 떼
나마:

당신을 찬양하고 기원 드린 힘으로
제가 어디에 머물든 머무는 그곳에는,
질병과 빈궁과 다툼 등이 없어지고
법과 길상이 융성하길 기원하나이다.

이러한 선근으로 저 또한 신속하게
지존한 문수사리의 경지를 성취한 뒤,
단 하나의 유정조차도 버리지 않고
본존의 큰 경지로 인도하게 하소서.

6) 문수예찬운해[222]
文 殊 禮 讚 雲 海

- 쫑카빠 로쌍닥빠(善慧稱)

① 문수사리보살님께 바치는 귀경찬시
歸 敬 讚 詩

(1송)

긴긴 세월 동안 닦고 익힌 대비의 법수로,
法 水

자기의 적멸의 안락을 추구하는 사념의
思 念

불꽃 덩어리를 끄시고,

심오한 자성인 제법의 공성을 여실하게 통견하여,

실집의 모든 분별의 희론망을 완전히 자르시고,
實 執   戱 論 網

당신이 보신 그것을 유정들에게 산출하기

위하여, 이타의 무거운 짐 힘든 줄 모르고

윤회가 다할 때까지 마음으로 실어 나르시는,

---

222) 이 문수예찬운해(文殊禮讚雲海)는 쫑카빠 대사의 "잠양뙤띤갸초슉쏘(ḥJamdbyaṅs bstod sprin rgya mtsho bshugs so)"의 옮김이며, 쫑카빠사대찬급기석해(宗喀巴四大讚及其釋解)에서 발췌하였다. 『쫑카빠사대찬급기석해(宗喀巴四大讚及其釋解)』, 靑海민족출판사, 1996, 靑海, China.

특별하신 본존 문수사리보살님께 일향으로

마음을 바치고, 정결한 믿음의 바람으로

실어 보내는 예찬의 꽃다발을 바치나이다.

(2송)

해 뜨는 여명의 붉은 빛살을 껴안은

장엄한 황금산의 표면처럼 아름다운,

적황색 빛살덩이가 몸에서 타오르는

문수지혜장 당신을 잠시 사유하나이다.
文 殊 智 慧 藏

(3송)

시방의 국토를 남김없이 다니며 찾을지라도

당신 외엔 다른 수승한 귀의처 있지 않으니,

당신을 향해서 오로지 나아가는 제 마음은

태양의 열독을 피해 연지로 달아나는
蓮 池

코끼리와 같나이다.

그러므로 당신의 공덕을 찬탄하는 저에게

마음의 소망을 채워주는 희사가
_{喜 捨}

아름다운 시주의 모습을 뵈옵고자 함이

재물이 곤궁한 가련한 걸인과 같나이다.

② 문수사리를 기쁘게 하는 문수신찬
文 殊 身 讚

(5송)

당신의 몸은 수미산처럼 높고 곧고 장중하시고

냐그로다[223] 처럼 무성하고 비례가 아름다우시며,

적황색 자마금빛처럼 깨끗하고 밝게 빛나시는

살색은 맑고 아름답고 살갖은 곱고 유연하시네.

(6송)

당간 끝의 보석처럼 정수리 부위에는

---

223) 니구류수(尼拘類樹)는 범어 Nyagrodha의 음역으로 니구타(尼拘陀)라고도 하며, 의역하여 무절(無節) 종광(縱廣)이라 한다. 키가 장대한 교목(喬木)으로 높이가 30-50척에 이르며, 가지와 잎이 극도로 무성하게 자란다. 특히 이 나무는 위아래와 높고 넓음의 비례가 알맞아 신체의 아름다움의 비유로 흔히 사용된다.

길고 부드럽고 검고 윤택한 머리칼로 튼,

아름다운 상투가 있으며, 그 좌우편에는

다섯 방계가 살짝 왼쪽으로 달려있으시네.

(7송)

갖가지 보석의 장식물로 아름답게 꾸민

수려한 모양의 일산처럼 둥그런 머리와,

발제가 높고 가르마가 곱게 타진
髮 際

시원한 이마는 만월처럼 넓고 둥그시네.

(8송)

백련과 해라와 연꽃의 흰 뿌리처럼
海 螺

희고 빛나는 우선의 미려한 무늬로,
右 旋

깨끗한 은덩이가 볼록 솟아오름과 같은

정결한 백호[224]가 미간에 선연히 박히셨네.

---

224) 백호(白毫)에 대하여 7대 달라이 라마 깰쌍갸초(善福海)는 문수예찬운해상석(文殊禮讚雲海詳釋)에서, "백련과 해라(海螺)와 연꽃의 흰 뿌리처럼 희고, 광명이 발산함으로써 빛나고 유(柔)하고 연(軟)하고, 당기면 석자 정도의 길이로 늘어나고, 놓으면 오른쪽으로 감기는 미려한 무늬 같은 털끝이 위로 향하여 있는 극히 깨끗한 은덩어리가 볼록 솟아오름과 같음의 더러움이 없는 백호(白毫)가 암마라(庵摩羅) 씨앗 정도만한 것이 미간 중앙에 아름답게 박혀있다"라고 설명하였다.

(9송)

검푸른 빛깔의 약간 휘어진 눈썹은

짙고 부드럽고, 길이가 같고 수려하며,

조밀하고 헝클림이 없이 가지런하고

우왕의 속눈썹처럼 길고 아름다우시네.
牛 王

(10송)

푸른 연꽃의 잎사귀처럼 검푸르고

길고 둥근 눈은 살포시 감은 듯하고,

흑백이 또렷하고 아름다운 눈동자는

홀로 빼어난 연잎처럼 깨끗하시어라.

(11송)

서서히 절묘하게 높아진 우뚝한 코와

빔바의 열매처럼 붉고 아름다운 입술과,

희고 가지런하고 조밀한 치아는 마흔 개며,

둥글고 넓은 뺨은 사자의 볼과 같으시네.

(12송)

얇고 보드랍고 진미를 맛보는 긴 혀는

연꽃의 얼굴을 전부 덮고도 남으시고,

길고 둥근 귀의 아름다운 귓불 끝에는

갖가지 보석장식의 귀고리가 살랑거리네.

(13송)

광채가 반짝이는 보주의 목걸이와
　　　　　　　寶 珠

그것이 걸린 더러움 없는 깨끗한 목은,

아름다운 황금병의 목과 같이
　　　　黃 金 甁

맥락이 드러나지 않고 둥글고 매끈하시네.

(14송)

손등 발등 양어깨와 목 뒤의 칠처가
　　　　　　　　　　　七 處

높고 둥글고 평평하여 요철이 없으신 몸과,

백수의 왕 사자와 같이 풍만한 상체에

가슴은 수미산 표면처럼 넓고 평탄하시네.

(15송)

어깨는 둥글고 원만하고 또한 양손은

코끼리 왕의 귀처럼 길고 아름다우며,

손가락 스무 개는 아름다운 그물망으로

사이가 연결된 거위 왕과 같으시다네.

(16송)

윤택한 적동색의 손톱의 주만이
珠鬘

가지런히 배열된 아름다운 손가락은,

여의수의 가늘고 여린 가지와 잎처럼
如意樹

길고 무성하고 부드럽고 선결하시네.

(17송)

무늬가 분명하고 완전하여 섞임이 없는

천개의 바퀴살의 금빛 천폭륜이,
千輻輪

손과 발바닥 가운데 아름답게 새겨지니

인장의 무늬보다 요철이 더 분명하여라.
印章

(18송)

보석의 팔뚝 장신구와 팔찌로 장엄한

오른손에는, 사물의 자아를 실집하는
　　　　　自 我　　實 執

갈등의 뿌리를 자르는 이검을 잡으시니
　　　　　　　　利 劍

불타는 빛살의 그물이 찬란하게 뻗치시네.

(19송)

적멸에 들어가는 문인 무이와 연기법을
　　　　　　　　　無 二

남김없이 설해 보이는 수승한 반야경이,

청련화의 꽃술 위에 놓여있는 꽃줄기를

왼손의 엄지와 약지로 가슴에 잡고 계시네.

(20송)

무변한 색깔로 물들인 곱고 부드러운

갖가지 비단의 치마가 살랑이는 위에,

구슬 소리가 사각거리는 황금의 허리띠로

아름다운 허리를 단정하게 묶으시었네.

(21송)

준마처럼 음마장을 이루시고
陰 馬 藏

몸에 난 부드럽고 가느다란 털들은,

짝이 없이 하나하나 나서 오른쪽으로

차례로 감긴 털끝들이 위로 향하였네.

(22송)

사슴 왕을 닮은 가늘고 둥글며

발관절의 복사뼈는 숨어 드러나지 않고,

거북이의 배처럼 발바닥은 평평하시고

발꿈치는 넓고 원만하시여라.

(23송)

여섯 꽃잎의 백련화의 적황색 꽃술 위의

별들의 주인인 만월의 만다라 보좌 위에,

발목에 장식한 발찌의 방울소리 낭랑한

미려한 두 발로 금강가부좌를 맺고 계시네.

(24송)

무변한 대복자량의 정인에서 출생하신
正因

최고로 아름다운 최승의 상호신인 당신의 몸,
相好身

변제가 없는 무변한 허공계의

모든 최승의 국토에서

허다한 유정들에게 마술처럼 출현하시니,

어떤 이들에겐 탄생을 보이시고

동시에 다른 국토에선 또한

보리를 현증하는 모습을 보이시는 등등의,

이러한 당신의 몸의 신통장엄은

이 국토와 타방의 국토에서 남김없이

모든 유정들이 일체지자가 되어

이구동성으로 설할지라도

가히 설하지 못하나이다.

(25송)

황단의 바다에 칠마자의 일천광명이
黃 丹　　　　　　七馬者, 太陽

쏟아짐과 같으신 몸,

보아도보아도 만족을 모르는

찬란한 빛살 덩어리가 시방으로 발산하는 몸,

무릇 당신을 잠시잠깐 조금이라도 찬탄한

이 복덕의 힘으로 말미암아

제가 세세생생 문수지존의 아름다운 몸을

제 눈길에서 여윔이 없게 하소서.

(26송)

어느 때 당신의 몸을 보게 되는 그 순간

윤회의 긴 세월 유랑 속에 피곤한 저의,

자리를 위해 전도된 길로 가는 나쁜 뜻이
自 利

이타의 보리심에 의해서 귀복되게 하소서.
利 他

(27송)

달리 또한 다라니와 신통과 해탈의 문과

갖가지 무변한 삼매의 자량들을 얻은 뒤,

천만국토의 제불들을 뵙고 공양을 위하여

무량한 몸의 신통변화들을 나투게 하소서.

(28송)

이 몸으로 다문의 구경에 도달하고
　　　　多 聞

무량한 유정들을 묘법으로 기쁘게 한 뒤,

오랜 시간 걸리지 않고 제불의 주존이신

문수사리 어자재의 수승한 몸을 얻게 하소서.

　이상은 거룩한 문수사리를 찬양하고 문수사리를 기쁘게 하는 예찬
운해(禮讚雲海) 가운데 첫 번째 문수살타의 몸을 찬탄하는 문단이다.

③ 문수사리를 기쁘게 하는 문수어찬
文 殊 語 讚

(29송)

일천광명의 빛살로 활짝 핀 홍화 빛 화사한 몸

맑은 거울 속에서 출현함과 같은 자긍상은,
自 矜 相

제석의 활과 같은 오색의 무지개로 빛나시니

문수묘음께서는 저에게 어자재를 베풀어주소서.
語 自 在

(30송)

시방의 모든 국토를 덮으시는 당신의 음성,

그 음성은 무변한 언어의 차별을 따라

또한 무변하시고

유정들의 모든 마음과 그 마음에 수순하여

만족시키시고, 세간의 창조자인 범천의 음성

또한 제압하시며,

문수사리 당신의 미묘한 음성은,

묘법을 집지하는 음성의 강렬한

만다라로 윤회세계가 다할 때까지 머무르니,

만약 그 애탐의 미려한 음성이

어떤 유정의 귓가에 떨어지면

그의 늙고 병들어 죽음을 파괴하신다네.

(31송)

문수의 음성은[225] 유택성이며
流澤聲

유연성이며　열의성이며
柔軟聲　　悅意聲

가요성이며　청정성이며
可樂聲　　清淨聲

무구성이며　명량성이며
無垢聲　　明亮聲

감미성이며　요문성이며
甘美聲　　樂聞聲

불능침성이며　화호성이며
不能侵聲　　和好聲

조순성이며　무조성이며
調順聲　　無粗聲

무악성이며　극조순성이며
無惡聲　　極調順聲

---

225) 붓다의 음성은 여래비밀불가사의경(如來祕密不可思議經)과 삼마지왕경(三摩地王經)에서는 60가지 음성을, 보적경(寶積經)의 어비밀품(語秘密品)에는 64가지 음성을 설하고 있다.

열이성[226]이라네.
悅 耳 聲

(32송)

신적열성이며　심적열성이며
身 適 悅 聲　　　心 適 悅 聲

심희족성이며　열락성이며
心 喜 足 聲　　　悅 樂 聲

무열뇌성이며　주지성이며
無 熱 惱 聲　　　周 知 聲

선요지성이며　분명성이며
善 了 知 聲　　　分 明 聲

생희성이며　현전희성이며
生 喜 聲　　　現 前 喜 聲

사편지성이며　사요지성[227]이라네.
使 遍 知 聲　　　使 了 知 聲

---

226) (1) 유택성(流澤聲)은 경에 따라 낸눔빠(sÑan snum pa, 流澤) 또는 녠빠(mÑen pa, 柔軟)로 나온다. 의미는 크게 윤택하고 유연한 물은 깨끗한 물이 흐르는 길을 흘러갈 수 있는 일을 행할 수 있음으로써 그것에 의해서 초목과 수풀 등으로 흘러 들어가는 힘에 의해서 아직 생하지 못한 것들은 생하게 하고, 이미 생한 것들은 생장시킴과 같이 문수의 묘음(妙音)은 또한 일부 유정의 심속(心續)의 성향과 일치하지 않게 들어가지 못함이 없이 모든 교화대상의 마음의 성향과 일치하게 들어 간 뒤 선근이 아직 생하지 못한 것을 생하게 하고, 이미 생한 것들은 증장시킴으로써 유택성이라 한다.

(2) 유연성(柔軟聲, hJam pa)은 천의(天衣) 등의 촉감이 부드러움으로써 몸에 닿으면 편안해짐과 같이 묘음을 들으면 현재 마주하는 그 현법(現法)에 대하여 마음이 편안해 짐으로써 유연성이라 하며, 또는 여래의 말씀은 사나움이 없이 지극히 유연하여 듣는 이로 하여금 지금 마주하는 현법(現法)에 대하여 안락을 느낌으로써 유연성이라 한다.

(3) 열의성(悅意聲, Yid du hoṅ ba)은 이제(二諦)와 연기법과 보리분법(菩提分法) 등의 뜻이 좋고 깊어서 듣는 이의 마음을 희열케 함으로써 열의성이라 한다.

(4) 가요성(可樂聲, Yid du hthad pa)은 여래의 말씀은 방언 등과 같은 비속한 말을 설함이 없이 문사가 아름다운 범어(梵語)로 말함으로써 듣는 이의 마음에 거슬리지 않고 듣고 싶은 마음이 생김으로써 가요성 또는 의요성(意樂聲)이라 한다.

(5) 청정성(淸淨聲, Dag pa)은 이장(二障)을 습기와 함께 제법의 여소유성(如所有性)을 지견하는 무분별지(無分別智)의 후득(後得)의 상태가 청정하고, 진소유성(盡所有性)을 지견하는 지혜의 증상연(增上緣)에 의해서 발생함으로써 청정성이라 부르며, 또는 여래의 말씀은 진실하여 뒷날 출세간의 경지를 얻게 됨으로써 청정성이라 한다.

(6) 무구성(無垢聲, Dri ma med pa)은 여래의 말씀은 근본번뇌와 수번뇌와 함께 습기의 더러움을 여읨으로써 무구성이라 한다.

(7) 명량성(明亮聲, gSal dbyaṅs, hoḥ gsal)은 여래의 말씀은 세간에 유행하지 않은 말과 글로써 설함이 없이 잘 알려진 말과 글로 설함으로써 문사가 명료하며 듣는 이가 분명하게 앎으로써 명량성 또는 명료성(明了聲), 광명성(光明聲)이라 한다.

(33송)

여리성이며   상련성이며
如 理 聲   相 連 聲

이중복과실성이며   사자력성이며
離 重 復 過 失 聲   獅 子 力 聲

상음성이며   뇌음성이며
象 音 聲   雷 音 聲

용음성이며   건달바가성이며
龍 音 聲   乾 達 婆 歌 聲

가릉빈가성이며   범음성이며
迦 陵 頻 伽 聲   梵 音 聲

(8) 감미성(甘美聲, sÑan ciṅ ḥjebs pa)은 여래의 말씀은 모든 외도들의 자아를 실집하는 사혜(邪慧)와 사견(邪見)을 부수는 대력의 공덕을 지님으로써 귀에 감미롭게 들리고 가슴에 와 닿음으로써 감미성이라 한다.

(9) 요문성(樂聞聲, mÑan par ḥos pa)은 여래의 말씀은 그와 같이 설한 바대로 성취함으로써 윤회에서 반드시 벗어나게 함으로써 즐겨들을 만함으로써 요문성이라 한다.

(10) 불능침성(不能侵聲, Mi tshugs pa)은 여래의 말씀은 외도 등의 모든 적방의 적론(敵論)들이 제압하지 못하고 파척(罷斥)하지 못함으로써 않으며 불능침성이며 또는 모든 적론들이 저해할 수 있는 하열한 말씀이 아님으로 무열성(無劣聲)이다.

(11) 화호성(和好聲, sÑan pa)은 여래의 말씀은 듣는 이로 하여금 즐거움을 일으킴으로써 화호성이라 한다.

(12) 조순성(調順聲, Dul ba)은 삼독의 대치법에 의지하는 문을 통해서 번뇌를 조복함으로써 조순성(調順聲) 또는 유선성(柔善聲)라 한다.

(13) 무조성(無粗聲, Mi rtsub pa)이며, 외도들이 오화(五火)를 의지하고 산에서 뛰어내리는 등의 가르침은 금생과 후생에 해로움으로써 조악(粗惡)하나, 여래의 이변(二邊)을 버린 중도(中道)의 가르침은 금생과 후생에 또한 힘들고 괴로운 극단적 방법에 의지할 필요가 없이 여타의 생애에서도 유익하고 편안한 방편인 까닭에 무조성이자 받아들이기가 껄끄럽지 않음으로써 무삽성(無澁聲)이라 한다.

(14) 무악성(無惡聲, Mi brlaṅ ba)은 만약 가르침을 위배하면 그 범실(犯失)로부터 회생하는 다른 방편과 문을 통해서 해탈의 방편이 없는 것이 아님으로 참회와 호계(護戒)의 마음 등의 통해서 발생하는 방편과 선근을 수희하는 등의 해탈을 얻는 다른 방편을 설함으로써 무악성이며, 또는 여래의 말씀은 금계(禁戒)를 위배하여 마땅히 교훈을 줄 때도 사납지 않음으로써 비폭성(非暴聲)이라 한다.

(15) 극조순성(極調順聲, Rab tu dul ba)은 삼종(三種)의 교화대상들에게 각자에게 알맞은 삼승(三乘)의 방편을 설시하여 교화함으로써 극조순성 또는 극유선성(極柔善聲)이라 한다.

(16) 열이성(悅耳聲, rNa bar sñan pa)은 여래의 말씀은 크게 유연하여 듣는 이로 하여금 귀를 즐겁게 하여 산란하지 않고 귀를 기울여 듣게 함으로써 열이성이라 한다.

227) (17) 신적열성(身適悅聲, Lus sim par byed pa)은 여래의 말씀은 들음으로써 몸과 마음이 선정에 들어가고, 그로 말미암아 사마타(止)와 그의 힘에 의해서 경안락(輕安樂)이 발생하여 몸이 적열(適悅)을 누림으로써 적신성(適身聲)이라 한다.

공명조성이며   제석미묘성²²⁸⁾이라네.
共 命 鳥 聲   帝 釋 美 妙 聲

(18) 심적열성(心適悅聲, Sems tshim par byed pa)은 여래의 말씀이 설시하는 제법의 자상(自相)과 총상(總相)에 달통하는 반야를 닦음으로써 위빠사나(觀)이 발생하고, 그것에 의해서 무지의 어두움을 떠난 뒤 제법을 크게 통달하는 환희가 마음에 일어남으로써 심적열성이라 한다.

(19) 심희족성(心喜足聲, sÑiṅ dgaḥ bar byed pa)은 믿지 못하고 의혹하는 고통이 있다가 여래의 말씀에 의해서 모든 의심들을 끊음으로써 의려의 불안들이 모두 소멸하여 마음이 편안해짐으로써 심희족성이라 한다.

(20) 열락성(悅樂聲, dGaḥ ba daṅ bde ba bskyed pa)은 여래의 말씀이 제법의 자상(自相)과 총상(總相)을 잘 설해보이는 힘에 의해서 그것을 깨닫지 못하던 무명을 소멸하여 알게 함으로써 환희가 일어나고, 속제(俗諦)와 승의(勝義)의 도리를 여실하게 열어 보임으로써 상주와 자아와 안락 등으로 전도되게 분별하는 번뇌의 사혜(邪慧)를 단멸하고 여실하게 통달하는 지혜에 안치함으로써 안락이 발생함으로써 열락성이라 한다.

(21) 무열뇌성(無熱惱聲, Yoṅs su gduṅ ba med pa)은 여래의 말씀을 청문한 뒤 그 청문한 의미를 사유하고 닦는 등의 방법을 통해서 닦아나가면 최후에는 그와 같이 설한 결과를 성취하고, 제법의 본성을 현증하게 됨으로써 나는 여래의 말씀을 듣고 그것에 대하여 이익이 발생하지 않는다고 생각한 것을 후회함으로써 마음에 어떠한 번민도 일어나지 않음으로써 무열뇌성이라 한다.

(22) 주지성(周知聲, Kun tu śes par bya ba)은 여래의 말씀을 듣고 청문함에 의지함으로써 원만한 문혜(聞慧)가 발생하여 잘 머무르고 일체를 알게 함으로써 주지성이라 한다.

(23) 선요지성(善了知聲, rNam par rig par bya ba)은 그와 같이 들은 바의 의미를 사종도리(四種道理)로써 사유하여 증익(增益)을 끊은 뒤 그 의미에 확신을 얻는 원만한 사혜(思慧)의 원인이 발생하고 잘 머무르고 일체를 분별하게 함으로써 선요지성이라 한다.

(24) 분명성(分明聲, rNam par gsal ba)은 일부는 설하고 일부는 말하지 않거나 또는 글자는 말해도 뜻을 설하지 않는 따위의 인문(吝文, 인색함 때문에 제대로 알려주지 않고 구결을 숨기는 것)을 버리고 설함으로써 듣는 이로 하여금 일체를 선명하게 알게 함으로써 분명성이라 한다.

(25) 생희성(生愛聲, dGaḥ bar byed pa)은 여래의 말씀에 의지하여 예류(預流) 등이 번뇌를 소진한 열반을 실현하고, 보살들이 붓다의 경지를 실현한 뒤 자타의 이익을 원만하게 성취함을 자기가 소망하는 사업의 결과를 얻은 것으로 본 뒤 환희를 일으킴으로써 생희성이라 한다.

(26) 현전희성(現前喜聲, mÑon par dgaḥ bar byed pa)은 견도(見道)에 들어오지 못한 가행지(加行地)에 머무는 각종의 범부들이 또한 자리의 결과를 얻기 위하여 여래의 말씀을 행하고자 하는 의원을 일으킴으로써 현전희성이며, 또는 여래의 말씀은 듣는 이로 하여금 반드시 자기가 뒷날 얻게 되는 이익을 감득케 하여 그 자리에서 기쁘게 만듦으로써 현전희성이라 한다.

(27) 사편지성(使遍知聲, Kun tu śes par byed pa)은 제법의 본성과 그것을 여실히 깨닫는 현증지(現證智) 등을 자기 스스로 깨닫는 지혜에 의해서 여실하게 깨달음과 같이, 분별로는 증득의 도리를 완비하지 못하고 각자 자신이 아는 것인 까닭에 부사유법(不思惟法)이니, 그것들을 바르게 열어 보임으로써 다시 말해, 업불가사의(業不可思議)와 유가삼매(瑜伽三昧)의 소행경(所行境)의 불가사의와 불지(佛智)의 소행경의 불가사의와 의약과 진언의 위력의 불가사의이니, 이들 4가지 부사유법을 열어 보여서 일체를 알게 함으로써 사편지성이다.

(28) 사요지성(使了知聲, rNam par rig par byed pa)은 온·계·처(蘊界處)와 지·도(地道)와 바라밀 등은 사유의 대상인 까닭에 또는 의식의 대경이 되는 법인 까닭에 사유의 법이며, 그것들을 전도됨이 없이 잘 열어 보여서 듣는 이들로 하여금 일체를 잘 분별함으로써 사요지성이라 한다.

228) (29) 여리성(如理聲, Rigs pa)은 언설로 설해 보이고자 하는 의미에 대하여 현량(現量, 직접적 인식)과 비량(比量, 추리적 인식)과 자어(自語)의 선후와 직접 간접적인 상위(相違) 등의 성언(聖言)의 위해가 없는 삼량(三量)[현량(現量)과 비량(比量)과 신허비량(信許比量)]이 진실하여 정리(正理)와 어긋남이 없음으로써 여리성이라 한다.

(34송)

천고성이며 무교오성이며
天 鼓 聲　　　無 驕 傲 聲

무비하성이며 수입일체음성이며
無 卑 下 聲　　　隨 入 一 切 音 聲

무결여성이며 무불비성이며,
無 缺 如 聲　　　無 不 備 聲

무외축성이며 무열성이며
無 畏 縮 聲　　　無 劣 聲

극희성이며 주편성이며
極 喜 聲　　　周 遍 聲

통달성이며 부절성이며
通 達 聲　　　不 絕 聲

---

(30) 상련성(相連聲, ḥBrel ba)은 성문의 종성들에게 대승의 교법을 설함과 같은 법과 그릇이 일치하지 않음을 설하지 않고 그에게 필요한 그 법을 설해 보임으로써, 다시 말해 교화대상의 형편에 맞게 법을 설함으로써 상련성이라 한다.

(31) 이중복과실성(離重復過失聲, Tshig zlos paḥi skyon med pa)은 여래의 말씀은 결과까지 포함함으로 반복해서 설하는 과실이 있지 않음으로써 이중복과실성이라 한다.

(32) 사자력성(獅子力聲, Seṅ geḥi sgraḥi śugs)은 사자의 울부짖는 소리가 뭇짐승들을 두려움에 떨게 하듯이, 붓다의 위력과 무아를 선설하는 음성이 삿된 교설을 펴는 외도들을 두려움에 떨게 함으로써 사자력성이라 한다.

(33) 상음성(象音聲, gLaṅ po cheḥi sgra skad)은 천상의 코끼리의 음성은 서서히 사라지니, 협소하거나 메이지 않고 널리 퍼짐과 같이 붓다의 음성 또한 코끼리 음성처럼 넓게 퍼짐으로써 상음성이라 한다.

(34) 뇌음성(雷音聲, ḥDrug gi sgra dbyaṅs)은 하늘의 천둥소리는 다른 소리에 비해서 특별히 집중된 큰 소리임으로써 깊고 심원한 소리임과 같이 여래의 음성 또한 광대하고 깊이를 헤아리기 어려움으로써 뇌음성이라 한다. 이와 같은 비유는 천둥소리는 가까이서 들어도 특별히 사납게 들리지 않고. 멀리서 들어도 특별히 작게 들리지 않음으로써 멀고 가까움이 같아서 평등하게 들림으로써 심원한 것이다. 그와 같이 여래의 음성도 그와 같음으로써 뇌음성이라고 부른다.

(35) 용음성(龍音聲, kLu yi dbaṅ poḥi sgra)은 용왕의 음성은 화락하고 고상하여 모든 용신들이 순종함과 같이 여래의 음성 또한 그와 같음으로써 용음성이라 한다.

(36) 건달바가성(乾達婆歌聲, Dri zaḥi glu dbyaṅs)은 범속한 유정들의 언어 가운데 건달바의 노랫소리보다 더 아름답고 부드러운 소리가 없는 것과 같이 여래의 음성도 그와 같음으로써 건달바가성이라 한다.

(37) 가릉빈가성(迦陵頻伽聲, Ka la piṅ kaḥi dbyaṅs)은 여래의 음성은 가릉빈가 새처럼 아름답고 그칠 줄 모르는 힘을 지님으로써 가릉빈가성이라 한다. 이 새는 바다의 섬에 서식하며 목소리가 매우 아름답다고 한다. 7대 달라이 라마 깰쌍갸초(善福海)의 『문수예찬운해상석』(文殊禮讚雲海詳釋)에서, "첫 번째 논설에 따르면, '긴 번(幡)을 바람이'"

(38) 범음성(梵音聲, Tshaṅs paḥi sgra dbyaṅs)은 범왕(梵王)의 음성이 조각조각 끊어지지 않고 오래 동안 이어짐과 같이 여래의 음성 또한 오래 동안 낭랑하게 멀리 울려 퍼짐으로써 범음성이라 한다.

현시성이며   제음원만성²²⁹⁾이라네.
連續顯示聲   諸音圓滿聲

(35송)

제근적열성이며   무기훼성이며
諸根適悅聲   無譏毁聲

무경전성이며   불찰성이며
無輕轉聲   不察聲

수입일체중회성이며   멸삼독성이며,
隨入一切衆會聲   滅三毒聲

파마군성이며,   온갖 종류의 최승을
破魔軍聲

구족한 제상구족성²³⁰⁾이라네.
          諸相具足聲

---

(39) 공명조성(共命鳥聲, Śaṅ śaṅ teḥuḥi sgra dbyaṅs bsgrags pa)은 유정들로 일을 성취하기 위해서 떠나는 자들이 공명
조의 소리를 듣게 되면 의심할 여지가 없이 모든 일들을 성취하는 상서로운 상징임과 같이, 여래의 음성 또한 앞서 듣게
되면 뒤에 세간과 출세간의 모든 일들을 성취함으로써 길상의 전조인 까닭에 공명조성이라 한다.

(40) 제석미묘성(帝釋美妙聲, lHaḥi dbaṅ poḥi dbyaṅs ltar sñan pa)은 제석천왕의 언설은 다른 천신들이 조금도 어기거나
저지하지 못함과 같이 여래의 말씀 또한 천신을 비롯한 세간의 어떤 누구도 어기거나 저항하지 못함으로써 제석천왕의 목
소리처럼 아름다우므로 제석묘음성이라 한다.

229) (41) 천고성(天鼓聲, rŇaḥi sgra)은 적군을 물리치고 아군이 승리하면 승리의 상징으로 처음에 북소리를 울림과 같이, 붓다
께서 사마(四魔)와 외도 등과의 싸움에서 승리한 뒤 최초로 법륜을 굴리는 소리가 하늘의 북소리와 같음으로써 천고성이
라 한다.

(42) 무교오성(無驕傲聲, Ma kheṅs pa)은 여래께서는 자신이 설한 법에 대하여 타인들이 잘 설하였다는 등의 찬사를 통해
서 칭찬할지라도 그것에 의거해서 우월하게 생각하는 마음의 번뇌가 없음으로써 불교오성이라 한다.

(43) 무비하성(不卑下聲, Mi dmaḥ ba)은 여래는 자신이 설한 법에 대하여 타인들이 잘못 설하였다는 등의 비방을 통해서
매도할지라도 위축당하거나 자신을 비하함이 없음으로써 무비하성이라 한다.

(44) 수입일체음성(隨入一切音聲, sGra thams cad kyi rjes su shugs pa)은 여래께서는, '미래에 성문과 보살과 연각 등에
게 이와 이것과 같은 것이 일어난다' 라고 예언하는 등의 삼세의 사건 일체를 통보하는 말씀을 설함으로써, 또는 교설을 설
하는 성음(聲音)의 논서들 일체의 도리와 일치하게 일체의 법상(法相)이 뒤따라감으로써 수입일체음성이라 한다.

(45) 무결여성(無缺如聲, Tshig zur chag pa med pa)은 여래의 말씀은 기억 상에 전혀 어리석음이 일어나지 않음으로써 빠
지거나 변형이 있지 않음으로써 무결여성이라 한다.

(46) 무불비성(無不備聲, Ma tshaṅ ba med pa)은 여래의 말씀은 유정들의 선근이 생하지 않은 것은 생하게 하고, 이미 생
겨난 것들은 증장하여 무성하게 하고, 증장하여 무성한 이들은 해탈로 시키는 교화행위에 한 순간도 놓침이 없이 그들 모
두의 이익을 언제나 행함으로써 갖추지 않음이 없는 무불비성이라 한다.

(36송)

이와 같이 넷²³¹⁾이 더 있는 60가지의 미묘성은
한 음성에 또한 무변함을 갖추지 않음이 없이,

(47) 무외축성(無畏縮聲, Ma shum pa)은 법을 설함에 있어서 외도 등이 여타의 적론(敵論)으로 반박하면 감당하지 못한다는 생각의 두려움이 없음으로써 무외축성이며, 또는 이양과 공경에 매달지지 않아 위축됨이 없음으로써 무외축성이라 한다.

(48) 무열성(無劣聲, Mi shan pa)은 여래의 말씀은 모든 겁약에서 벗어남으로써 열등함이 없는 무열성이라 한다.

(49) 극희성(極喜聲, Rab tu dgaḥ ba)은 법을 그만큼 설할지라도 마음에 싫증을 내거나 불편해 하는 괴로움이 없이 듣는 이들에게 환희를 일으킴으로써 극희성이라 한다.

(50) 주편성(周遍聲, Khyab pa)은 오명(五明)의 일체에 통달함으로써 그것과 잘 연결된 법을 설함으로써 주편성이다.

(51) 통달성(通達聲, Chub pa)은 유정들의 이익을 모두 성취하게 하는 방편에 정통한 까닭에 통달이다.

(52) 부절성(不絕聲, rGyun chags pa)은 여래는 '어떤 때는 법을 설하리라' 하고, '어떤 때는 설하지 않으니라' 하는 생각이 없이 언제나 설법을 하심으로써 불절성이라 한다.

53) 현시성(顯示聲, Rol pa)은 법을 설함에 있어서 문자와 단어와 언구 하나의 문을 통해서 설하는 것이 아니라 갖가지 허다한 단어와 사조(詞組)와 문자와 연계하여 설법함으로써 현시성이다.

(54) 제음원만성(諸音圓滿聲, sGra thams cad rdzogs par byed pa)은 여래의 말씀은 하나를 발출하면 말씀의 자성은 하나일지라도 하늘과 용과 인간과 축생과 아귀 등이 각자의 말과 일치하게 알아들음으로써 제음원만성이라 한다.

230) (55) 제근적열성(諸根適悅聲, dBaṅ po thams cad tshim par byed pa)은 그와 같이 무상(無常)함 따위의 일의를 설하면 각각의 유정들이 각자 자기가 신해하는 어떤 것의 그 뜻을 통달함으로써 유정들의 신근(信根) 등의 제근(諸根)을 기쁘게 하고 만족시킴으로써 제근적열성이라 한다.

(56) 무기훼성(無譏毀聲, Ma smad pa)은 여래의 말씀은 그와 같이 서약한 경계를 벗어나서 다르게 바뀌지 않음으로써 서약을 어겼다고 말하는 타인의 비난이 있지 않음으로써 무기훼성이라 한다.

(57) 무경전성(無輕轉聲, Mi ḥgyur ba)은 여래의 말씀은 어떤 장소와 어느 때 어떤 유정을 성숙시키는 시절이 도래하면, 한 순간도 늦음이 없이 적시에 성숙시킴으로써 무경전성이며 또는 무동전성(無動轉聲)이다.

(58) 무조급성(無躁急聲, Ma rtabs pa)은 여래의 말씀은 법을 설하는데 황망하지 않음으로써 무조급성이며 또는 견실성(堅實聲)이라 한다.

(59) 수입일체중회성(隨入一切衆會聲, ḥKhor kun tu grags pa) 여래의 말씀은 가까이 있거나 멀리 떨어져 있거나 상관없이 권속들에게 모두 들림으로써 수입일체중회성이라 한다. 여래비밀불가사의경(如來祕密不可思議經)에서, "성목건련 존자께서 석가모니불의 음성이 어느 정도까지 들리는가의 한도를 관찰하길 원하자, 붓다의 신력과 자기의 신통력으로 이 국토에서 서방으로 99개의 갠지스 강의 모래알 숫자만큼의 불국토를 지나서 광선왕여래(光線王如來)의 정토인 광선보당(光線寶幢)에 도달하자 역시 그곳에서도 자기의 붓다인 석가세존의 면전에서 그와 같이 말씀을 듣는 것처럼 멀고 가까움이 없이 모든 대중들이 발 앞에 머무는 것과 같이 들렸다"고 하였다. 그러므로 수입일체중회성이라 한다.

(60-62) 멸삼독성(滅三毒聲)은 여래께서 법을 설해 보인 신력에 의해서 탐욕과 성냄과 우치이니, 번뇌의 근본인 삼독을 멸함으로써 (60) 멸탐성(滅貪聲)이며, (61) 멸진성(滅瞋聲)이며, (62) 멸치성(滅痴聲)이라 한다.

(63) 파마군성(破魔軍聲)은 여래의 말씀을 듣고 실천함으로써 사마(四魔)로부터 승리하고, 법음으로 또한 마군들을 항복시킴으로써 파마군성이라 한다.

(64) 제상구족성(諸相具足聲, rNam pa thams cad kyi mchog daṅ ldan pa)은 여래께서 법을 설하면 세간에 유행하는 갖가지 종류의 법들을 비유로 들어서 그것을 닦고 설함에 의해서 온갖 종류의 최승을 갖춘 제상구족성이라 한다.

231) 여기서 설한 64가지 음성은 경에 따라서는 60가지가 되기도 하고 64가지가 되기도 하는 등 일정하지 않고, 또 내용에도 일치하지 않는 등의 많은 차별이 있다.

내지는 허공계를 가득 덮고 나아가

복분을 갖춘 자들의 귓가에 안락을 베푸신다네.

(37송)

그때 가까이 있을지라도 더 크게 들리지 않고

멀리 있어도 작게 들림이 없이

온갖 색깔을 모두 받아들이는 수정처럼

무수한 교화대상들의 각자의 언어와 일치하게,

정수리의 무견정상과 미간의 백호와 인후 등의
　　　　　無 見 頂 相

당신의 몸의 지분들 전체에서 발성[232]하여

크게 열어보이실지라도

그들 모두에게 분별망상을 쉬게 하는 이것은

허공이 전신에서 범음을 발출하면
　　　　　梵 音

---

232) 이것은 여래께서 입에 의지하고 자유로이 말하는 신력을 소유함을 뜻하니, 여래비밀불가사의경(如來祕密不可思議經)에서, "적혜(寂慧)여, '유정들은 여래의 말씀은 입을 통해서 발생한다' 하고 생각하나, 그대는 그와 같이 보지 말라. 왜냐하면, 적혜여, 어떤 유정들 가운데 여래의 말씀은 무견정상에서 나옴을 알고, 정수리에서 나옴을 알고, 머리털들에서 나옴을 알고, 어깨에서 나옴을 알고, 이마와 미간과 백호와 눈과 귀와 항문과 뺨과 얼굴과 목에서 나옴을 알고 (중략) 발바닥과 32상(相)들과 80종호(種好)들과 털구멍 모두에서 여래의 말씀이 나옴을 아는 일부의 유정들이 있다. 적혜여, 이것은 또한 여래의 어비밀(語祕密)이다. 적혜여, 그와 같은 신해(信解)와 그와 같은 성숙과 그와 같은 심원을 그와 같이 여래의 말씀이 나옴을 알지라도 적혜여, 그것에 대하여 여래는 분별함이 없으니, 평사(平捨)이다"라고 설하였다.

가히 드러내 보일 수 있을지라도

달리 비유가 있지 않다네.

(38송)

붉은 번개의 아름다운 허리띠로 허리를 동여맨

자욱한 비구름 속의 깊고 그윽한 천둥소리처럼,

문수사리의 묘음을 찬양하는 이 공덕으로

저 또한 당신의 묘음이

귓가를 영원히 떠나지 않게 하소서.

(39송)

문수시여, 당신의 구전의 법음이

귓가에 들리는 순간, 복연의 선근자를 섭수하고

삿된 교설들을 제압하고, 미려한 조합의 문구로

지혜를 열어주고 매료시키는 강설과 논쟁과

저술의 학처의 구경에 이르게 하소서.

(40송)

온갖 유정들의 언어와 문자에 막힘없는

석의의 수승한 사무애해[233]를
釋義　　　　詞無碍解

어려움 없이 얻은 뒤에, 모든 유정들의

법의 의혹을 끊는 최승자가 되게 하소서.

(41송)

문수사리 당신께서 그와 같이 교수한

말씀의 분계를 영원히 위월하지 않고,

공손하게 받들어 일념으로 실천하여

당신의 어자재를 신속히 이루게 하소서.

이상은 거룩한 문수사리를 찬양하고 문수사리를 기쁘게 하는 예찬 운해(禮讚雲海) 가운데 두 번째 문수의 어자재(語自在)를 찬탄하는 문단이다.

---

233) 사무애해(詞無碍解)는 사무애해(四無碍解)의 하나로 온갖 유형의 중생들의 갖가지 언어와 문자와 방언들에 통달하고, 하나의 말에 의해서도 허다한 의미들을 이해하고, 언사에 오류가 없고, 조급함이 없으며, 반복해서 말하는 과실이 없이 듣는 자들로 하여금 마음에 희열을 일으키게 하는 변재이다.

④ 문수사리를 기쁘게 하는 문수심찬
文 殊 心 讚

(42송)

산호의 붉은 색과 섞인 금색의 적황색 몸빛에

이제에 속하는 현상계를 남김없이 통찰하시고,
二 諦

지혜에 자재하신 유정의 귀의처인 문수보살님,

최승의 귀의처인 당신께선 대반야를 하사하소서.

(43송)

실집의 독한 술에 취하여
實 執

취사의 분별지는 시들어지고

번뇌의 난폭한 코의 손으로

선업의 수풀을 모조리 파괴하고,

윤회의 밧줄이 마음을 당겨서

이양의 암 코끼리의 뒤를 좇고

멋대로 번뇌의 숲속을 방황하는

조복하기 힘든 마음의 코끼리를.

(44송)

정념과 정지와 불방일의 밧줄로 단단히 묶은 뒤

정리의 예리한 쇠갈고리로 각찰을 얻은 뒤,
　　　　　　　　　　覺 察

일천만의 성자들이 한 길로 가시고 찬양하시는

연기법의 중도의 규범에 안치한 뒤

닦게 하소서.[234]

(45송)

이 도리를 혐오하지 않고, 강렬한 정진력으로

무량겁의 세월동안 거듭거듭 닦고 익힘으로써,

환상과 같은 금강선정인 여환삼매[235]로
　　　　　　　　　　　　如 幻 三 昧

---

234) 이 게송의 의미를 7대 달라이 라마 깰쌍갸초(善福海)의 『문수예찬운해상석(文殊禮讚雲海詳釋)』에서, "그와 같이 갖가지 허물을 지닌 조복하기 힘든 마음의 코끼리를 다스리는 취사의 학처들을 잊지 않는 정념(正念)과 자기의 현재의 단계를 관찰한 뒤 여실하게 배우는 정지(正知)의 실천과 특별히 행위의 정화와 정통함과 번뇌의 정화와 주편소연(周遍所緣), 유분별영상소연(有分別影像所緣)과 무분별영상소연(無分別影像所緣)과 사변제소연(事邊際所緣)과 소작성취소연(所作成就所緣)의 넷이 있음) 가운데 어느 하나의 소연에다 일념으로 마음을 안치한 뒤 그것을 잊지 않고 기억하는 정념과 그 소연에서 마음이 다른 곳으로 흩어지지 않게 살피는 정지(正知)와 죄행의 범함을 끊어버리는 계율과 감관의 문을 단속함과 음식의 양을 앎과 초야(初夜)와 후야(後夜)에 잠들지 않고 유가수행에 정진하는 등의 지자량(止資糧)의 선품(善品)들을 닦고, 유루의 방면에 떨어지지 않게 마음을 수호하는 심소인 불방일(不放逸)들의 밧줄로 단단히 묶은 뒤 사마타(止)를 잘 수습하는 것이며, 연기인(緣起因)과 이일이인(離一異因)과 금강설인(金剛屑因) 등의 정리(正理) 또는 합당한 논리의 올바르고 예리한 쇠갈고리로 단련함이니, 사물을 각찰(覺察)하는 지력(智力)과 비량(比量, 추리력)을 생기한 뒤 점차로 일천만의 성자들이니, 무량한 모든 성자들이 한 길로 걸어가신 해탈의 길이 되고, 그와 같은 해탈의 길을 찬양한 심오한 견해인 진실로 집착하는 모든 실집(實執)의 주시들이 파괴되고 생멸과 구속해탈 등의 명언들 일체가 허망성임을 아는 변제를 여읜 연기의 가르침인 중도의 규범에 안취한 뒤 위빠사나(觀)를 닦는 것이다"라고 하였으며, 이것은 또한 대승아비달마집론(大乘阿毘達磨集論)과 일치하게 가행지(加行地)를 설명하고, 견도(見道)의 초지(初地)까지 포괄하는 게송이라고 하였다.

235) 여환삼매(如幻三昧)는 보살의 팔지(八地)에서 얻는 삼매이니, 제법의 실상인 공성을 관조하는 선정을 파한 뒤, 후득(後得)의 상태에서 외경의 일체가 실체가 없는 공성임을 아는 삼매를 말한다.

변집의 산을 파괴하여 빈이름만 남게 하소서.[236]
　邊執

(46송)

다시 또한 무량한 부처님들을 여환삼매 힘으로

최승의 공양운해를 올려 기쁘게 하심으로써,

부처님의 청정한 도가에서 범음의 우뢰성으로
　　　　　　　　道歌

오로지 일의로써 열어 보인 미묘한 교계의,
　　　　一義

(47송)

윤회의 백병을 발본하는 감로선식을
　　　百病

언제나 의존하여, 넘어가기 극도로 힘든,

삼정지[237]의 대보살행의 피안에 도달하는

---

236) 이 게송의 의미를 7대 달라이 라마의 『문수예찬운해상석』에서, "그와 같이 일무수겁(一無數劫) 동안 닦아 익힌 제법의 존재도리인 공성을 요달하는 길 또는 도리가 다시 또한 대비와 보리심과 보시 등의 대복덕의 자량의 반려와 합일되도록 언제나 피곤함이 없이 부단하게 정진하는 상시가행(常時加行)과 강렬한 힘으로 수행하는 공경가행(恭敬加行)의 정진 둘에 의해서 부정지(不淨地)인 칠지(七地)의 기간인 무량겁의 세월인 일무수겁 동안 거듭거듭 닦아 익힘으로써 후득(後得)의 모든 상태에서 외경을 진실로 집착하는 실집(實執)이 소진한 뒤 실사로 출현해도 대경의 현상을 일체의 대경(對境)을 실사로 집착하는 실집(實執)이 소멸한 뒤, 현현하여도 또한 공(空)임을 분명함을 아는 현분(現分)과 공분(空分)의 둘이 환화와 같음에 언제나 일념으로 안주하는 심소(心所)인 여환삼매가 제석천의 백고금강저(百股金剛杵)처럼 인아와 법아를 실집함으로써 발생하는 유집(有執)과 상집(常執)의 변견(邊見)의 산을 그 종자까지 빈이름만 남겨두고 남김없이 부수는 것이다"라고 하였다.

237) 삼정지(三淨地)는 보살의 팔지(八地)인 부동지(不動地)와 구지(九地)인 선혜지(善慧地)와 십지(十地)인 법운지(法雲地)의 셋을 말하며, 이 지중(地中)에 머무르는 보살은 아만(我慢)이 완전히 소멸하여 청정함으로써 삼정지라 한다.

공지와 능파의 체력이 증장하면,²³⁸⁾
空智 能破

(48송)

모든 실집이 영원히 해치지 못하고
實執

남김없이 착란의 생각을 부숨에 자재한,

모든 선정삼매들의 지존이 되는 그것인

금강유정으로 알려진 그 삼매를,²³⁹⁾
金剛喩定

(49송)

당신께서 현증하신 그 삼매의 힘으로

환상과 같은 대경의 모든 현상들과,
對境

꿈속의 사물같이 분명하고 그것을 아는 마음의

---

238) 이 게송의 의미를 7대 달라이 라마의 『문수예찬운해상석』에서, "그 뒤 [삼정지(三淨地) 가운데] 팔지(八地)보다 높은 다른 지(地)들 또한 하지(下地)와 하지(下地)에 비해서 더욱 더 빨리빨리 불지(佛地)에 도달하는 큰 세력의 공덕을 얻게 됨으로써, 삼정지(三淨地)를 얻지 못한 여타의 지중(地中)의 보살들은 그렇게 힘써 노력하였을지라도 그 길에 도달하지 못함으로써 또는 지극히 어려움으로써 '넘어가기 극도로 힘든 [청정지(淸淨地)의] 대보살행의 피안에 도달하는 존재의 도리인 공성을 요달하는 지혜(空智)와 극도로 미세한 소지장(所知障)을 또한 능히 파괴하는 체력이 증장하면' 이라"고 해설하였다.

239) 이 게송의 의미를 7대 달라이 라마의 『문수예찬운해상석』에서, "모든 또는 남김 없는 실집(實執)이 영원히 해치지 못하니, 능히 훼손하지 못하며, 남김없이 모든 착란들인 진실이 아님에도 진실로 보는 이원의 착란과 그것을 일으키는 실집(實執)의 습기인 소지장을 부숨에 자재한 삼매를 유정들의 심속(心續)에 그 힘보다 더 크거나 동등한 삼매가 달리 있지 않음으로써, 모든 선정삼매들의 주존(主尊)이 되는 그것에 의해서 부수기가 가장 힘든 극도로 미세한 소지장을 파괴함으로써 금강과 같은 것으로 알려진 삼매(金剛喩定)가 최후상속제(最後相續際)의 무간도(無間道)를 문수사리 당신께서는 실현하였나이다."라고 하였다. *최후상속제의 무간도는 보살도의 구경에 달함이니, 자기의 소인사(所引事)가 되는 해탈도의 중간을 여타의 법이 장애하지 못함으로써 무간도(無間道)라고 부르며, 붓다가 되기 전까지의 마음 가운데 최후가 됨으로써 최후상속제라고 부르며, 이 최후상속제의 무간도를 성취하는 두 번째 찰나에 성불하게 된다.

실감과 대경이 남김없이 법계로 녹아들어,²⁴⁰⁾
實 感

(50송)

그러므로 뿌리가 말라버린 수목과 같이

남김없이 실집의 종자를 뽑아버리므로,
實 執

문수의호 당신에게 허공계가 다하도록
依 怙

법신의 상태에서 움직임이 어찌 있으리오.²⁴¹⁾
法 身

(51송)

그와 같이 문수의호 당신께서는
文 殊 依 怙

법계에서 움직임이 없는 상태에서

---

240) 이 게송의 의미를 7대 달라이 라마의 『문수예찬운해상석』에서, "그와 같이 극도로 미세한 소지장을 파괴하는 실제적 대치법인 그 최후상속제의 무간도의 힘에 의해서 진실이 아님에도 진실로 생각하는 예를 들면, 환술로 만든 말과 소가 실제로 말과 소 아님에도 말과 소로 나타남과 같은 외경의 광경과 텍뒤쌰자르(攝大乘論論釋)에서 게넨쬔빠(大德居士 無性)가 설하길, '꿈은 잠에 의해서 마음과 심소(心所)의 무리들이 거두어진 바이다'라고 하였듯이, 몽중의 갖가지 대경들이 출현하는 잠에 물든 마음 또한 꿈인 까닭에 사물의 존재 정도가 없는 것을 자기의 마음에 의해서 단지 건립된 갖가지 대경들이 분명하고 그것을 아는 꿈과 같은 것들에는 실제 상에는 없으나, 마음이 단지 건립한 대경이 실제로 분명하고 그것을 아는 마음이 유경(有境)이 되니, 그와 같이 실감하는 유경의 마음과 현현의 대경에 거두어지는 모든 소지계(所知界)는 진실성 또는 본성이 아님에도 본성으로 나타나는 일체를 지혜의 분상에서 환륜(幻輪)을 부숨과 같이 영원히 나타남이 없이 소멸하니, 희론의 변제 일체를 여읜 본성인 허공과 같은 법계로 들어감이다"라고 하였다.

241) 이 게송의 의미를 7대 달라이 라마의 『문수예찬운해상석』에서, "그 원인으로 말미암아 뿌리가 말라버리는 등의 과실로 고사한 수목이 영원히 생장하지 못함과 같이, 남김없이 실집(實執)의 종자와 습기의 여분을 뽑아 버림으로써, 일체지지(一切智智)의 해탈도를 얻으신 구호자 문수사리 당신은 윤회계가 다하지 않고 존재할 때까지 이정(二淨)이 원만한 진여법신의 상태에 들어가 안주함으로부터 일어나는 움직임이 어찌 있으리오. 영원히 없나이다. 그 이유 또한 바르게 실집을 끊어버릴지라도 그것이 남겨놓은 이원의 착란을 일으키는 습기가 소진하지 않음으로써, 그것이 실재라는 생각을 일으키고, 그 또한 공성을 현증하는 선정에서 움직이지 움직임이 없이 세속의 광경이 능히 발생하지 못함에도 실재라는 생각을 일으키는 습기 그것이 선정을 동요시킨다. 붓다에게는 선정을 동요시키는 원인인 소지장을 등짐으로써 항상 그 선정에서 일어남이 영원히 있지 않은 것이다"라고 하였다.

허다한 소지계가 명료하게 나타나는
所知界

거울 속의 영상들과 또는, 허공 속의 무지개처럼

낱낱을 섞임이 없이 온전하게 지견하는
知見

미묘한 지혜인 당신의 지혜 또한

찰나에 그와 같이 아시나이다.[242]

(52송)

보시로 재부를 갖춤은 처이니 빈궁이 없으며,
處

인색은 빈궁의 처이니 재부를 갖추지 못하며,
處

그러한 등의 속임 없는 연기의
緣起

처 · 비처를 온전히 아시니
處 非處

그러므로 당신은 설법자들 가운데

---

242) 이 게송의 의미를 7대 달라이 라마의 『문수예찬운해상석』에서, "그와 같이 문수의호 당신께서는 진속의 이제(二諦)를 동
시에 현견(現見)하는 데에 장애를 주는 소지장을 소진시켜 버림으로써 승의의 법계를 실견(實見)하는 선정에서 조금도 움
직임이 없는 속에서 후득(後得)의 세속을 관조하는 지혜에 허다한 것들인 있는바 모든 소지계(所知界)를 의공상(義共相, 槪
念, 抽象)과 섞임이 없이 명료하게 나타나는 그 또한 명명노인(命名老人, 사물의 이름과 의미의 둘을 알고 연결하여 이름
을 붙임에 정통한 사람)이 거울 속의 몸의 영상을 몸과 같이 진실이 아닌 것으로 나타남에 확지(確知) 또는 허공 속에 무
지개를 촉인(觸忍)의 진수가 없을지라도 있음과 같이 색깔이 희유하고 섞임이 없이 출현함을 지견함과 같이 희론이 소진
하였음에도 공성의 모습에서 나타나는 제법들의 자상(自相)과 공상(共相)의 속성이 어떤 것인가의 그 일체를 낱낱을 섞임
이 없이 온전하게 지견하니, 그와같이 이제를 동시에 실제로 지견하는 미묘한 지혜인 당신의 일체지 또한 심식의 흐름이
이어짐에 의뢰함이 없이 일찰나에 또한 일체를 그와 같이 실제로 아심이다"라고 하였다.

어주이시나이다.[243]
語 主

(53송)

무시이래 윤회 속에 들어가는 모든 유정들의

선업과 불선업의 도리를 그 결과와 함께,

그 일체가 당신에게 드러나지 않음이 없으므로

당신의 말씀에는 결과가 없음이 있지 않나이다.[244]

(54송)

유정들이 탐착에 머물고 성냄을 욕구함과

그것을 등지는 등의 갖가지 신해의 도리를
                                        信 解

---

243) 이 게송은 붓다의 십력(十力)을 얻어 처비처지력(處非處智力)으로 중생교화에 들어감을 찬탄함이니, 7대 달라이 라마의 『문수예찬운해상석』에서, "그 도리 또한 보시를 행함으로써 재부를 갖춤은 처(處)이니, 보시를 행하여 빈궁하게 됨은 비처(非處)이며, 인색은 재부를 타인에게 베풀지 않음으로써 빈궁하게 됨은 처이니, 재부를 갖춤은 비처이다. 그것들에 귀속되는 계율에 의해서 선취(善趣)에 태어남은 처이며, 악도에 태어남은 비처이며, 범계(犯戒)에 의해서 악도에 태어남은 처이며, 그것을 벗어남은 비처이다. 인욕에 의해서 아름다운 형색(形色)을 얻음은 처이며, 형색이 추루하게 됨은 비처이다. 해치는 마음이 그 악과(惡果)로부터 벗어나는 등의 요약하면, 어떤 원인에서 어떤 결과가 발생하는 그 인과 그 결과의 처(處) 또는 터전이니, 그것을 벗어나는 비처(非處)의 인과의 속임 없는 연기의 처(處)를 완전히 아는 힘을 얻은 그것으로 말미암아 인연(因緣)과 명명처(命名處)에 의뢰하여 성립하는 속임 없는 연기를 설하신 당신께서는 법을 설하는 모든 도사들 가운데 최승의 어주(語主)이시다"라고 하였다. *처비처지력(處非處智力)은 업과 번뇌는 유정을 탄생시키는 원인이며, 자기와 창조자와 자재천 등은 유정을 탄생시키는 원인이 아님을 앎과 선행은 선취에 태어나는 처(處)이며, 악도에 태어나는 것은 비처(非處)임을 앎과 불선을 행함으로써 악도에 태어나며, 그것에 의해서 선취에 태어나는 것은 비처임을 아는 것 등을 말한다.

244) 이 게송은 붓다의 십력(十力) 가운데 업보지력(業報智力)으로 중생교화에 들어감을 찬탄함이니, 7대 달라이 라마의 『문수예찬운해상석』에서, "무시이래 윤회 속에서 삼유에 태어나고 죽는 것이 끊어짐이 없이 이어짐으로써 들어가니, 모든 유정들의 선과 불선의 업이 섞임이 없는 둘과 백업과 흑업의 섞임과 능진(能盡)의 업들의 도리와 그것들의 안락과 불행 등의 그 어떤 결과가 업의 성숙임을 아는 힘인 지업보지력을 얻은 힘에 의해서 당신에게는 현전하지 않음이 전혀 있지 않으니 그로 말미암아 당신의 말씀인 업과 결과들이 없다면 발생하지 않는 연결을 여실하게 아신 뒤에 가르침을 전하심으로써 그와 같이 말씀하신 결과가 없음이 전혀 있지 않다"라고 하였다. *업보지력(業報智力)은 삼세의 일체의 선업과 악업과 선악의 섞임과 그 과보에 대하여 여실하게 아는 지력이다.

여실히 관조함으로써, 당신의 모든 행위들이

유정의 이익이 되지 않음이 없나이다.[245]

(55송)

근 · 경 · 식 십팔계의 차별 일체가
根　境　識　十八界

당신의 지혜 앞엔 감춰짐이 전혀 없으므로,

교화중생의 처지들을 여실지견하여
如實知見

교화의 시절을 벗어남이 전혀 있지 않나이다.[246]

---

245) 이 게송은 붓다의 십력(十力) 가운데 종종해지력(種種解智力)으로 중생교화에 들어감을 찬탄함이니, 7대 달라이 라마의 『문수예찬운해상석』에서, "어떤 유정은 탐착의 현전(現前)에 머물고, 성냄의 현전의 문을 통해서 머물지 않을지라도 특별히 욕구함이 강렬함과 일부는 거기에서 돌아서서 성냄에 머물고 탐욕을 희구함 등에 귀속되는 증상생(增上生)과 성문과 연각과 대승을 희구하는 갖가지 욕구의 차별과 갖가지 의요들의 있는 모든 것들을 여실하고 확연하게 관조하는 갖가지 신해들을 아는 종종해지력을 얻음으로써 당신의 몸 · 말 · 뜻의 사업들 전체가 유정의 의요를 그와 같이 하는 그것과 일치하게 행함으로써 유정에게 유익함이 되지 않음이 전혀 있지 않나이다"라고 하였다. *종종해지력(種種解智力)의 해(解)는 욕구, 희구, 신해의 뜻이니, 일부의 유정들은 대승을 신해하고, 일부는 소승을, 일부는 연각승을 신해하고, 일부는 보시를, 일부는 계율을, 일부는 선정을 희구하는 등의 신해의 차별을 완전히 아는 지력(智力)을 말한다.

246) 이 게송은 붓다의 십력(十力) 가운데 종종계지력(種種界智力)으로 중생교화에 들어감을 찬탄함이니, 7대 달라이 라마의 『문수예찬운해상석』에서, "안계(眼界)에서부터 의계(意界)에 이르는 의지처가 되는 육근계(六根界)와 안식(眼識)에서부터 의식(意識)에 이르는 의지하는 육식계(六識界)와 색계(色界)에서부터 의계(意界)에 이르는 소연의 육경계(六境界)이니, 합하면 모두 십팔계(十八界)의 차별과 그들의 자성인 내공(內空) 등의 계(界)의 성상의 일체에 대하여 문수의호 당신의 지혜 앞에는 실체가 감춰짐이 전혀 없이 일체를 있는 그대로 지견하는 종종계지력(種種界智力)을 얻음으로써, 당신은 교화중생의 처지들인 성정과 종성을 여실하게 앎으로써 그 교화유정과 그의 교화의 시절이 도래하면 조금도 벗어남이 전혀 있지 않다"라고 하였다. *종종계지력(種種界智力)은 대소승의 삼승(三乘)의 종성과 종성이 정해지지 못한 부정취(不定趣)와 무종성(無種姓) 따위와 복분(福分)의 많고 적음과 습기의 경중의 차별들을 잘 알아서 오종성(五種姓)으로 판별하는데 정통함과 또는 의지처가 되는 근계(根界)와 의부하는 식계(識界)와 소연의 대상인 경계(境界) 등의 계(界)의 차별을 완전하게 아는 지력(智力)을 말한다.

(56송)

윤회세계에 유전하는 유정들의 믿음 등의

근기의 높고 낮음과 근기가 아님에 대해서,

직시함이 걸림 없이 들어가므로, 당신께선

법을 설하는 도리에 크게 통달하셨나이다.[247]

(57송)

증상생과 결정승과
增 上 生　　 決 定 勝

악도들에 들어가는 길들의,
惡 道

일체를 알고 장폐가 없으시므로
　　　　　　障 蔽

당신은 유정들의 선지식이시나이다.[248]
　　　　　　　善 知 識

---

247) 이 게송은 붓다의 십력(十力) 가운데 근승렬지력(根勝劣界智力)으로 중생교화에 들어감을 찬탄함이니, 7대 달라이 라마의 『문수예찬운해상석』에서, "윤회세계에 유전하는 유정들의 믿음 등에 귀속되는 정진과 억념과 삼마지와 반야의 오근(五根)이 대근(大根)을 지닌 이근(利根)과 소근(小根)을 지닌 하근(下根)과 신근(信根) 등이 없는 무근(無根)에 대하여 직시(直視)함이 걸림 없이 들어가는 뛰어난 근기와 하열한 근기를 아는 근승렬지력(根勝劣智力)을 얻음으로써 문수의호 당신께서는 중생의 근기와 일치하게 법을 설함으로써 법을 설하는 도리에 크게 통달함이다"라고 하였다. *근승렬지력(根勝劣智力)은 유정들의 신근(信根) 등의 근기가 예리한 상근과 중근(中根)과 근기가 저열한 하근(下根) 등의 차별을 여실하게 아는 지력(智力)을 말한다.

248) 이 게송은 붓다의 십력(十力) 가운데 편취행지력(遍趣行智力)으로 중생교화에 들어감을 찬탄함이니, 7대 달라이 라마의 『문수예찬운해상석』에서, "계율 등은 상계(上界)에 태어나는 증상생(增上生)의 길이며, 출리와 정견 등은 해탈 등을 얻는 결정승(決定勝)의 길임과 오무간(五無間) 등은 악도의 처소들에 들어가게 함으로써 유정들이 가는 모든 길을 아심에 장폐가 없는 편취행지력(遍趣行智力)을 얻음으로써 문수사리 당신은 유정들에게 증상생과 결정승의 방편을 여실하게 열어 보이는 최승의 선지식입니다"라고 하였다. *편취행지력(遍趣行智力)은 어떤 길은 불지(佛地)로 들어가는 길이며, 어떤 길은 연각의 보리로 들어가는 길이며, 어떤 길은 성문의 보리로 들어가는 길이며, 어떤 길은 악도로 들어가고, 어떤 길은 선취로 들어가는 길임을 여실하게 아는 지력(智力)을 말한다.

(58송)

사선과 무색정과 사자분신삼매와
四禪　無色定　師子奮迅三昧

초월정[249] 등의 모든 삼매들에,
超越定

들고 나오는 일체를 숙습하는 도리에
熟習

어리석지 않으므로

모든 등지들의 피안에 도달하셨나이다.[250]
等至

(59송)

무시이래 윤회 속에서 친숙해진

자타의 생애들의 증거들과 함께,

찰나의 순간에 전생을 통찰하시므로

---

249) 초월정(超越定)은 삼마지를 차례로 닦아서 들어감에 의지하지 않고 차례를 초월하여 법성을 관조하는 근본정(根本定)에 들어가는 선정을 말한다.

250) 이 게송은 붓다의 십력(十力) 가운데 정려해탈등삼매등지지력(靜慮解脫等三昧等至智力)으로 중생교화에 들어감을 찬탄함이니, 7대 달라이 라마의 『문수예찬운해상석』에서, "초선(初禪) 등의 사선정(四禪定)과 공무변처정(空無邊處定)과 식무변처정(識無邊處定)과 무소유처정(無所有處定)과 비상비비상처정(非想非非想處定)의 사무색정(四無色定)과 이장(二障)의 두려움을 여읜 공성에 안주하는 삼매 또는 구차제정(九次第定)의 중간을 전혀 경유하지 않고 차례로 위로 갔다가 아래로 가는 초월정의 수행인 사자분신삼매(師子奮迅三昧)와 삼매의 역량을 단련하기 위하여 발원처(發源處)는 사선정과 사무색정이며, 증생법(增生法)은 멸진정(滅盡定)이며, 발원처의 구차제정에 증생법인 희구심을 일으킨 뒤 순차와 비순차로 등지(等至)에 들어감으로써 차례를 위월하는 초월정(超越定) 등에 귀속되는 수능엄삼매(首楞嚴三昧)와 허공고삼매(虛空庫三昧)와 무구삼매(無垢三昧)와 보인삼매(寶印三昧) 등의 모든 삼매들의 상태에 그와 같이 원하고 원하는 바대로 그곳에 안주함과 거기에서 이쪽으로 나오는 등에 장애를 가하는 모든 선정의 장애로부터 염오와 그로부터 벗어나는 해탈의 방편도리 또는 그들 삼매들 등의 염오와 해탈품의 도리 일체에 어리석지 않음과 그들 삼매에 들고 남에 정통하지 못한 염오와 해탈을 아는 정려해탈등삼매등지지력(靜慮解脫等三昧等至智力)을 얻음으로써 모든 등지들의 피안에 도달하니, 그 이상이 없는 최상에 이르렀습니다"라고 하였다. *정려해탈등삼매등지지력(靜慮解脫等三昧等至智力)은 색계의 사선정(四禪定)과 무색정(無色定)과 팔해탈(八解脫)과 수능엄삼매(首楞嚴三昧)와 구차제정(九次第定)에 대하여 그들 속에 들어가고 나오는 때 어떠한 공덕과 과실이 생기고 그것을 피하는 가를 완전하게 아는 지력(智力)을 말한다.

당신은 전제에도 통달하셨나이다.[251]
前際

(60송)

이때쯤에 여기에서 사멸한 뒤

선행과 죄행의 업들 그와 같이,

어디에 태어나는 그 장소를 아시므로

당신은 후제에도 통달하셨나이다.[252]
後際

(61송)

번뇌와 소지가 멸진한 누진의 니르바나와
所知

어떤 방편으로 멸진하는가 하는 팔정도의,

---

251) 이 게송은 붓다의 십력(十力) 가운데 숙주수념지력(宿住隨念智力)으로 중생교화에 들어감을 찬탄함이니, 7대 달라이 라마의 『문수예찬운해상석』에서, "무시이래의 윤회에 유전하면서 친숙하거나 또는 익히고 사귄 자기와 타인들의 과거의 생애의 근본 또는 원인과 함께, '몸 색깔은 이와 같았다'는 모습과 함께, '이와 같은 곳에서 이와 같은 곳에 태어났다'는 장소와 함께, 과거생의 일들을 기억하고, 그 일들을 아는 증거로 지옥에서 사멸하며 한마디 말과 같은 것과 언증(言證)의 필요성과 항상 몸을 떠는 등의 20가지 증거를 설하여 드러내는 '이와 같다'라는 증거와 함께 앎이니, 일부의 법행(法行)과 단문(短文)에서, '사증(事證, Don rtags)'이라 말하는 의미가 어법(語法)이 그와 같음으로 상위함이 없다. (중략) 그것들 또한 오래 동안 생각할 필요가 없이 일찰나의 순간에 통찰하는 숙주수념지력(宿住隨念智力)을 얻음으로써 당신은 자타의 전생의 변제를 열어 보임에 통달하였습니다"라고 하였다. *숙주수념지력(宿住隨念智力)은 과거 생에 자기와 여타 모든 중생들의 태어나고 살았던 곳과 원인과 모습 등을 기억하고 완전히 아는 지력(智力)을 말한다.

252) 이 게송은 붓다의 십력(十力) 가운데 지사생지력(知死生智力)으로 중생교화에 들어감을 찬탄함이니, 7대 달라이 라마의 『문수예찬운해상석』에서, "천안통으로 모든 유정들 가운데 이 보특가라(補特伽羅, 人)는 이 때 쯤에 여기에서 사멸하고, 그와 같이 죽은 뒤에는 선행의 선업과 죄행의 불선업 가운데 어떤 것을 짓고 쌓음을 그대로 그와 같이 착오가 없이 육도의 전체와 개별적으로 어떤 장소와 어디에서 탁태(托胎)하는지의 장소 그 일체를 지사생지력(知死生智力)으로 완전히 아심으로써 당신은 후제(後際)에도 통달하였습니다"라고 하였다. *사생지력(死生智力)은 이들 유정들은 이곳에서 죽어서 떠난 뒤 여기에 태어났고, 그 뒤에 또한 죽은 뒤에 여기에 태어나고, 그 뒤에 또한 여기에 태어난다고 하는 등의 시절을 아는 지력(智力)이다.

그들 일체를 막힘 없이 통견하는 눈을 지니시니

그러므로 당신은 귀의처의 지존이시나이다.[253]

(62송)

그와 같이 처 · 비처와 이숙업과
　　　　　　　處　非處　　異熟業

신해와 세간계와 근기차제와
信解　　世間界　　根機次第

편행도와 번뇌의 해탈과 숙명처와
遍行道　　　　　　　　　　遍行道

사멸하여 태어남과 누진을 앎에

걸림 없이 들어감 등의 일체를 지니신

당신의 경계가 되지 않는 소지의 처소가
　　　　　　　　　　　　　　所知

그 어디에도 있지 않나이다.[254]

---

253) 이 게송은 붓다의 십력(十力) 가운데 누진지력(漏盡智力)으로 중생교화에 들어감을 찬탄함이니, 7대 달라이 라마의 『문수
예찬운해상석』에서, "만약 누진(漏盡)의 번뇌 일체를 소멸한 멸진을 뛰어나게 여기는 열승(劣乘)의 니르바나와 소지장(所
知障)이 멸진한 묘승(妙乘)의 니르바나의 둘과 그들 장애들을 어떤 방편으로 진멸하는가 하면 대소승의 정견과 정사유와
정어(正語)와 정업(正業)과 정명(正命)과 정정진과 정념과 정정(正定)이니, 팔성도에 의한 해탈과 일체지(一切知)의 길인 그
것들 일체를 가림이 없이 여실하게 봄으로써 눈과 같은 지혜인 누진지력(漏盡智力)을 얻음으로써 문수사리 당신께서는 해
탈을 원하는 자들을 전도됨이 없는 바른 길로 인도한 뒤 이장(二障)의 두려움에서 구호하는 모든 귀의처의 지존입니다"라
고 하였다. *누진지력(漏盡智力)은 유정들의 번뇌와 습기 등이 흘러나옴이 다한 누진(漏盡)을 얻고 얻지 못함을 낱낱이 아
는 지력(智力)을 말한다.

254) 이 게송의 의미를 7대 달라이 라마의 『문수예찬운해상석』에서, "붓다의 마음의 흐름(心續)의 심(心)과 심소(心所)의 일체가
십력(十力)에 안치하는 도리에 무리가 없으며, 힘이란 단어를 말하는 것은 모든 방해의 방면들로부터 승리하고, 그것이 진
압을 당하지 않음으로써 힘이라 한 것이다. 그와 같이 앞에서 설한 바대로 처(處)와 비처(非處)와 업의 이숙(異熟)과 갖가
지 신해(信解)와 갖가지 계차제(界次第)와 갖가지 근기차제(根機次第)와 증상생(增上生)과 결정승(決定勝) 등의 편행도(遍行
道)와 번뇌와 해탈과 숙명처(宿命處)와 지사생지력(知死生智力)과 누진(漏盡) 등을 여실하게 앎에 걸림 없이 들어가는 십
력(十力)의 일체를 지니신 문수의호 당신의 지견(知見)의 대상이 되지 않는 그 어떤 소지처(所知處)가 어디에도 전혀 있지
않습니다"라고 함으로써 십력의 문을 통한 찬양을 마쳤다.

(63송)

윤회계에 유랑하는 유정들이 무시이래로

자기의 안락을 위하여 남을 해치는 길에,

무작한 노력으로 전적으로 의지할지라도
無 作

피폐의 결실 밖에 있지 않은 잘못임과 같이.²⁵⁵⁾

(64송)

다른 유정들을 조금도 해치지 아니하고

오직 자신의 안락을 위하여 밤낮 없이,

백배의 근행으로 해탈을 닦은 그것 또한

대승의 정로를 등지는 것으로 관하시었네.²⁵⁶⁾
正 路

---

255) 이 게송의 의미를 7대 달라이 라마의 『문수예찬운해상석』에서, "윤회세계에 유랑하는 유정들인 하근 가운데 최하근의 중생들이 무시이래로 자기의 금생의 안락을 위해서 다른 유정들의 생명을 해치고, 주지 않은 물건을 훔치는 등의 몸·말·뜻 셋의 해악의 업도(業道)를 사나운 노력으로 정진함으로써 전적으로 매달리고 허다히 익혔을지라도, 그것의 결실은 후생에 지옥 등의 무변한 고통을 맛볼 뿐만 아니라, 이생에서도 또한 욕심에 탐착하여 죄악과 욕설 등의 원치 않는 갖가지를 짓는 것 밖에는 진실한 안락을 얻는 것이 못 되는 까닭에, 그와 같은 업은 피폐해 짐을 낳고 안락한 결실이 없음으로써 그것을 추구하는 일은 바르지 못함이니, 잘못된 것이다"라고 하였다.

256) 이 게송의 의미를 7대 달라이 라마의 『문수예찬운해상석』에서, "금생의 안락을 추구하는 이들이 안락의 결실로부터 잘못됨과 같이, 다른 유정들에게 몸과 말로 해치지 않음은 물론이거니와 마음으로도 해치는 마음 또한 율의에 안주함으로써 조금도 해악을 끼침이 없이, 오직 자기 자신만이 윤회의 고통을 싫어한 뒤 그로부터 해탈하기 위하여 낮과 밤이 없이 머리에 난 불을 끄듯이 강렬한 정진에 의해서 또한, 특별히 백배의 정근으로 고통을 식멸하는 해탈을 얻기 위하여 닦는 중근기의 사부인 성문과 연각 또한, 바른 길인 대승을 등지는 것이니, 그것의 어긋남은 역품(逆品)에 해당하는 잘못으로 관찰한 뒤 자기 홀로 적멸의 안락을 추구함을 물리쳐버렸다"라고 하였다.

(65송)

그러므로 모든 부처님들이 가신 한 길인

몸이 있는 일체를 섭수하는 어머니처럼,

법왕자 용사들이 전쟁터로 행하는 문인

대비(大悲)의 선한 길을 장시간 닦고 익히시었네.[257]

(66송)

고통은 꿈속에서도 또한 원치 않으며

뛰어난 안락에는 만족할 줄 모르는,

이들 일체유정과 나는 차별이 없으니

타인의 안락을 저버림은 큰 착오이니.[258]

---

257) 이 게송의 의미를 7대 달라이 라마의 『문수예찬운해상석』에서, "자기 홀로 적멸의 안락을 추구하는 낮은 길은 일체지자로 가는 길의 착처(錯處)이니, 그러므로 삼세제불의 성불의 길은 오직 이것이니, 이것을 제외하곤 달리 들어가는 길이 없는 한 길인, 몸이 있는 유정들 일체를 자기의 외아들처럼 크게 사랑함으로써 섭수하는 어머니처럼, 유정들의 거꾸로 행함과 난행의 일체에 두려움이 없는 법왕자 보살용사들이 윤회의 괴로움과 난행의 고통 속에 머물면서 전쟁터에 들어갈 때, 해악을 가하는 그들이 마음에 상처를 못 입히게 방호하는 갑옷을 입음과 같이, 모든 유정들을 모든 고통으로부터 자신이 구제하길 원하는 대비의 선한 길을 앞에서 말한 대로 과거의 허다한 무량겁 이전부터 장시간에 걸쳐 실천의 핵심으로 삼아 위로위로 향상하기 위하여 끊임이 없이 닦고 익히시었다"라고 하였다.

258) 이 66게송과 67송의 의미를 7대 달라이 라마의 『문수예찬운해상석』에서, "적천보살의 입보리행론(入菩提行論, 禪定品 95송, 97송)에서, '어느 때나 나와 남의 둘은, 안락을 원함은 같으니, 나와 다름이 무엇이 있으리오. 어찌 혼자의 안락을 위해 노력하리오. 어느 때나 나와 남의 둘은, 고통을 원치 않음은 같으니, 나와 다름이 무엇이 있으리오. 어찌 남을 지키지 않고 나만을 지키리오'라고 설함과 같이, 고통을 직접 받는다면 더 말할 필요가 있겠는가? 꿈속에도 또한 원치를 않으며 더없이 뛰어난 안락을 영원토록 만족할 줄 모르고 누리기를 원하니, 이들 유정 일체는 나와 다름이 조금도 있지 않으니, 나의 고통을 소멸하고 안락을 성취하는 방편에 노력하고, 다른 유정들의 고통을 소멸하고, 안락을 성취하는 방편에 들어가지 않고 내버려두는 이들은 자기에게 집착하여 가련한 마음이 큰 착오임을, 대자비를 지닌 당신께서 그것을 보신 뒤,

(67송)

자비를 지니신 당신은 그것을 보시고

자타를 평등하게 보신 뒤에 보리심을

무시이래 닦고 익혀서, 모든 유정들을

당신께선 자기 몸으로 삼아 지니시었네.

(68송)

자신의 안락을 사랑함은 정도(正道)의 적이며

타인을 애중히 여김은 공덕의 보고(寶庫)이니,

그러므로 당신은 자타를 바꾸는 도리를

닦고 닦아 일체유정을 자신으로 삼으시었네.[259]

나와 남은 고통을 둘 다 원치 않음과 안락을 둘 다 원함을 바람이 평등함으로써, 자타가 평등함을 관찰 또는 보는 보리심을 추구가 과거 처음부터 닦고 익힘으로써, 모든 유정들을 의호주인 당신께서 내버려두지 않고 자기의 몸으로 집지하는 문을 통해서 그들의 고통을 소멸하고 안락을 성취하는 방편에 노력함이다"라고 하였다.

[259] 이 게송의 의미를 7대 달라이 라마의 『문수예찬운해상석』에서, "적천보살의 입보리행론(入菩提行論, 禪定品 129송, 131송)에서, '세간의 안락 그 모두는, 타인의 안락을 원함에서 비롯하고, 세간의 고통 그 모두는, 자기의 안락을 원함에서 비롯하니'라고 함과 '자기의 안락과 타인의 고통 둘을, 바르게 바꾸지 않으면, 붓다 자체를 이루지 못하고, 윤회 속에서도 또한 안락이 없다'라고 함과 같이, 자신의 현생의 임시의 안락을 사랑하는 탓에 그것을 애집하는 것은 해탈과 일체지를 얻게 하는 정도(正道)의 적이 될 뿐만 아니라, 윤회의 단계에서도 또한 갖가지 고통을 일으키게 된다. 다른 유정을 애중히 여김은 임시와 구경의 모든 공덕들 그 일체가 발생하는 보고(寶庫)이니, 그러므로 자기를 애집하는 허물과 타인을 애중히 여기는 이득을 사유하는 문을 통해서 당신께서는 타인을 내던져버리는 대신 자기를 내버리고, 자기를 애집하는 대신 타인을 애중히 여기는 나와 남을 맞바꾸는 자타상환(自他相換)의 도리를 거듭거듭 닦아 익힘으로써 여타의 모든 유정들을 자기로 삼으시고, 자신이 보신 그대로 행하시었다"라고 하였다.

(69송)

그와 같이 허다하게 대비의 어머니에 의해서

대승의 체력을 온전하게 배양하신 문수세존인,

당신께선 원만한 단증공덕의 구경에 달하시니
                    斷 證

허멸의 안락에 어찌 마음을 빼앗기리오.[260]

(70송)

새들의 왕인 금시조가 천공을 높이 날아도

하늘에 머물지도 땅에 떨어지지도 않듯이,

윤회와 열반의 양변에 머물지 않는

당신의 마음을 찬양하오니

---

260) 이 게송의 의미를 7대 달라이 라마의 『문수예찬운해상석』에서, "그와 같이 여타의 유정들이 일체의 고통을 여의도록 자신이 그렇게 하고자 하는 대비의 어머니가 처음 보리도에 들어오는 원인이 되고, 들어온 뒤에는 자신의 안락만을 추구하는 낮은 길에 떨어지지 않고 자량도(資糧道)에서부터 불지에 이르는 오도(五道)와 십지(十地)의 공덕들 일체를 위로위로 향상시키는 방편을 닦음으로써, 허다하게 대승도의 체력을 온전하게 양육한 세존 당신께선 원만한 단증공덕(斷證功德)의 구경에 도달하시니, 거기에서 다른 공덕을 전혀 얻지 못하는 피안에 도달할지라도 또한 성문과 연각처럼 행고를 식멸한 안락으로 마음을 빼앗거나 또는 그 영향에 떨어진 뒤 타인의 이익을 소홀히 함이 어찌 있으리오. 자기의 고통과 장애의 일체가 소진하는 적멸과 안락의 법계에서 움직임이 없는 상태에서 대비와 숙세의 원력에 의해서 모든 유정들을 언제 어디서나 이타의 사업을 애씀이 없이 자연성취로 행하심은 마음의 비밀이 다함이 없는 심밀무진장엄륜(心密無盡莊嚴輪)에 자재함을 얻었기 때문이다"라고 하였다.

261) 이 게송의 의미를 7대 달라이 라마의 『문수예찬운해상석』에서, "비유하면, 새들의 왕인 금시조(金翅鳥)가 천공을 날아올라 떠있어도 허공 속에 집을 지어 머무름이 또한 아니니, 지모(持母)인 땅 위에 떨어짐도 또한 아니니, 그와 같이 업과 번뇌의 힘에 의해서 윤회에 떨어지는 윤회의 변제와 이타의 흐름이 끊어진 적멸의 변제에도 머물지 않는 지비(智悲)의 둘을 지니신 문수의호 당신의 마음을 찬양하여 생기는 이 공덕으로 저 또한, 문수사리 당신의 지비(智悲)의 마음을 영원토록 여의지 않게 하소서"라고 하였다.

저 또한 문수사리의 지비의 마음을
智悲

여의지 않게 하소서.[261]

(71송)

변집의 견처를 파괴하는 정견과
邊執 見処   正見

유정을 친자처럼 여기는 대비의 둘을,
大悲

수월하게 마음에 얻은 뒤에, 유정들을

묘승의 길로 모두 인도하게 하소서.[262]
妙乘

(72송)

제법의 글 뜻을 기억하는 불망다라니와
不忘

모든 질의에 막힘없이 답하는

대변재를 질속하게 산출한 뒤,
大辯才

법재가 빈궁한 유정들에게
法財

---

262) 이 게송의 의미를 7대 달라이 라마의 『문수예찬운해상석』에서, "일체법을 실유(實有)로 집지하는 상견(常見)과 업과(業果)의 도리를 자종(自宗)에 두는 것을 편하게 여기지 않고 체면 상 긍정하는 등의 단견(斷見)의 두 가지 변집견(邊執見)의 이해 일체를 파괴하는 중도의 진리를 깨달은 반야 또는 정견과, 모든 유정들을 자기의 친자처럼 본 뒤 그들 모두의 고통을 소멸하길 원하는 대비의 둘을 마음에 애써 노력함이 없이 수월하게 얻은 뒤에, 몸을 지닌 모든 유정들을 자신이 그와 같이 성취한 방편과 반야의 합일의 묘승(妙乘)의 길로 인도하게 하소서"라고 하였다.

묘법을 선설하는 희연을 열어주는

법주가 되게 하소서.[263]
法 主

(73송)

모든 교화 대상들의 갖가지 심원대로
心 願
분별을 일으킴 없이 희원을 채워주는,

문수사리 마음의 길상에 의해서

저 또한 신속하게 가을 달처럼

푸른 하늘을 빛으로 장엄하게 하소서.

　이상은 거룩한 문수사리를 찬양하고 문수사리를 기쁘게 하는 예찬 운해(禮讚雲海) 가운데 세 번째 문수의 마음을 찬탄하는 문단이다.

---

263) 이 게송의 의미를 7대 달라이 라마의 『문수예찬운해상석』에서, "달리 또한 제법의 글 뜻을 숙련함이 없이 단지 듣는 것만으로 잊지 않고 기억하는 불망다라니(不忘陀羅尼)를 원만히 성취하고, 유정들이 갖가지 질문들을 얼마든지 쏟아 낼지라도 그 모든 질의에 응답하는 지혜가 걸림이 없는 대변재를 질속하게 산출한 뒤 법재(法財)가 빈궁한 유정들에게 묘법을 선설하는 대잔치를 여는 법주가 되게 하소서"라고 하였다.

시방의 국토에 머무시는 무량한 부처님들이

끊임없이 크게 칭찬하시고,

그 명성이 삼계세간에 가득하여

문수사리라는 명칭이 크게 유전하니,
文殊師利

당신의 무변한 공덕을

조금 공손히 찬송하는 이 예찬운해를,

만약 어떤 이가 수지하고 독송하면

문수사리의 가피와 지혜가 신속하게

그의 마음속에 들어가지이다!

 거룩한 문수사리를 찬양하는 「문수사리를 기쁘게 하는 예찬운해」라
부르는 이것을 다문비구(多聞比丘) 걜캄빠 로쌍닥빠(善慧稱)가 티베트 설원
의 설산의 왕인 오데궁걜(Ḥo de guṅ rgyal)의 하숄(lHa shol)에서 완결하고,
데뇌진빠(三藏法師) 바드라빨라(賢護)가 글로 적다.

7) 문수지해수송운우²⁶⁴⁾
文殊智海隨誦雲雨

로되타얘(無邊智) **린뽀체**

나모 아르야 만주쓰리예(Namoāryāmañjuśrīye)

(1송)

제불여래의 마음속에 언제나 머무르고

무이의 지혜라 부르는 그 분이,

無 二

거룩한 문수사리지혜살타이시니

文 殊 師 利 智 慧 薩 埵

제 심장에 지혜가 흘러내리길 청하나이다.

---

264) 원명은 『문수의호동자보살전기일면지분찬보주왕무별지해무수수송운우(文殊依怙童子菩薩傳記一面之分讚寶珠王無別智海無數隨誦雲雨)(ḥJam dpal gshon nur gyur paḥi rnam thar phyogs gcig gi cha śas la cuṅ dzas bsṅags pa nor bu rin po cheḥi rgyal po dbyer med paḥi ye śes rgya mtsho graṅs med pa rjes su sgrog paḥi sprin gyi char shes bya ba bshugs so)』이다. 『文殊別名釋義』, 吉美云丹貢布 等著, 四川民族出版社, 성도, 2007, China.

265) 원문은 "죄메죄빠쏨두메빠규(brJod med brjod pa gshob du med paḥi rgyu)"이며, 이 구절의 의미는, "본송에서, '불생의 아(阿) 자에서 출생하시며(제28송2구)'라고 하였듯이, 무생(無生)의 아(阿)에서 출생하신 제불의 본성은 무이지(無二智)이며, 그 무이지가 곧 문수타의 본질임으로써, 어주(語主)인 문수살타의 본성은 가히 언설로써 설명할 수 없는 불가설(不可說)이며, 모든 문자와 소리와 형상과 지혜 등은 무생(無生)의 아(阿) 자에서 출현한 속제인 까닭에 언설이 가능한 가설(可說)의 경계이나, 속제의 출생처소인 진여의 아(阿) 자는 어떤 것에 의해서도 파괴되지 않음으로써 불괴인(不壞因)이라 할 수가 있다"라고 생각된다.

(2송)

당신은 제불여래의 어자재이시며
語 自 在

불가설이며 가설이자 불괴인이며,[265]
不可說   可說   不壞因

법륜을 남김없이 굴리는 어주이시니
語 主

감로의 물방울 하나 저에게 내려 주소서.

(3송)

제불여래의 지신이신 문수사리시여,
智 身

장애를 진멸하신 자생의 동자신이시며,
自生   童子身

상호가 일출·월출의 광명처럼 빛나시니

제게도 얼굴을 살짝 비추시길 청하나이다.

(4송)

하늘을 덮는 멸제로 진구를 멸하시고
塵垢

본초부터 해탈신을 증득하시여,
解脫身

환망이 편만하고 상주하는 대편주이신
幻網   大遍主

당신께선 저의 스승님이 되어주소서.

(5송)

법왕자인 당신께선 광대한 지혜를 열은 뒤에

무상과 온전한 무분별의,
無 相

해탈의 법계와 일미로 평등하게 머무시는

허공과 같은 님이시여, 제게 기회를 열어주소서.

(6송)

대평사로 윤회와 열반을 짊어지고
大 平 捨

대섭사로 중생을 양육하는 근원인,
大 攝 事

갖가지 공덕의 수확물들을 산출하시는
産 出

대지와 같은 님이시여, 저 또한 성숙시켜 주소서.

(7송)

장애의 먹구름을 여읜 만다라는

갖가지 색깔의 광명이 타오르고,

번뇌의 바다를 순식간에 말리니

태양과 같은 님이시여,

죄악의 어두움을 멸하소서.

(8송)

반야의 만다라와 대비의 청량한 빛살이

법성의 하늘에 집착함이 없이 출현하니,

대지가 별무리 가운데 만월처럼 빛나는
大智

백월과 같은 님이시여, 제게 광명을 비추소서.

(9송)

무변한 이자량의 보배창고를 지니시고
二 資 糧

윤회와 열반의 섬에서 자유롭게 노니시며,

무비의 해탈의 금륜으로 접인하시는
接 引

다르마의 왕인 님이시여,

제게 가르침을 내리소서.

(10송)

유정이 안락을 원할 때 동사섭을 행하는

동자보살로 윤회의 험로의 곤궁을 달래는,
童 子

반야의 다함없는 보고를 아낌없이 베푸는
宝 庫

보병과 같은 님이시여, 저의 빈궁을 구제하소서.
宝 瓶

(11송)

대비의 뿌리를 유정계의 대지 속에 내리고
大悲   大地

대원해의 잎과 열매를 땅에 드리워서,
大願海

애씀 없는 자연성취로 모든 소망을 채워주는

여의수와 같은 님이시여, 저의 그늘이 되어주소서.
如意樹

(12송)

십자재의 변제에 도달한 대위광과
十自在   邊際

십력의 위력으로 염라왕을 제압하시고,
十力

지중에 머무는 보살들의 행경인
地中   行境

감로와 같은 님이시여, 저의 죽음을 진멸하소서.

(13송)

무지와 해태의 어두운 잠 속에서 깨어나게 하시고
解怠

사제의 법음으로 삿된 길에서 정도로 안치하시고,
四諦   正道

조복이 힘든 자를 조복하고 불복엔 평사를 행하는

하늘의 북소리와 같은 님이시여,

저의 방일을 멸하소서.

(14송)

백 천만의 보살들에게 법담을 설하시고
法 談

천신 등이 진실로 희애하는 대명성이시며,
天 神   喜 愛

삼계의 세간에서 오직 하나의 존귀한 명호이신

천둥소리와 같은 님이시여, 제게 법비를 내리소서.
法 雨

(15송)

능취와 소취의 견고한 이원의 방옥에서
能 取   所 取   二 元

범부들은 악견의 암흑 속에서 파멸하니,

특별하게 빛나는 당신의 지혜의 대광명

유정의 등불이신 님이시여, 중생을 건지소서.

(16송)

온·처 등의 제법의 덤불을 살라먹는
蘊 處

무구의 슬기가 불타는 대광명의 님이시여,
無 垢   大 光 明

걸림과 집착 없는 지혜의 불꽃으로

저의 업과 번뇌와 장애들을 불태워 주소서.

(17송)

정견으로 중생들을 살피고 살피시어서
正見

업의 환륜이 환상과 같음을 아시고,
幻輪

혹란을 끊어 견해의 과실이 없는
惑亂

유일의 혜안인 님이시여, 저를 살펴주소서.
慧眼

(18송)

백 천억의 삼매녀가 에워쌀지라도
三昧女

그 속에 안주 않고 범행을 어기지 않으며,
梵行

속박을 기꺼이 누리는 율학을 전수하시는
律學

묘정지의 님이시여, 제게 청정을 주소서.
妙淨地   清淨

(19송)

생사의 윤회와 그 원인을 함께 통달하신 뒤

그 죄업들이 잠복하고 발현하는 그것들을,

치료하는 백 가지 약방문으로 뿌리를 뽑는

명의인 님이시여, 제 윤회의 자통을 뽑아주소서.
名醫   刺痛

(20송)

모든 희론분별을 여읜 진여의 바다에서

수승한 방편과 대비의 배에 항상 올라,

윤회가 다하도록 유정의 구제를 행하시는

대선장인 님이시여, 저 또한 구원하여 주소서.
大 船 長

(21송)

자애와 인욕의 견고한 갑옷을 걸치시고

십지의 무기로 마라와 염마왕 등과의,
十 智

사나운 전쟁을 물리치는 대포외의 원적인
大 怖 畏

대웅인 님이시여, 제 두려움을 멸해주소서.
大 雄

(22송)

때마다 방일은 찰나에도 허용하지 않으시고

때 아닌 허로의 사업은 행하지 않으시며,

일체를 아는 지혜로 시절을 항상 살피시는

때를 아는 지혜의 님이시여, 제 시절을 알게 하소서.

(23송)

업도에 들어가는 상속에서 잘 벗어나시고

정도와 비도의 차별성에 정통하시며,
正 道　　　非 道

갖가지 관정도의 연설에 두려움이 없으시니

제게도 또한 대보리의 길을 열어보이소서.

(24송)

착란과 해탈의 둘을 전혀 보시지 않을지라도

괴로움의 바퀴를 금강의 이검으로 자르시고,
金 剛　　利 劍

오취의 유정들을 적멸 속에 안치하시는
五 趣

견고한 금강륜으로 저의 착란을 멸해주소서.

(25송)

일체에 용감히 나아가는 능엄삼매와

자애로운 신통변화의 신변으로,
神 變

대승의 당간을 일체에 수립하고
幢 竿

미묘한 수레에 제가 오르게 하소서.

(26송)

제불여래의 광대무변한 묘법의 문은

공성에서 비롯하고 언설에 능통하여,

변재의 왕은 언설로 파괴하지 못하니
辯才

제게 심오한 공성을 깨치는 지혜를 주소서.
空性

(27송)

행위가 허공처럼 평등성을 얻음으로써
行爲

일체 제법에 마음을 평등하게 안치하시고,

모든 실유와 비실유에서 해탈하신 님이시여,
實有 非實有

저 또한 무상에 들어가게 하소서.
無相

(28송)

무아를 증득한 사자후를 발출하여
無我

백가지의 상집을 파괴하시고,
相執

환법의 환상에서 또한 해탈하시니

저 또한 희론의 결박에서 해탈하게 하소서.

(29송)

과거세에 오셨던 모든 양족존들께서

당신의 위력을 항상 연설해 보이시고,

과거와 미래의 부처님들도 그와 같으시니

대력의 님이시여, 저를 악도에서 구호하소서.
大力

(30송)

대능인이 떠나신 뒤 정법을 수호하고
大能仁

유정에게 큰 위안을 주시고자 원하여,

신족통으로 언제나 유행하시는 당신
神足通

저 또한 고해에서 벗어나는 위안을 주소서.

(31송)

어디든 세간의 도사께서 계시지 않으면

동자의 모습으로 여래사업을 행하시고,
童子

언제나 항상 여래교법을 짊어지는 님이시여,

복분이 하열한 저의 도사가 되어주소서.
導師

(32송)

최후에는 일체유정에게 승시를 베푸시고
勝 施

진언사의 모습으로 무의탁의 고독한 자들의,
眞言師

구호의 갑옷이 되길 불전에 자청하신 님이시여,
佛 前

수행자인 제게도 최승의 성취를 하사하소서.

(33송)

십력의 소유자들께서 이구동성으로 증정한
十 力

문수사리의 존명은 단지 듣고 억념만 하여도,

복덕의 무더기가 불가사의하다고 설하시니

저 또한 명호의 찬문을 지으니 가지하소서.
加 持

(34송)

심오한 반야를 쌓으심이 불가사의하시어서

세간의 속법에 털끝만큼도 의거하지 않고,

법의 승묘방편을 자재로 구사하시는 님이시여,
勝 妙 方 便

저 또한 법왕이 되도록 관정을 수여하소서.
法 王 灌 頂

(35송)

본래 형상과 색깔과 복장이 있지 않을지라도

더럼 없는 불타는 길상과 위광의 주만자이시며,
珠鬘者

강물속의 달처럼 붙잡지 못하는 님이시여,

제게도 또한 대복의 위광을 하사하소서.
大福

(36송)

과거세엔 문수당 부처님이시고
文殊幢

미래세엔 보견불이시며,
普見佛

현재에는 승해극희정 등의
勝解極喜精

불해로써 무명의 껍질을 뚫으시고,
佛海

(37송)

여래의 불안으로 보시는 미진수의
佛眼

모든 국토에서 무량한 화신을 나투어

경이로운 대행에 들어가시고
大行

보살해로 윤회변제를 법계에서 조복하시는,
菩薩海

(38송)

문수의호 당신은 제불의 아버지이시며
文殊依怙 諸佛

법계와 동분의 공덕으로 몸을 장엄하시고

두 가지 닦음의 어구경에 들어가도
語究竟

다시 유정의 이락을 기뻐하시나이다.
利樂

(39송)

일천만의 부처님들이 설하셔도

겨우 털끝의 미진만큼 설하는 바다와 같은 전기를,

저와 같은 자가 십만의 언설을 동원해 설하여도

찬양의 대열에 끼지 못하고 다가가지 못해도,

(40송)

일월의 광명이 타인의 눈을 열어주고

반딧불이 자기의 갈 길을 비춤과 같이,

오로지 저의 믿음의 자취를 표현하는

언구의 등불을 문수의호이시여, 섭수하소서.
言句

(41송)

대보살 광명당과 지혜상사와
　　　　　光明幢　　智慧上師

적정왕과 원혜의 사대보살께서,
寂靜王　願慧　四大

대지혜의 당신과 동등하게 행하심[266]과 같이

저 또한 문수대웅을 따라 배우고자 하나이다.
　　　　　文殊大雄

(42송)

신해의 선업으로 심지의 어두움을 멸한 뒤
信解　　　　　　　心地

지금 이제부터 문수사리동자의 몸과,

광대한 신통과 미려한 신색 등들이
　　　　　　　　　　身色

제 근현식의 행경이 되게 하소서.
　　根現識　行境

(43송)

삼유의 먼 길을 가는 길손의 고통을 위로하고
三有

백복의 바퀴살 무늬가 아름답게 새겨진,
百福

---

266) 이것은 광당(光幢) 등의 사대보살님의 닦음이 광대하여 문수사리와 더불어 행(行)과 불토(佛土)가 같음을 말한다.

당신의 손을 제 머리 위에 얹고 쓰다듬은 뒤

대보리를 얻을 때까지 저의 스승님이 되어주소서.

　이것은 제쭌켄빠(至尊智)의 떼르첸(大伏藏)의 궁전과 아주 가까우며, 사람들 또한 천생으로 불전의 지혜가 밝은 동쪽의 남닥꾀빼종(rNam dag bkoe paḥi ljoṅs)에서 뒤쑴빠(知三世) 로되타얘(無邊智)가 신해로 저술하다. 모든 사람들을 문수대웅(文殊大雄)께서 섭수하는 선인(善因)이 되어지이다.

제3부

문수사리의 성취행법

문수사리의 성취행법 모음

1) 잠양켄쩨왕뽀(文殊智悲王)의
성문수진실명여실낭송속독송법지혜성취시여론[267]
聖文殊眞實名如實朗誦續讀誦法智慧成就施與論

문수진실명독송법지혜시여
文殊眞實名讀誦法智慧成就施與

나모 구루 즈냐나까야야(Namogurujñānakāyāya)

① 좌간유가의 형태로 낭송하는 법
座間瑜伽

『성문수진실명여실낭송』을 독송하는 교계에는 넷이 있음을 설하니,

그 가운데 심오한 유가행에 들어가지 못하는 초학자, 또는 심오한 유

가행에 들어갈지라도 수행의 좌간(座間)에 광대한 공덕을 찬탄하는 도

리로 독송하길 원하는 이들은 먼저 믿음과 출리(出離)와 두 가지 보리심

을 작의(作意)하고 사유한 뒤에,

---

267) 이것은 『잠뺄챈죄짜델슉(文殊別名釋義)』(직메왼땐귄뽀 편집, 사천 민족출판사, 2014.7, 성도, China)에서 발췌하였다.

"스승님과 부처님과 부처님의 정법과 상가에
대보리를 얻을 때까지 귀명정례 하오며,
타리를 위해 원만보리를 이루고자
심오한 「속장」을 독송코자 하나이다." (3번)
他利   續藏

(이와 같이 귀의발심을 3번 행한다.)

저의 전면허공 속에, 마음을 매혹시키는
공양의 운해가 자욱한 그 가운데
雲海
연화월륜의 보좌 위에 한순간
蓮花月輪
성스러운 문수사리보살께서 출현하시니,

황금산과 같이 찬란하신 그 몸빛은
채운으로 몸을 감싼 듯이 아름답고
평안한 미소를 띤 열여섯 살 길상동자
희유한 상호의 존체는 광염이 불타고,

일면사비의 첫 번째 두 손은
一面四臂

반야의 이검과 반야경을 각각 드시고
利 劍

아래의 양손은 방편반야의 궁시를 잡고,
弓 矢

만월의 후광에 의지하신 채
後 光

두 발로 금강가부좌를 맺고 앉아계시네.

갖가지 비단으로 만드신 법의와
法 衣

보석의 장신구로 몸을 꾸미시고,

분계를 맺고 푸른 연꽃 위에 계시는
分 髻

아촉부족의 주인이시며,
阿 閦 部 族

하늘에 걸린 제석의 활처럼

아름다운 오색 무지개 같은,

현공합일의 지혜의 몸은
現 空 合 一

실제와 같이 분명하게 현전하시니,

에마호, 부처님과 보리살타와

성문·연각과 범천과 제석 등의,

윤회와 열반의 모양들 일체는

문수살타 외에 다름이 아니오니,

무변한 소지계를 따라 들어가는

당신의 존명과 몸의 화현들과,

공덕의 하늘과 등지 등에
　　　　　　　等　至

불렬의 최승의 존경심으로,
不　裂

음성의 보배로운 비파를 튕겨

지혜의 몸 만주쓰리의,

금강의 존명의 의미를

여실칭송의 곡조로 발성하여,

지비와 대력의 마음을 흔듦으로
智 悲

대비의 무량한 광선이 발출하여
大 悲

천상과 지상 지하의 삼계를 덮고,

자신과 삼세간의 모든 유정들이

무시이래로 짓고 쌓은 죄악들과

이장의 어두움을 진멸한 뒤,
二 障

여소유와 진소유의 소지계를 통견하는
如所有　盡所有　　所知界

대지혜의 연꽃이 만개하게 하소서.

이와 같게 낭송하고 사유하며, 지극한 공경심으로 모든 딴뜨라의 왕인『문수진실명송』을 3차례 또는 힘닿는 대로 일념으로 독송하며, 만약 더 깊게 행하고자 하면, 다음과 같이 행한다.

② 진언유가의 형태로 낭송하는 법
眞言瑜伽

OM SARVA DHARMA ABHĀVA SVABHĀVA VIŚUDDHA VAJRACAKṢU: A Ā AṂ A:

옴 싸르와 다르마 아바와 쓰와바와 비숫다 바즈라작
쓔: 아 아- 암 아:

PRAKṚTI PARIŚUDDHA SARVA DHARMA YADUTA SARVA TATHĀGATA JÑĀNAKĀYA
MAÑJUŚRĪ PARIŚUDDHITĀ MUPĀDĀYETI

쁘라끄리띠 빠리쑷다: 싸르와다르마 야두따 싸르와
따타가따 즈냐나까야 만주쓰리 빠리쑷디따 무빠다에
띠

AṂ Ā: SARVA TATHĀGATA HṚDAYA HARA HARA OṂ HUṂ HRĪ: BHAGAVAN JÑĀNA MŪRTI
VĀGĪŚVARA MAHĀPACA SARVA DHARMA GAGANA AMALA SU PARIŚUDDHA DHARMAD-
HĀTU JÑĀNA GARBHA Ā:

암 아-: 싸르와 따타가따 흐리다야 하라하라 옴 훔-
흐리-: 바가완 즈냐나 무르띠 와기쓰와라 마하빠짜
싸르와 다르마 가가나 아말라 쑤 빠리쑷따 다르마다
뚜 즈냐나 가르바 아-:

 등의 『문수진실명』 진언품의 진언을 힘닿는 대로 염송하고, 그 공덕
을 사유한다. 그와 같이 행한 끝에,

실물공양과 마음으로 빚은

보현의 운공해로써,
　　　　雲 供 海

윤회세계가 다하고, 나아가

문수동자를 기쁘게 하소서.

옴 아르야 만주쓰리 아르감 쁘라띳차 쓰와하
　　　　　　　　　供 養 水

옴 아르야 만주쓰리 빠댬 쁘라띳차 쓰와하
　　　　　　　　　洗 足 水

옴 아르야 만주쓰리 뿌스뻬 쁘라띳차 쓰와하
　　　　　　　　　　꽃

옴 아르야 만주쓰리 두뻬 쁘라띳차 쓰와하
　　　　　　　　　燒 香

옴 아르야 만주쓰리 디뻬 쁘라띳차 쓰와하
　　　　　　　　　등 불

옴 아르야 만주쓰리 간데 쁘라띳차 쓰와하
　　　　　　　　　香 水

옴 아르야 만주쓰리 나이비땨 쁘라띳차 쓰와하
　　　　　　　　　　神 饌

옴 아르야 만주쓰리 쌉따 쁘라띳차 쓰와하.
　　　　　　　　　音 樂

이와 같이 8가지 공양물을 올린 뒤에,

모든 부처님들과 보살들의 지혜가

하나의 빛 덩이로 모인 결집체인,

윤회와 열반의 일체의 길상이신

문수사리보살님께 정례하나이다.

문수의호시여, 당신의 금강명호를

여실하게 낭송하고 찬양하는 저를,

지금부터 대보리를 얻을 때까지
　　　　　大 菩 提

자애로운 미소로 섭수하여 주소서.

단계마다 여실하게 머무르고, 또한

문사수의 삼혜가 증장하고,
聞 思 修

강설과 논쟁과 저술에 적수가 없는

언설의 태양이 되도록 가지하소서.

최후에는 능지와 소지가
能知　　　所知
분리되지 않는 지신을 성취한 뒤,
智身

모든 유정들을 문수사리동자보살의

최승의 경지에 안치하게 하소서.

본초부터 희론을 여읜 문수보살님,

연기로 일어나는 환상의 본성에서
緣起

현분으로 출현한 지혜살타님,
現分

이제 자성의 법계로 돌아가시옵소서.

이것을 닦고 낭송하여 생기는 선업,

그 무엇을 제가 성취하든,

그것에 의해서 모든 범부들이

선서의 반야를 얻게 하소서.
善逝

③ 유상유가의 형태로 낭송하는 법
有 相 瑜 伽

또한 유상유가(有相瑜伽)에 전적으로 들어감으로써 문수유가로 낭송하고자 하면, 먼저 귀의와 발심을 행한 뒤에,

옴 쓰와바와 쑷다 싸르와 다르마 쓰와바와 쑷도-함.(3번)

일체법이 공성의 상태로 환원한 뒤, 공성의 상태에서 자기 자신이, 연화월륜의 보좌 위에서 한 순간에, [적황색 몸빛의 일면이비(一面二臂)[268]의 문수사리로 변성하니, 오른손에는 반야의 이검을 들고, 왼손에는 연꽃 위에 반야경을 드시고, 두 발로 금강가부좌를 맺고서] 실제와 같이 현현하여 머문다.

가슴의 월륜(月輪) 위에 무생(無生)을 뜻하는 백색의 아(阿, A)에서, 금강구(金剛句)의 문수진실명 딴뜨라(續)가 연기(緣起)의 메아리 모양처럼, 발생한 뒤에는 생멸하는 등의 희론의 모양을 보지 못하는, 심명무이(深明無二)[269]의 지신(智身)을 수념(隨念)하는 상태에서 낭송한다. 이와 같이 지신을 명료하게 관상(觀想)으로 생기한 상태에서 이 『진실명속(眞實名續)』을 힘닿는 대로 독송한 뒤에,

---

268) 또는 일면사비(一面四臂)의 모습으로 변성하니, 처음의 두 손은 각각 이검과 반야경을 들고, 아래의 두 손은 방편과 반야의 활과 화살을 들고 있는 모습이다.

269) 심명무이(深明無二)는 공분(空分)과 지혜가 둘이 아닌 유가의 수행을 말하니, 근본정(根本定)의 상태에서 모든 제법의 본성이 공함을 알지라도 공성의 상태에서 생기한 본존의 형상이 무지개처럼 명료하게 눈앞에 현전함으로써 공분(空分)의 심오함과 현분(現分)의 명료함의 둘이 하나의 상태를 이룸을 말한다.

이것을 닦고 낭송하여 생기는 선업,

그 무엇을 제가 성취하든,

그것에 의해서 모든 범부들이

선서의 반야를 얻게 하소서.
善 逝

④ 본존자긍유가의 형태로 낭송하는 법
本 尊 自 矜 瑜 伽

자기의 어떠한 수행의 본존과 연계해도 무방하니, 그 본존의 자생가지(自生加持)를 명료하게 관상(觀想)으로 생기한 뒤에,

가슴의 월륜(月輪) 위의 무생(無生)을 뜻하는 백색의 아(阿, A)에서, 금강구(金剛句)의 문수진실명 딴뜨라(續)가 연기(緣起)의 메아리 모양처럼, 발생한 뒤에는 생멸하는 등의 희론의 모양을 보지 못하는 심명무이(深明無二)의 지신(智身)을 수념(隨念)하는 상태에서 낭송한다. 이와 같이 지신(智身)을 명료하게 관상(觀想)으로 생기한 상태에서 이『진실명속(眞實名續)』을 힘닿는 대로 독송한 뒤에.

이것을 닦고 낭송하여 생기는 선업,

그 무엇을 제가 성취하든,

그것에 의해서 모든 범부들이

선서의 반야를 얻게 하소서.
善 逝

⑤ 무상유가의 형태로 낭송하는 법
無 相 瑜 伽

또한 무상유가(無相瑜伽)에 전적으로 들어감으로써 무아(無我)의 상태에서 낭송하고자 하면, 먼저 귀의와 발심을 행한 다음에, 일체법이 꿈과 메아리와 산울림과 같음을 안 뒤, 산란이 없는 상태에서 낭송하고, 선근의 회향 등을 행하도록 한다.

⑥ 종합적인 형태로 낭송하는 법

위의 전체의 요점을 추린 형태로 낭송하고자 하면, 먼저 귀의와 발심을 행한 뒤에, 처음 문수유가로 낭송하는 단계와 같이 자기 자신을 문수사리로 관상하여 명료하게 생기토록 한다. 그 뒤 자기의 전면에 본존을 명료하게 생기하는 등의 광대한 공덕들을 찬양하는 도리로써 이『문수진실명 딴뜨라(續)』의 낭송에 들어간다. 그들의 모든 단계에서 문수살타의 몸은 무지개와 같고, 말은 메아리와 같고, 마음은 희론을 여읜 허공과 같음을 알도록 한다. 마지막에 공양과 찬탄, 기원 등을 결부하여 행한다.

이것들의 근거는 제쭌 린뽀체 닥빠걜챈(稱幢)이 딴뜨라의 구문을 배열함과 같이, 그 뿐만 아니라 『문수진실명』의 독송공덕품의 제4륜을 수순하여 찬탄함에서, "존명의 의미[270]들은 여타의 다른 구문들 서로 하나하나도 또한 문수의 지신(智身)을 현증함이니 일념으로써 수습하고, 전적으로 승해(勝解)하고, 문수와 같이 광대한 공덕과 무아의 진성(眞性)을 사유하는 등에 의해서"라고 설함에 의해서, 또한 순서대로 설해 보였다. 그와 같이, "세 때에 근수함으로써 모든 불보살님들께서 가지하고, 변재를 얻고, 모든 성문과 연각들이 호념하고, 세간과 출세간의 신중들이 수호하고 보호하며, 모든 생애마다 무가만(無暇滿)의 환경에 태어나지 않으며, 모든 재난공포들이 발생하지 않으며, 모든 원만함에 의해서 재부를 갖추고, 기력과 총혜와 계율과 선정 등의 무변함을 갖추고 쇠퇴함이 없으며, 더욱더욱 향상함에 의거하여 신속하게 정등각의 불지를 성취함으로써 진실명(眞實名)의 공덕의 무변한 도리를 광대하게 수희하고 찬탄하는 단계들에서 설함과 같이 알도록 한 뒤 총명을 지닌 이들이 이것을 오로지 일념으로 근수토록 하라."고 설함 또한 자타에 필요한 것인 까닭에 다문(多聞)의 무사도인(無事道人)인 잠양 켄쩨왕뽀(文殊智悲王)가 제쭌린뽀체 닥빠걜챈(稱幢)의 문집을 기초로 하여 『잠괸 싸꺄 빤디따의 어록』과 비망록 등에서 약간 글을 보충해서 명료하게 밝혀놓았다.

길상원만! 싸르와 다깔랴남바와뚜 (Sarvadākalyāṇambhabatu)

2) 잠양켄쩨왕뽀(文殊智悲王)의
문수예찬수증묘길상의호희공운
文 殊 禮 讚 修 證 妙 吉 祥 依 怙 喜 供 雲

문수예찬수증희공운
文 殊 禮 讚 修 證 喜 供 雲

나모 구루만주고샤야(Namo gurumañjughoṣaya).

어떤 지혜로운 사람이 증상생(增上生)과 결정선(決定善)의 모든 공덕들의 근원이 되는 더러움이 없는 반야를 원만히 구족하기 위하여, 성취의 아사리 금강병기(金剛兵器)의 「길상지혜묘덕찬(吉祥智慧妙德讚)」의 성취법을 수행하고자 하면, 먼저 법계를 전승하는 상사(上師)로부터 이것의 명전(明傳)을 받도록 한다. 출리와 대비(大悲)의 마음을 강렬하게 일으킨 상태에서 실천의 차제를 행하도록 하라.

---

270) 깔라짜끄라빠다는, "이제 중근이 소연하는 대상이 어떤 것인가를 열어 보이기 위하여, '존명(尊名)'의 의미들 가운데 어느 적절한 하나를 선택한 뒤, 그 존명의 문수지혜살타의 모습을 관상(觀想)하며'라고 함이니, 여기서 존명은 이름이다. 의미는 그것이 표시하는 본존이다. 어느 적절한 하나는 어떤 상황에 알맞음이다. 문수지혜살타는 반야륜(般若輪)의 배꼽에 그가 머무름이다. 관상은 사유함의 뜻이며, 뜻은 그것이 표시하는 본존이다"라고 설하였다.

① 가행의 발심
加行

"저와 모든 유정들은 대보리를 이룰 때까지 스승님과 삼보자존께 귀의하나이다. 타인의 이익을 위한 정등각을 얻기 위해서 문수예찬수증을 文殊禮讚修證 닦은 힘으로, 모든 유정들이 안락의 원인들을 지니고, 고통의 원인들을 모두 여의고, 괴로움이 없는 안락을 여의지 않고, 친소가 없는 평사의 平捨 상태에 머무르게 하소서."(3번)

② 본행의 수송
本行 修誦

옴 쓰와바와 쑷다 싸르와 다르마 쓰와바와 쑷도-함.(3번)

이와 같이 일체의 사물은 자아와 온(蘊)과 의식의 희론(戱論)들을 모두 벗어났을지라도, 연기(緣起)로 발생하는 현분(現分)의 생멸 없는 환상의 도리에 들어가 머무는 선정의 상태에서, 자기의 몸·말·뜻 삼처(三處)의 「옴 아 훔」 셋과 심장 가운데의 월륜(月輪) 위의 「디:」자에서 발출하는 광명으로 문수지혜살타를 앙청하여 맞이한다. 전면의 허공 속의 연화월륜의 보좌 위에 엷은 미소 띤 모습으로 머무시니, 홍화의 붉은 몸빛을 한 열여섯 동자신(童子身)에 미려한 상호의 위광이 불타오르고, 검고 윤택한 머리칼에 다섯 분계(分髻)를 맺으시고, 푸른 연꽃으로 귓바퀴를 장엄하시고, 오른손은 지혜의 이검을 치켜드시고, 왼손은 반야경을 들고 계시며, 갖가지 비단과 보석의 장신구로 몸을 장식하시고, 두 발은 금강가부좌를 맺고 계시니, 삼처의 세 종자진언과 심장 가운데 월륜 위의 「디:」자가 적황색으로 불타오르시네. 다시 나의 삼처와 심장의 「디:」자에서 광명이 발출하여 관정의 본존을 청하여 맞이하니, 본존께서 지혜의 감로로 관정을 베푸심으로써, 지혜의 감로수가 몸을 가득히 채우고 죄장을 정화한 뒤, 부동불(不動佛)의 보관으로 변하여 머리를 장식한다. 공경하게 찬탄하고 기원을 드린 힘으로써, 심장에서는 찬탄문구와 진언구슬이 멈춤 없이 발산되니, 날을 밝히는 일광처럼 빛나고 자기의 심장 속으로 녹아든 뒤, 무지의 어두움을 모두 제멸하고, 지비력(智悲力)의 광명으로, 명지(明智)와 자애의 연꽃이 만개한 문수의호(文殊依怙)의 대경지를 성취함을 사유하고나서, 길상지혜묘덕찬을 낭송한다.

길상지혜묘덕찬
吉祥智慧妙德讚

"바가완 만주고샤(Mañjughoṣa, 妙音)님께 정례하나이다
世尊   妙音

문수사리 당신의 지혜는

이장의 구름을 여읜,
二 障

태양처럼 청정하고 크게 빛나시고,

진소유의 일체의를
盡 所 有   一 切 義

여실하게 통견하시므로 인하여
洞 見

가슴의 푸른 연꽃 위의 반야경을 드시었네.

문수사리 당신께서는, 삼유의 뇌옥에서

무명의 어두움으로 혼미하고,

혼미하고 온갖 괴로움에 시달리는,

유정의 무리들을 외아들처럼 사랑하시고,

60가지 공덕을 지니신 미묘한 음성을

하늘의 천둥소리처럼 크게 발출하시여,

무명의 잠 속에서 깨어나게 하시며,

업보의 가쇄를 풀어주시고,

아와 아소의 무명의 어두움을 멸하시고,
我   我所

모든 고통의 싹들을 잘라내는

반야의 이검을 손에 잡으셨네.
    利 劍

본래 청정하시며 십지의 구경에 달하여,
        十 地

단증의 공덕의 몸을 구족하신
斷 證

대법왕자 보살의 몸이시며,

32묘종상과 80수형호의
  妙 種 相   隨 形 好

대인의 상호로 몸을 장엄하시고,

저의 심지의 어두움을 멸해주시는
    心 地

문수사리보살님께 예경하나이다."(3번)

"옴 아 라 빠 짜 나 디:"(21번)

 자기의 형편에 맞게 힘껏 낭송한다. 요약하면, 길상지혜묘덕찬 3번
과 문수진언을 21번을 낭송한 뒤에,

③ 결행
  結 行

자애를 지닌 언설의 태양이신

당신의 대지와 대비의 광선으로
      大 智

제 마음의 번뇌와 소지와 등지와
              所 知   等 至

우치의 어두움을 멸한 뒤,

선설의 아가마와 석론과
善 說   言敎   釋 論

논전의 종지를 여실하게 깨닫는

슬기와 변재의 광명을 일으킨 뒤

일체지를 얻도록 기원하나이다.
一切知

 간구하는 내용에 일념으로 기원을 행하고, 전면의 허공에 계시는 본
존께서 자기에게 녹아들거나, 또는 자성을 가히 보지 못함을 사유한
뒤, 이무아(二無我)의 진실로 생기한 지관쌍운(止觀雙運)의 상태에 그와 같
이 얼마간 머무른 뒤, 선정에서 일어나게 되면,

이 선업으로 이자량을 수습함으로써
二資糧

무아의 뜻에 명현을 얻고
無我　明顯

그 힘으로 희론을 여읜

문수의 지혜를 성지로써 실견하고,
聖智　實見

구생의 편계염오를 단멸한 뒤
俱生　遍計染汚

금강유정으로
金剛喩定

미세한 소지의 장애들을 진멸한 뒤

선서의 반야를 얻게 하소서.
善逝

이와 같이 회향의 기원으로 끝을 맺은 뒤 행위에 들어간다. 또한 "수행의 좌간(座間)에 또한 공성과 대비의 정수를 떠나지 않는 것을 통해서 모든 행위들이 의리(義利)가 있도록 행한다. 그와 같이 노력함으로써 멀지 않아 윤회와 열반의 변제에서 벗어나는 문수지혜살타의 대경지를 얻게 됨은 결정적인 것이다"라고 함 또한 다문의 대덕 잠양켄쩨왕뽀(文殊智悲王)가 자타의 이익을 위하는 마음으로 모든 고문헌들의 정요를 발췌하여 편찬하니, 글로 적은 이는 법주 아난다만주고샤(慶喜文殊)이다. 이 또한 모든 유정들이 사무애해(四無碍解)의 지혜에 자재함을 얻는 선인(善因)이 되어지이다.

싸르와 다깔랴남바와뚜(Sarvadākalyāṇambhabatu).

3) 일면이비의 문수어사자의 성취법[271]
一 面 二 臂　　文 殊 語 獅 子

　지존하신 문수어사자(文殊語獅子)께서 일면이비(一面二臂)의 모습에 적황색 몸빛을 하시고, 오른손은 반야의 이검을 들고, 왼손은 엄지와 무명지로 푸른 연꽃의 줄기를 잡으시니, 왼쪽 귓가에 활짝 핀 청련화의 꽃술에는 반야경이 놓여있고, 오른발은 구부리고 왼발은 약간 뻗은 유희의 자세로 청사자 위에 앉아 계시네. 머리에는 보관을 쓰시고, 보석의 귀걸이와 목걸이와 팔찌와 발찌 등의 갖가지 보석장신구들로 몸을 장식하시고, 정수리에는 오계(五髻)를 맺으시고, 아름다운 동자의 모습에 미소를 띠고 계시네.

동자의 미려한 몸을 지니신 지존이시여,

지혜의 등불이 찬연하게 타오르고,

삼세간의 무명의 어두움을 멸하시는

문수사리보살마하살께 예배하나이다.

옴 흐리: 디: 마메디빠 만주쓰리 뭄 흐리:
쁘라즈냐 다뚜 흐리: 디: 쓰와하.

---

271) 이 성취법은 챈쑹갠케르촉딕(藏文梵文選編)[감숙민족출판사]에서 인용하였다.

이러한 선근으로 저 또한 신속하게

지존한 문수사리의 경지를 성취한 뒤,

단 하나의 유정조차도 버리지 않고

본존의 큰 경지로 인도하게 하소서.

당신을 찬양하고 기원 드린 힘으로

제가 어디에 머물든 머무는 그곳에는,

질병과 빈궁과 다툼 등이 없어지고

법과 길상이 자라나기를 기원하나이다.

자애로운 당신의 대지의 빛살로
　　　　　　　　大 智
제 심지의 우치의 어두움을 멸하시고,

경문과 논전들의 이취를 통달하는
　　　　　　　理 趣
지혜와 변재의 광명을 하사해 주소서.

4) 홍문수 아라빠짜나디(ARAPACANĀDHĪ)의 성취법[272]
紅文殊

아라빠짜나디의 성취법

동자의 미려한 몸을 지니신 지존이시여,
지혜의 등불이 찬연하게 타오르고
삼세간의 무명의 어두움을 멸하시는
문수사리보살마하살께 예배하나이다.

옴 아 라 빠 짜 나 디: (힘닿는 대로 염송한 뒤에)

나모 만주쓰리예, 꾸마라부따야, 싸뜨와야, 마하싸뜨와야, 마하까루니까야, 따댜타, 옴 아라제, 비라제, 쑷데 비쑷데, 쑈다니 비쑈다니, 쑈다야 비쑈다야, 아말레, 비말레, 자야와띠, 루루 짤레, 훔훔훔 팻팻팻 쓰와하.

반야의 지혜를 자라나게 하는 이 지혜증장다라니를 힘닿는 대로 염송한 뒤에,

---

272) 이 성취법은 챈쑹갠케르촉딕(藏文梵文選編)[감숙민족출판사]에서 인용하였다.

이러한 선근으로 저 또한 신속하게

지존한 문수사리의 경지를 성취한 뒤,

단 하나의 유정조차도 버리지 않고

본존의 큰 경지로 인도하게 하소서.

당신을 찬양하고 기원 드린 힘으로

제가 어디에 머물든 머무는 그곳에는,

질병과 빈궁과 다툼 등이 없어지고

법과 길상이 자라나기를 기원하나이다.

자애로운 당신의 대지의 빛살로
　　　　　　大　智

제 심지의 우치의 어두움을 멸하시고,

경문과 논전들의 이취를 통달하는
　　　　　　　理　趣

지혜와 변재의 광명을 하사해 주소서.

5) 백문수 옴와꺄이담나마(OMVĀKYAIDAMNAMA)의 성취법[273]
白 文 殊

옴 와꺄이담나마의 성취법

본성에 착오가 없으며 법성을 통견하시고

모든 형상들을 무지개와 같이 지견하시며,

대비와 무량한 선교방편의 도리로
善 巧 方 便

고해의 유정들을 구제하시는

문수의호께 예배하나이다.

옴 와 꺄이 담 나 마 (힘닿는 대로 염송한 뒤)

문수의호 당신을 공경히 수념하고
隨 念

염송과 수행과 공양과 찬양을 행하오니,

사혜[274]와 무명의 자욱한 암운들이
邪 慧

---

273) 이 성취법은 챈쑹걘케르촉딕(藏文梵文選編)[감숙민족출판사]에서 인용하였다.

274) 사혜(邪慧)는 전도된 지혜를 말하니 여기에는 바로 알지 못함과 전도되게 앎과 법에 대한 의심 셋이 있다.

청공에 태양이 떠오르듯 가시게 하소서.

이러한 선근으로 저 또한 신속하게
지존한 문수사리의 경지를 성취한 뒤,
단 하나의 유정조차도 버리지 않고
본존의 큰 경지로 인도하게 하소서.

당신을 찬양하고 기원 드린 힘으로
제가 어디에 머물든 머무는 그곳에는,
질병과 빈궁과 다툼 등이 없어지고
법과 길상이 자라나기를 기원하나이다.

6) 아띠쌰 연등길상지의 문수일용자성취행법
燃燈吉祥智 文殊一勇者成就行法

문수일용자성취행법
文殊一勇者成就行法

범어로 「**씻디에까위라만주고샤싸다남**

(Siddhiekamañjughoṣa sādhanaṃ) 」은

티베트어로 「**잠빼양빠오찍뚜둡빼둡탑**

(ḥJam paḥi dbyaṅs dpaḥ bo gcig tu grub paḥi sgrub thabs) 」이며,

우리말로는 「**문수일용자성취행법**」이다.
文殊一勇者成就行法

만주고샤 일용자님께 정례하나이다.
文殊妙音 一勇者

먼저 진언행자는 얼굴을 깨끗하게 씻는 등의 몸을 청결하게 한 뒤, 마음에 드는 깨끗한 선실에 향기로운 꽃들을 꽂거나 뿌리고, 깨끗한 자리 위에 편안히 앉아 가부좌를 맺고 앉는다.

수행을 방해하는 모든 부다(惡神)들에게 또르마(食者) 진언을 외어서 가지한 뒤 베푼다. "**옴 아: 비그난따 끄르따 훔 팻.**" 이 진언을 10번 외워서 시방의 기거하고 있는 모든 마군들을 물리친다.

그 뒤 자기의 심장에 일체법의 법계의 자성인 무생(無生)을 표시하는

최승의 진언 아(阿, A) 자를 관상하니, 가을날의 백월처럼 희고, 백광 (白光)이 발출함으로써 자기 몸을 빛나게 하고, 모양의 극히 미세함을 사유한다. 그 아(阿) 자가 완전히 변성되어 수정구슬과 같은 백색광선 의 명점(明点)으로 바뀌고, 그것이 점차로 커져서 하얀 월륜(月輪)의 모양 으로 바뀜을 사유한다. 다시 그 월륜 위에 종자진언 「디:」자가 생겨 나고, 그 「디:(DHĪ:)」 자에서 빛살무리가 발산하니 마치 백색의 보등(寶 燈)과 같음을 사유한다.

그 뒤 이 「디:」자의 눈부신 백색 광명의 빛살무리가 모든 세간을 밝 게 비춘 뒤, 다시 성스러운 문수사리보살님과 제불보살님들과 스승 님들을 권청하여 초청하니, 전면의 허공 속에 실제와 같이 강림하여 좌정하고 계심을 사유한 뒤 예배를 올린다.

그 뒤 마음으로 생기한 자성공양(自性供養)으로 공양을 올리니, 그 공양 의식의 순서[275]는 다음과 같다.

먼저 "옴 바즈라 아르감(供養水) 훔." 진언을 낭송하니, 「디:」자에서 출 현한 청정한 공양수로 물 공양을 올린다.

다음에 "옴 바즈라 빠담(洗足水) 훔." 진언을 낭송하니, 「디:」자에서 출 현한 청정한 세족수로 세족수 공양을 올린다.

다음에 "옴 바즈라 뿌스뻬(꽃) 훔." 진언을 낭송하니, 「디:」자에서 출 현한 갖가지 꽃들로 꽃 공양을 올린다.

다음에 "**옴 바즈라 두뻬**(燒香) **훔.**" 진언을 낭송하니, 「디:」자에서 출현한 갖가지 소향(燒香)들로 향공양을 올린다.

다음에 "**옴 바즈라 디뻬**(등불) **훔.**" 진언을 낭송하니, 「디:」자에서 출현한 갖가지 등불들로 등불공양을 올린다.

다음에 "**옴 바즈라 간데**(香水) **훔.**" 진언을 낭송하니, 「디:」자에서 출현한 갖가지 향수들로 향수공양을 올린다.

다음에 "**옴 바즈라 나이비따**(神饌) **훔.**" 진언을 낭송하니, 「디:」자에서 출현한 보석그릇 속에 담긴 갖가지 진미의 음식들로 음식공양을 올린다.

다음에 "**옴 바즈라 샵따**(音樂) **훔.**" 진언을 낭송하니, 「디:」자에서 출현한 갖가지 아름다운 음악들로 음악공양을 올린다.

그 뒤 "**옴 싸르와 비씨스따 뿌자 메가 쁘라싸라 싸무드라 아: 훔!**" 진언을 낭송토록 하라. 그 「디:」자에서 갖가지 보석으로 만든 보산(寶傘)과 보당(寶幢)과 금강령(金剛鈴)과 보번(寶幡)과 보개(寶蓋) 등과 전륜왕의 칠보(七寶)[276]로 공양을 또한 올린다.

---

275) 원문에는 뿌스뻬(꽃)에서 나이비따(神饌)까지 5가지 공양만이 나오나 3가지를 추가하여 원래대로 팔공양이 되게 하였다.

276) 전륜왕의 칠정보(七政寶)의 의미에 대하여 『쌉최시토공빠랑돌쌉최시토공빠랑돌』의 「왕시태채랑돌기제끼림빠(一切受持四灌頂者自脫後次第)」에서 설하는 논설을 요약하면 다음과 같다.

　 1. 금륜보(金輪寶)는 허공, 풍, 불, 물, 땅, 견고, 요동, 무색계, 태양, 달의 십상(十相)을 갖춘 금륜(金輪)으로 윤회의 업취(業聚)를 끊은 뒤 해탈의 법륜을 굴리는 상징이다.

그와 같이 공양을 올린 뒤에는 문수사리보살과 제불보살님과 스승님들의 면전에서 칠지자량(七支資糧)인 예배와 공양과 참회와 수희와 청전법륜과 청불주세(請佛住世)와 회향(廻向)를 행하고, 삼보께 귀의를 행한 뒤, 사범주(四梵住)[277]를 닦으면서 보리심을 견고하게 행한다.

그 뒤 "옴 쓰와바와 쑷다 싸르와 다르마 쓰와바와 쑷도- 함." 진언을 일곱 번 낭송한 뒤, 일체의 유정들이 환상과 같고, 꿈과 같고, 아지랑이와 같음을 사유하고 공성의 본질을 관조한다.

그 뒤 자기 심장의 월륜 위의 종자진언「디:(DHĪ:)」자에서 광선의 빛무리가 발산하고, 자기의 몸이 공으로 화함을 조견하고, 그 뒤 자신이 문수지혜살타 몸의 자성인「디:」자에 머물도록 한다. 그 뒤 그「디:」자가 용해되어 푸른 연꽃으로 변화됨을 닦고, 그 꽃술 위에 또한「디:」자가 있음을 사유한다. 그 연꽃에서 발산되는 광명의 빛살이 모든 유정들의 죄업을 정화하고, 자기 본존의 형상으로 변화한 뒤, 푸른 연꽃

---

2. 왕비보(王妃寶)는 복덕의 보고이자, 십바라밀을 완성한 아름다운 색신을 갖춘 왕비처럼, 수명과 수용과 심원을 자유로이 획득하는 힘의 성취를 상징한다.
3. 보주보(寶珠寶)는 3가지 보물을 갖춘 보주에 의해서 복혜(福慧)의 자량을 신속히 성취하고, 본래 타고난 칠성재(七聖財: 信. 戒. 聞. 捨. 懺. 愧. 慧)가 자라남을 상징한다.
4. 대신보(大臣寶)는 칠보를 소유한 대신처럼, 타인의 행복과 이익을 위해 복혜의 자량을 속히 원성하고, 모든 사물의 이치에 달통하는 지혜의 성취를 상징한다.
5. 장군보(將軍寶)는 적군을 무찌르는 장군처럼, 정진의 갑옷을 입고 윤회를 쳐부수고, 유신견(有身見)을 깨뜨림을 상징한다.
6. 준마보(駿馬寶)는 사대주(四大洲)를 하루에 세 바퀴 도는 준마처럼, 오도(五道)와 십지(十地)를 신속히 답파하여, 윤회의 바다에서 벗어나 해탈의 정토에 도달하는 사신족(四神足: 欲定斷. 心定斷. 勤定斷. 觀定斷神足)의 성취를 상징한다.
7. 대상보(大象寶)는 마군을 혼자서 멸하는 큰 코끼리처럼, 십력(十力)을 갖추고 자타의 의리를 수행하며, 비밀금강승의 진실을 깨달음을 상징한다.
277) 사범주(四梵住)는 자범주(慈梵住)와 비범주(悲梵住)와 희범주(喜梵住)와 사범주(捨梵住)의 넷이니, 이것을 닦는 자는 범천에 태어나는 과보를 얻게 된다.

속으로 녹아듦을 사유한다. 그 뒤 연꽃이 다시 용해되어 투명한 수정과 같은 일면이비(一面二臂)의 문수살타의 형상으로 변화되어, 월륜의 보좌 위에 앉아 계시니, 머리에는 오계(五髻)를 맺으시고, 적정한 모습으로 보관을 머리에 쓰시고 갖가지 보석 장신구를 몸에 걸치시고, 오른손은 승시인(勝施印)을 맺으시고, 왼손은 가슴에 얹고 푸른 연꽃의 줄기를 잡고 계시며, 왼쪽 귓가의 청련화의 꽃술 위에는 반야경이 놓여있으니, 자기 자신을 문수살타로 관상(觀想)하라. 그리고 자기의 몸에서 광명의 빛살이 발출하여 허공계를 남김없이 가득하게 덮음을 사유하라. 그 뒤 자기 심장의 월륜 위에 광명으로 타오르는 백색의 「디:」자의 주만(珠鬘)이 가득함을 사유하라.

그 뒤 자기의 심장의 월륜 위에 있는 「디:」자에서 시방으로 방사하는 광명의 빛살구름 덩어리가 서언존(誓言尊)과 같은 모습의 지혜존(智慧尊)을 권청하여 모심으로써 전면의 허공에 좌정하고 계심을 사유하고, 앞에서와 같이 공양을 올리도록 한 뒤, **"자: 훔 밤 호:"** 진언을 낭송하여 지혜존을 앙청하여 서언존과 영입합환(迎入合歡)[278]을 행한 뒤, **"옴 다르마 다뚜 와기쓰와리 쓰와바와 아뜨마 꼬– 함!"** 하고 낭송한 뒤 본존의 자긍상(自矜相)을 일으킨다.

---

278) 영입합환(迎入合歡)은 밀교수행에서 본존의 모습으로 변형된 자기 자신인 서언존(誓言尊)이 본존의 지혜를 상징하는 지혜존(智慧尊)을 자기 몸속으로 맞이하고, 들어오게 하고, 합일하고, 환희하는 일련의 과정을 말한다.

그 뒤 심장의 「디:」자에서 광선이 발산하여 관정의 여래들을 초청하여 모시니, 그들이 전면의 허공 속에 계심을 사유하고, 다시 관정을 청하기 위하여 아래의 게송을 낭송토록 한다.

금강보리의 제불여래들께
金剛菩提

그와 같이 광대한 헌공을 행하오니,

저를 또한 호념하는 의미로써
護念

허공금강을 저에게 하사하소서.
虛空金剛

그 뒤 그 관정여래들의 몸에서 출현한 불모들인 불안모(佛眼母)와 유아모(有我母)와 백의모(白衣母)와 서언도모(誓言度母)께서 지혜의 감로수가 가득 들어있는 보병을 손에 들고서, "**대금강의 관정을 행하니, 삼계유정들이 정례하고, 비밀의 삼처(三處)에서 출현한, 제불들이 수여하시도다.**"라고 낭송하며, 관정을 수여함을 사유한다. 관정을 마치자마자 [정수리에 남은 지혜의 관정수가 부동여래로 변성되어] 보관 위에 계심을 사유하고, 몸·말·뜻 셋을 가지기 위하여, 정수리에 백색의 「옴」자가 월륜 위에 있으며, 인후에는 적색의 「아:」자가 월륜 위에 있으며, 심장에는 청색[279]의 「훔」자가 월륜 위에 있음을 사유하고, 삼처

(三處)에서 각각 흰색의 광명과 적색의 광명과 청색의 광명이 방사하고, 다시 회래하는 발산과 수렴을 닦되, 실제와 같이 광명이 발산할 때까지 닦도록 한다. 수행이 피곤하고 싫증이 나면 진언을 힘닿은 대로 염송하니, 그 진언은 다음과 같다.

"옴 아: 디: 훔:"

옴 바즈라 띡스나, 두:카 쯔체다, 쁘라즈냐 즈냐나 무르따 예, 즈냐나까야, 와기쓰와라, 아라빠짜나, 야 떼 나마:

그 뒤 의식이 온전하지 못함을 보궐하기 위하여 금강살타의 정수인 「백자진언」을 낭송토록 하고, 문수지혜살타에게 올린 청정한 헌공의 복덕을 일체유정들의 안락을 위해서 대보리로 회향한 뒤, 지혜살타께서 법계로 돌아가시길 다음과 같이 기원한다.

옴, 당신은 모든 유정들의 이익을 행하시니 그와 일치하게 제게도 또한 성취를 베푸소서.

---

279) 원문은 흑색으로 나오나 청색으로 고쳤다.

부처님의 세계로 돌아가신 뒤에도 또한
다시금 이곳으로 돌아오시길 청하나이다. 무:

금강살타의 정수인 백자진언은 이와 같다.

옴 바즈라싸뜨와 싸마야, 마누빨라야, 바즈라
싸뜨와 뜨에노빠띠슈타, 드리도 메바와 쑤또
쇼 메바와, 쑤뽀쇼 메바와, 아누락또 메바와,
싸르와씻딤메 쁘라얏차, 쌀와갈마 쑤짜메, 찟
땀쓰리얌 꾸루훔, 하하하하호: 바가완 싸르와
따타가따, 바즈라 마메문짜, 바즈리바와, 마하
싸마야 싸뜨와 아-: 훔- 팻.

 이 문수일용자성취행법(文殊一勇者成就行法)을 인도의 대아사리 길상연등
지(吉祥燃燈智)가 지어서 완결하다. 인도의 친교사 디빰까라쓰리즈냐나(吉
祥燃燈智)와 티베트 역경사 게왜로되(善智)가 번역하고 교정하여 완결하
다. 길상원만(吉祥圓滿)!

7) 아사리 잠뻬쎼녠(文殊友)의
문수진실명여실칭송문육수념수습교계
文殊眞實名如實稱誦門六隨念修習教誡

진실명송육수념수습
眞實名誦六隨念修習

문수사리동자보살님께 정례하나이다.

문수진실명여실칭송의 문을 통해서 하근기가 육수념(六隨念)[280]을 닦는 법은, 불수념(佛隨念)과 법수념(法隨念)과 승수념(僧隨念)과 시수념(施隨念)과 계수념(戒隨念)과 천수념(天隨念)의 여섯에 그들의 공덕을 억념하는 문을 통해서 존경심을 일으키고 자신도 또한 그 문을 통해서 그와 같이 되고자 염원하고 행하는 것이다.

처음, 부처님의 공덕을 억념하는 불수념(佛隨念)은 이와 같으니, 「여래(如來) 응공(應供) 정변지(正遍智) 명행족(明行足) 선서(善逝) 세간해(世間解) 무상사(無上師) 조어장부(調御丈夫) 천인사(天人師) 불(佛) 세존(世尊)」의 십호(十號)[281]를 통해서 부처님의 공덕을 깨닫고 억념함이 불수념이다.

---

280) 육수념(六隨念)은 팍첸맨악도(大聖敎誡經)에 설해진 가르침으로 보살의 육수념을 말한다. 여기서 수념(隨念)이란, 뒤에도 잊지 않도록 생각하는 뜻이다. 또한 육수념에는 천수념(天隨念) 대신 사수념(師隨念)을 말하는 논설도 있다. 또한 육수념에 호흡의 들고 남을 수념함과 고통을 수념함과 죽음을 수념함과 몸의 행상을 수념함을 더한 십수념(十隨念)도 있다. 또한 까담빠(迦當派)에서는 수행의 구결로 오수념(五隨念)을 설하니, 귀의처인 상사를 수념함과 육신을 본존의 자성으로 수념함과 말을 본존의 풍송(諷誦)의 자성으로 수념함과 유정을 부모로 수념함과 마음의 본성을 공성으로 아는 것이라 하였다.

281) 십호(十號)는 여래의 무변한 공덕을 열 가지로 축약한 것이니, 먼저 여래(如來)의 본뜻은 윤회와 적멸의 두 가장자리에 머물지 않는 진여(眞如)에 의거하여 대각(大覺)의 경지에 들어감을 뜻하나 일반적으로는 그 진여의 세계에서 오신 뜻으로 사용한다.

둘째, 불법을 억념하는 법수념(法隨念)[282]은 이와 같으니, 「세존의 법은 잘 설하여 졌으며, 바르게 지견(知見)하신 바이며, 시절을 아시고, 그 보신 바를 친히 전하심이며, 정통하여 낱낱이 바르게 아시는 바이며, 의미도 좋고 글귀도 좋으며, 처음도 좋고 중간도 좋고 마지막도 좋으며, 정연하여 섞임이 없고 명료하다.」 그와 같음을 관찰하고 공덕을 억념함이 법수념이다.

셋째, 승가를 억념하는 승수념(僧隨念)[283]은 이와 같으니, 「세존의 성문대중은 잘 머무르며, 단정하게 머무르며, 여리(如理)하게 머무르며, 화목하게 머무른다. 마땅히 보시할 곳이며, 마땅히 크게 보시할 곳이며, 마땅히 본받아 닦아야 할 바이며, 세간의 위없는 복전(福田)이다.」 그와

응공(應供)은 아르한의 번역으로 해탈의 적인 번뇌마 등의 사마(四魔)를 파괴하고 윤회에서 해탈함으로써 마땅히 삼계의 공양을 받을 만한 존귀한 사람인 까닭에 응공이라 한다.

선서(善逝)로 의역하는 쑤가따(Sugatah)의 뜻은세존께서는 안락하고 선취(善趣)의 안락을 지니시고, 해침이 없고 해침이 없는 법을 지니심으로써 안락에 들어가고 또는 안락을 얻음으로써 선서라고 한다.

명행족(明行足)은 계정혜의 삼학(三學)에 의지하여 정등각을 성취한 까닭에 명행족이라 한다.

세간해(世間解)는 여래께서 낮에 세 번, 밤에 세 번씩 교화할 유정들의 세간을 살피시고, 복분이 있고 없음을 깨달아 앎으로써 세간해라 한다. 이것은 세간의 유정들의 각자의 복분(福分)의 있고 없음과 근성과 의원, 습기와 업보 등의 차별을 여실하게 보고 아는 것을 말한다.

무상사(無上師)는 붓다께서는 삼계육도의 모든 유정들 가운데 위가 없이 가장 뛰어난 사람이란 뜻이다.

조어장부(調御丈夫)는 대자와 대비, 지혜의 셋으로 중생을 교화하여 악도에서 벗어나게 하고, 정도로 인도하여 수승한 공덕을 얻게 하는 지존한 사람인 까닭에 조어장부라 한다.

불(佛)은 붓다이니, 의역하여 각자(覺者)라 한다. 곧 일체법을 통달하고 남김없이 깨달아서 무명이 해소되고 지혜가 밝아짐을 뜻하니, 곧 아집(我執)과 법집(法執)에서 일어나는 소지장(所知障)과 번뇌장(煩惱障)을 소진하여 심지가 청정하고, 여소유지(如所有智)와 진소유지(盡所有智)가 원만하여 모든 사물의 본질을 여실하게 아는 일체지자(一切智者)를 말한다.

세존(世尊)으로 번역하는 바가완의 본뜻은 출유괴(出有壞)이니, 출(出)은 생사와 열반의 두 가장자리에서 벗어남을 뜻하고, 유(有)는 6가지 수승한 공덕을 갖춤을, 괴(壞)는 사마(四魔)를 파괴함을 뜻한다.

282) 법수념(法隨念)의 뜻을 요약하면, 부처님께서 설하신 경·율(律)론 삼장(三藏)이라 총칭하는 12분교(分敎)는 해탈의 큰 공덕이 있음으로써 모든 유정들의 무명과 번뇌의 질병을 치료하는 묘약(妙藥)이 됨으로 그것을 억념하고 그와 같이 되고자 닦는 것이다.

283) 승수념(僧隨念)의 뜻을 요약하면, 청정한 승가는 여래의 제자들로 무루법(無漏法)을 얻었고, 계정혜의 삼학(三學)을 구족해서 세간의 복전이 되니, 나도 승가가 소유한 모든 증지(證知)와 해탈의 공덕을 억념하여 그와 같이 되고자 승행(僧行)을 닦는 것이다.

같음을 관찰하고 공덕을 억념함이 승수념이다.

넷째, 보시를 억념하는 시수념(施隨念)[284]은 이와 같으니, 「인간의 간린(慳吝)의 더러움을 끊어버린 뒤 인색함을 여읜 마음으로 법시(法施)를 행하고, 걸인들에게 베풂을 즐거워하는 이것을 내가 잘 얻은 바이다.」 그와 같이 억념토록 하라.

다섯째, 계율을 억념하는 계수념(戒隨念)[285]은 이와 같으니, 「세존의 성문대중은 계율이 청정하여 퇴실하지 않고, 잘못이 없고 뒤섞임이 없고 물듦이 없다. 자기 스스로 깨끗함을 지니고, 지자들이 칭찬하고, 선정삼매를 알고 있다.」 그와 같이 억념토록 하라.

여섯째, 하늘을 억념하는 천수념(天隨念)[286]은 이와 같으니, 천신(天神)은 위대한 공덕을 소유하니, 천신으로 태어나는 원인인, 계율과 삼매와 반야와 닥니(bDag ñid)[287]를 천신의 공덕과 동등하게 한 뒤 천신의 공덕과 연결해서 억념토록 한다.

아사리 잠뺄쎄녠(文殊友)이 편찬한 문수진실명여실칭송의 육수념(六隨念)을 수습하는 교계를 완결한다.

---

284) 시수념(施隨念)의 뜻을 요약하면, 보시행의 공덕이 간린(慳吝)과 인색의 중병을 치료하나, 나도 그것을 억념하고 보시를 행하여 간린을 소멸하고 유정을 구호하길 염원하고 닦는 것이다.

285) 계수념(戒隨念)의 뜻을 요약하면, 계율의 청정한 공덕을 억념함이니, 모든 계행은 큰 위력이 있어서 중생의 악행과 불선의 법을 멸함으로써 나도 그것을 호지하고 근수하는 것이다.

286) 천수념(天隨念)의 뜻을 요약하면, 욕계와 색계의 천신들과 모든 성자들이 소유한 수승한 공덕을 수념함이다. 다시 말해, 욕계의 천신과 색계의 천신과 천상에 거주하는 모든 성자들이 누리는 천상의 즐거움은 모두 전생에 지계와 보시의 선행을 닦았기 때문이다. 나도 그와 같은 공덕을 갖추어 하늘에 나고자 염원하는 것이다. 불자가 삼보를 억념하는 것은 당연한 것이지만 하늘을 염원하는 그것은 선업의 과보를 존중하기 때문이라고 하였다.

287) 닥니(bDag ñid)는 자기 또는 주재자, 본성, 성인 등의 여러 가지 의미들이 있으나 뜻이 불명하다.

진실명송십이연기수습
眞 實 名 誦 十 二 緣 起 修 習

문수사리동자보살님께 정례하나이다.

문수진실명여실칭송의 문을 통해서 중근기가 십이연기(十二緣起)를 닦는 법은 이와 같다. 정등각 세존께서 십이연기를 설하셨으니, 여기에는 외연기(外緣起)[288]와 내연기(內緣起)[289]의 둘이 있다. 외연기는 종자와 발생과 무병에 의해서 결과에 이르기까지 팔지(八支)의 도리로 발생하는 결과를 곡식의 푸른 싹을 관찰한 뒤, 내연기인 무명에서부터 노사(老死)에 이르기까지 십이지(十二支)를 설하시니, 내법(內法)들이 그와 같이 생기하는 원인과 결과들을 열어 보임이다.

여기서 무명(無明)은 무지에서 발생하니, 제법의 진실성을 알지 못하는 어리석음과 업의 인과를 모르는 어리석음이다. 이러한 연(緣, 條件)에

---

288) 외연기(外緣起)는 물질세계라 부르는 바깥의 기세간(器世間)은 허다한 인과 연이 모이고 쌓임으로 말미암아 인연(因緣)에 의뢰하여 발생하니, 종자에서 싹이 나고, 싹에서 잎사귀와 줄기와 가지와 이삭과 열매 등이 앞의 앞의 것을 의지해서 뒤의 뒤의 것이 차례로 발생하는 것을 말한다.

289) 내연기(內緣起)는 물질세계라 부르는 바깥의 기세간(器世間)에 의지하여 사는 유정들이 순차적으로 발생하는 순류의 십이인연(十二因緣)과 윤회가 소멸하여 생사를 해탈하는 역순(逆順)의 십이연기의 두 가지가 있다.

의해서 무명이 일어나니, 그것을 어째서 무명이라 부르는가 하면, 큰 어두움인 까닭에 무명인 것이다. 예를 들면, 어두움이 덮고 가림으로써 사물을 보지 못함과 같이 무명 또한 업(業)과 업과(業果)의 존재와 사제(四諦)와 삼보의 공덕과 제법의 법성을 공성으로 보는 것을 덮고 가려서 보지 못하게 하기 때문에 어두움이라 한다. 또 어떤 이들은 선악을 알지 못함을, 어떤 이들은 선악이 있음을 믿을지라도 의미에 어리석으므로 무명이라 한다고 하였다.

그것의 연(緣)에 의해서 행(行)이 발생하니, 복업(福業)과 비복업(非福業)과 부동업(不動業)[290]의 셋에 의해서 행이 이루어진다. 실제로 행함으로써 제행(諸行)이라 부른다. 업으로 드러나지 않는 갖가지 것들을 행함이다. 그것이 행해짐으로써 아뢰야(一切所依)에 습기가 축적되고, 그 원인에 의해서 식(識, 알음이)이 발생한다. 그것이 삼계에서 선과 불선과 무표업(無表業)의 행이다. 무명지(無明支)와 행지(行支)의 둘은 전생에 속한다.

행(行)의 연(緣)에 의해서 식(識)이 발생하니, 어째서 식(識, 알음이)이라 하는가 하면, 내외의 법인 색상과 소리와 향기 등의 갖가지 대경들을 눈 등의 식(識)이 각각을 깨닫고 앎으로써 식(識)이라 부른다. 아뢰야(一切所依)에 습기를 저장한 그 습기의 원인에 의해서 던져진 뒤 찰나에 저편의

---

290) 부동업(不動業)은 사선(四禪)과 사무색정(四無色定)이니, 이 업(業)은 이숙부동(異熟不動)이라 하였다.

어머니의 자궁에 착상함으로써 명색(名色)을 이룬다. 식(識) 이하는 금생에 속하고, 그 이상의 무명지(無明支)와 행지(行支)와 식지(識支)의 셋은 [윤회생사를 불러옴으로써] 능인지(能引支)라 부른다.

식(識)의 연(緣)에 의해서 명색이 발생하니, 어째서 명색(名色)인가 하면, 의지함으로써 명색이라 부르니, 예를 들면, 나무의 끝 셋을 서로 기대면 욕실(浴室)을 만들 수 있음과 같이 사명온(四名蘊)과 색온(色蘊)의 둘 또한 하나가 하나에 의지함으로써 명색이라 부른다. 식(識)이 모태에 들어온 뒤 사명온과 색온이 차례로 깔랄라(Kalala, 凝酪), 아르부다(Arbuda, 膜疱), 뻬씨(Peśi, 血肉), 가나(Ghana, 堅肉), 빠라싸라와(Prasārava, 支節) 등의 태중육법(胎中六法)을 갖춘다.

명색(名色)의 연(緣)에 의해서 육입(六入, 六處)이 발생하고, 심(心)과 심소(心所)들이 일어나고 또는 발생하는 문이 됨으로써 문(門)이라 부르니, 실제로 명색과 깔랄라(凝酪) 등에 의거한 뒤 그의 연(緣)에 의해서 내육근(內六根)을 대신함으로써 육경(六境)을 인식하는 식(識)이 발생하고 자라나기 때문이다.

육입(六入)의 연(緣)에 의해서 촉(觸)이 발생하니, 경(境)과 근(根, 處, 入)과 식(識)의 셋이 합함으로써 낙경(樂境)과 고경(苦境)과 비고비락의 어떤 것과 접촉하는 인(因)을 수(受)라고 부른다. 촉(觸)이 발생하는 원인이 수(受)이니, 실제로 받아서 누림이다. 명색지(名色支)와 육입지(六入支)와 촉지(觸支)

와 수지(受支)의 넷은 [무명지(無明支)와 행지(行支)와 식지(識支)의 능인지(能引支)에 의해서 생겨난] 소인지(所引支)이다.

수(受)의 연(緣)에 의해서 애(愛)가 발생하니, 어째서 애(愛)라고 하는가 하면, 목마른 까닭에 갈애(渴愛)라고 부른다. 목마름에 의해서 괴로워함과 같이 고통의 감수를 여읜 뒤 안락과 만나기를 원함으로써 애(愛)이다. 낙수(樂受)의 연(緣)에 의해서 애주(愛酒)를 마시니, 반복해서 원하는 까닭에 애(愛)이다. 이 모든 것의 근원은 무명에서 일어남이다. 유지(有支)와 애지(愛支)와 취지(取支)의 셋은 현생에 속한다.

애(愛)의 연(緣)에 의해서 취(取)가 발생하니, 어째서 취(取)라고 하는가 하면, 직접적으로 잡아가짐으로써 취(取)라고 부른다. 취(取)에는 사취(四取)291)가 있으니, 욕취(欲取)와 견취(見取)와 계금취(戒禁取)와 아어취(我語取)이다.

유(有)의 원인 또한 반복해서 취(取)하는 그것이니, 이 또한 근본은 무명이다. 취(取)의 연(緣)에 의해서 유(有)가 발생하니, 어째서 유(有)라고 하는가 하면, 삼유(三有)에 태어남으로써 유(有)라고 부르니, 삼계에 태어

---

291) 사취(四取)는 내외의 일체법을 취하는 백팔번뇌가 사취에 모두 거두어지니, 욕취(欲取)는 욕락(欲樂)을 즐기려하거나 안락을 탐닉하는 것을 말한다. 견취(見取)는 상견(常見)과 단견(斷見)을 비롯한 62견을 집착하는 것을 말한다. 계금취(戒禁取)는 자기가 지키는 계율이 최고라고 여기는 그릇된 견해를 말함. 즉 범행의 깨트림을 방지하는 계율과, 마땅히 준수해야 하는 복식과 위의와 몸과 말의 법도의 계율과, 그것에 의거해서 있게 되는 자기의 오온(五蘊) 등이 반드시 죄업에서 벗어나며, 번뇌에서 해탈하며, 윤회에서 벗어난다고 미집하는 그릇된 견해를 말한다. 아어취(我語取)는 자아가 있음을 말하는 아(我, ātma)와 유정(有情, sattva)과 수명(壽命, jīva)과 육자(育者, poṣa)와 인(人, pudgala)과 마나와(mānava, 劫初人)와 마누자(manuja, 意生)와 작자(作者, kāraka), 수자(受者, vedaka) 등의 13종의 자아를 설하는 것을 말한다.

나기 때문이다. 삼유에 태어나는 원인은 업과 번뇌의 습기가 치성함으로써 후생에 태어남을 유(有)라고 한다. 취(取)의 원인인 선업과 불선업을 쌓음으로써 후생을 취하는 까닭에 유(有)이다. 애지(愛支)와 취지(取支)와 유지(有支)의 셋은 [후생을 있게 하는] 삼능성지(三能成支)이다.

유(有)의 연(緣)에 의해서 생(生)이 발생하니, 어째서 생(生)이라 하는가 하면, 온(蘊)이 발생함으로써 생이라 부르니, 오도(五道)에 천신과 인간 등의 과거에 있지 않던 신온(身蘊)이 생김으로써 생(生)이라 한다. 그 또한 유(有)에 태어나는 업을 지은 원인에 의해서 태어남이다.

생(生)의 연(緣)에 의해서 노사(老死)가 발생하니, 어째서 노(老)라고 하는가 하면, 온(蘊)이 성숙함으로써 노(老)라고 부르니, 예를 들면, 과일이 익은 그것이 늙은 것과 같이 머리털이 희어지고 주름이 잡히니, 몸은 항문과 같이 변하고, 입은 빈 동굴과 같아지고, 머리털은 백애화(白艾花)[292]와 같아지고, 이마가 도마처럼 되는 것이 늙음이다. 늙음의 연(緣)에 의해서 죽음(死)이 발생하니, 어째서 죽음이라고 하는가 하면, 무너지는 까닭에 죽음이라 부르니, 신온(身蘊)이 머무르는 시간이 다하여 온기(溫氣)와 의식이 떠남으로써 죽음인 것이다. 생이 있으면 죽음이 발생한다. 생지(生支)와 노사지(老死支)의 둘을 합한 셋은 후생에 속한다. 노사

---

292) 애화(白艾花)는 옛날에 부싯돌로 불을 켤 때 부싯깃 위에 올려놓는 화융(火絨)으로 어린 쑥을 볶아서 곱게 비벼서 하얀 쑥 뭉치를 말한다.

(老死)의 둘은 [윤회의 허물을 뜻하는] 과환지(過患支)이다.

이 십이연기는 다섯 방면으로 설명된다. 첫째, 과거생의 원인의 문을 통해서 안립함이다. 둘째, 현생은 원인과 결과의 둘의 문을 통해서 안립함이다. 셋째, 어째서 그와 같이 설시하는가 하면, 그 또한 과거생의 원인에 의해서 금생이 발생하고, 금생의 원인에 의해서 후생이 발생함이다. 넷째, 그와 같이 십이연기가 순차적으로 발생한 끝에 노사(老死)가 일어나니, 무엇으로부터 발생하는 가를 추찰하면 생(生)으로부터 일어난다. 다섯째, 그 뒤 차례로 하나의 연(緣)에 의해서 하나가 발생하고, 끝에는 무명(無明)에 뿌리가 닿음과 그 무명 또한 없다고 단순히 부정하는 것이 아니라, 확실히 아님과 또는 가히 보지 못함에 의해서 행(行)에서 노사(老死)에 이르기까지가 전부 소멸하니, [인(因)이 멸한 즉 과(果)가 멸하는] 환멸(還滅)을 알고 수습하라.

이와 같이 이것은 내가 임의로 만든 것이 아니니, "십이지(十二支)의 삼유의 근본을 뽑아버리고, 청정한 십이상(十二相)을 지닌다"는 말씀에 의지하여 저술한 것이다.

아사리 잠뺄쎄녠(文殊友)이 저술한 문수진실명여실칭송의 문을 통해서 십이연기(十二緣起)를 수습하는 교계를 완결한다.

9) 아사리 잠뻬쎼녠(文殊友)의
문수진실명여실칭송문진성수습
文殊眞實名如實稱誦門眞性修習

진실명송진성수습
眞實名誦眞性修習

문수사리동자보살님께 정례하나이다.

문수진실명여실칭송의 문을 통해서 상근기가 진성(眞性)을 닦는 법은
이와 같다.

자신을 본존으로 생기하고 공성의 상태에 들어간 뒤, 마음의 자성은
청정하고 광명이니, 이것은 어떠한 인(因)에 의해서도 생기하지 못하
며, 어떠한 연(緣)에 의해서도 파괴되지 않으며, 모든 분별의 논의들을
여읜 공(空)으로 인(印)을 친 지심(智心)에 오로지 안주함이 법신이다.

지심(智心)의 본질이 성립하지 않고 각명(覺明)이 스스로 빛나는 체험을
여의지 않음이 보신이다.

그 빛나는 지심(智心)이 몸으로 출현하여도 자성이 없음이 화신이다.

인위(因位)의 상태에서 삼신(三身)이 차별 없음을 수습함으로써 과위(果位)의 삼신을 성취하니, 곧 [소지(所知)와 번뇌장(煩惱障)을 단멸한] 단덕(斷德)과 [여소유(如所有)와 진소유지(盡所有智)를 증득한] 지혜를 원만히 구족함이 법신이며, 십지보살이 상호를 갖춤이 보신이며, 육도의 유정에게 출현함이 화신이니, 이것이 과위의 삼신을 얻음이다.

아사리 잠뺄쎄녠(文殊友)이 상근기가 진성을 수습하는 교계를 저술하여 완결하다.

10) 성자문수사리일백팔명찬
聖者文殊師利一百八名讚

梵云 阿耶曼祖悉哩捺麻阿悉怛(二合)舌怛葛捺.
此云 聖者文殊師利一百八名讚

성자문수사리일백팔명찬
聖者文殊師利一百八名讚

元 甘泉馬蹄山 中川守分眞師 姪智慧 譯

敬禮眞實一切解

진실로 일체를 요해하신 님께 공경히 정례하나이다.

最極淸淨眞正心　　至尊頂中恒頂禮
一切諸佛同敎敕　　文殊諸名我演說

지극히 청정하고 진실하고 바른 마음으로

지존하신 님께 항상 정례하나이다.

일체 모든 부처님들이 함께 가르치시는

묘길상 문수의 모든 존명을 내 이제 연설하리라.

妙色相好端嚴身　　一切色中最爲尊
諸相隨好能解了　　文殊勇猛是眞實

미묘한 색신에 상호가 단엄하신 몸

일체의 색신 가운데 가장 존귀하시며

모든 상과 수호를 다 요해하시는

문수묘음의 용맹은 진실하시네.

具不思議思想斷　　藝能廣大之所出
三身貫穿不思議　　如是意量不思議

부사의한 사상을 끊어버리는 지혜를 갖추시고

기예는 넓고 크게 출생하셨으니

삼신을 꿰뚫음이 부사의하고

이러한 의량도 부사의하시네.
　　　意 量

空性定力以自然　　空性法者眞實具
空自性者極樂慕　　三有法者空性示

공성의 선정의 힘이 자연스럽고

공성의 법이 진실로 갖추어져

공자성이라는 지극히 즐거운 것을 그리워하니

삼유의 법은 공성을 나타내는 것이라네.

一切解處觀一切　　彼此一切部類主
一切有情衆中尊　　一切有情悉敬禮

일체를 요해하는 곳에서 일체를 보고

피차 일체 부류의 주인이시며

일체 유정들 가운데 가장 존귀하시니

일체 유정들이 모두 경례하나이다.

一切五趣亦復然　　能摧一切諸邪魔
他怨敵者悉殄滅　　能師子吼人中尊

일체의 오취에 대해서도 역시 그러하시어

능히 일체의 모든 사마를 꺾어 없애시며

그 밖의 모든 원적들도 다 진멸하시니

사람들 가운데 사자후하시는 존귀한 님이시네.

煩惱柔軟離諸惡　　諸障垢染悉皆除
一切有情來擁護　　如是解脫於九有

번뇌에 유연하여 모든 악을 여의시고

모든 장애와 때와 물듦을 모두 다 제거하시며

일체 유정들에게 오시어 옹호해 주시나니

이와 같이 구유에서 해탈케 하시네.

九 有

具摸捺者垂髮者　住於淨梵王宮中
手捻數珠持器杖　淨不淨者方便聚

모찰을 갖추시고 머릿결을 드리운 님이
摸 捺

청정한 범왕궁에 머무시며

손에는 염주와 육환장을 지니시고

청정한 이와 청정하지 못한 이를 방편으로 거두시네.

美音文殊恒作主　蓮華所成蓮華根
金色蓮華最殊勝　蓮華之座極廣大

아름다운 음성을 갖춘 문수묘음이 항상 주가 되시니,
主

연화로 이루어진 연화의 근본이시고

가장 수승한 금색연화이시며

연화의 보좌는 지극히 넓고도 크시다네.

執持潔淨曼陀華　吉祥善住具勝意
亦是正覺是獨覺　亦是先世已成佛

맑고 깨끗한 만다라화를 잡으시고

길상한 선업에 수승한 의취를 갖추어 머무시나니

역시나 정각자이시며, 홀로 깨달은 님이시고

또한 선세에 이미 성불하신 님이시네.

具有神通之自在　是四眞諦之教主
具於千眼護世間　亦是具才九有主

신통의 자재를 갖추셨으니

네 가지 진실한 진리를 설하시는 교주이시며

천안을 갖추어 세간을 보호하시는 님이시고
　　千眼

또한 근본을 갖춘 구유의 주이시네.
　　　　　九有　　主

亦是各蘭有情尊　才能最極諸類尊
亦是所生獸王尊　如是具力世愍生

또한 각란의 유정 중에 존귀한 님이시고

바탕은 모든 부류 중에서 가장 뛰어난 님이시며

또한 축생이 태어난 곳에서도 존귀한 님이시니

이와 같이 세상을 연민하는 힘을 갖추고 태어나셨네.

諸類巧辯悉調伏　佛子是佛是眞佛
身如千日光燦爛　亦是滿月星耀主

모든 부류를 능숙한 변재로 다 조복하시니

부처님의 아들이자 부처님이시고 진불이시라

몸은 천개의 태양처럼 광명이 찬란하며

또한 보름달이 여러 별들 가운데 주인 듯하네.
　　　　　　　　　　　　　　　主

亦是水神天王子　摩醯首羅大主王
亦是娑竭諸龍王　亦是具衆蘊之主

또한 사류나 수신천의 왕이시고

마혜수라의 대주왕이시며
大主王

모든 용왕 가운데 뛰어난 사갈왕이시고

또한 중온을 갖춘 온갖 존재 가운데 주이시네.
主

非天修羅具主種　地主耀首吧珊悉邊(三合)　諸天勇猛集會尊

천이 아닌 아수라 중에서도 주의 종성을 갖추시고

대지의 주로서 빛나는 머리를 장식한 파산션이시며

용맹한 모든 천신이 모인 가운데 가장 존귀한 님이시네.

諸天聚集恭敬禮　護界神中離垢尊
世間無漏最爲尊　解世事者世間尊

모든 천신이 모이어 공경히 예경하는 님이시고

세상을 수호하는 신들 가운데

때를 여읜 존귀한 님이시며,

세간에서도 무루의 가장 존귀한 님이시고

세상의 일을 요해하시는 세간의 존귀한 님이시네.

具彼慧解是眞實　種種行事幷擁護
諸惡魔黨不敢觸　悉解甚深微細法

지혜와 이해를 갖추신 진실한 님이시고

여러 가지 행사를 옹호하시는 님이시니

모든 악마의 무리들이 감히 건드리지 못하며

깊고 깊은 미세한 법을 모두 요해하신 님이시네.

法師親引集三事　出三毒箭如醫王
難降伏者悉降伏　具智慧者能了解

법사를 친히 인도하여 3사를 모으게 하는 님이시고

의왕처럼 세 가지 독화살에서 벗어나게 하시며,

항복하기 어려운 이를 다 항복 받는 님이시고

지혜를 갖추어 능히 요해하는 님이시네.

具世間量能事者　亦是福慧如意樹
菩提枝葉華莊嚴　解脫果熟三事集

세간의 량을 갖춘 능숙한 님이시고

또한 복덕과 지혜는 여의수와 같으시며

보리의 가지와 잎과 꽃으로 장엄하여

해탈과가 성숙되게 하는 3사를 모으는 님이시네.

有情同類依類尊　　入衆生意奪衆意
解梵行者離垢尊　　亦是星曜衆之主

유정들과 같이 하지만 의지처가 되는 존귀한 님이시고

중생들의 의향에 들어가

갖가지 번뇌를 **빼앗는** 님이시며,

범행을 요해한 님이시고, 때를 여읜 존귀한 님이시니

반짝이는 모든 별들 가운데 주이시네.
　　　　　　　　　　　　　　　主

亦是忍辱大仙主　　亦是補處具王位
亦是十地等覺尊　　有情商主內爲尊

또한 인욕의 위대한 선인이시고

보처로서 법왕의 지위를 갖추신 님이시며

열 가지 지평과 등각을 이룬 존귀한 님이시고

유정들 가운데 상주로서 가장 존귀한 님이시네.

最勝敎主涅槃師　　亦是虛空地水主
亦是火風之性主　　亦是眞實如意珠

가장 수승한 가르침의 주이시며

니르바나의 스승이시고,

또한 허공성과 땅의 성품, 물의 성품의 주이시며,

불의 성품과 바람의 성품의 주이시고
또한 가장 진실한 여의주이시네.

衆生所須皆成就　諸出有壞悉敬禮
猶如寶珠我敬禮　文殊師利我讚說

중생이 필요로 하는 모든 것을 성취시켜 주시고
모든 세존들께서도 예경하옵시는,
여의보주와 같은 님께 저도 예경올리오며
지존하신 문수사리 보살님께 찬탄의 말씀 드리나이다.

唵末過警怛捺麻薩怛捺

옴 마르가지따 따뜨마 사뜨바

(옴 길 위의 자재자이신 님이여)

如是相好讚說已　領解心中恒誦持
一切惡業皆遠離　證得最極清淨果

이와 같이 상호를 찬탄하고 나서
마음속으로 요해하고 항상 외워 지니면
일체의 악업을 모두 멀리 여의고
최극 청정의 결과를 증득하게 되리라.

一百八名及餘名　丈夫三時恒誦持
所生之意悉隨心　無疑心中皆證得

지존하신 문수의 108명호와 그 나머지 명호를

누군가가 날마다 세 때에 항상 외우고 지니면

뜻을 낸 모든 일은 마음 따라 이뤄지며

의심할 바 없이 마음속에 모두 증득하게 되리라.

殊勝相好憶持者　遠無間業悉清淨
諸不清淨之惡業　如是一切皆除滅

문수묘음의 수승한 상호를 잘 억념하는 이는

무간 악업을 멀리 여의고 모두 청정해지며

모든 청정하지 못한 악업 등

이와 같은 일체를 모두 제거하고 소멸하리라.

臨終捨壽往異方　惡相惡境若現時
以清淨心恒憶持　勇猛文殊親得見

임종에 목숨을 버리고 다른 곳에 가서

나쁜 모양이나 나쁜 경계가 나타날 때

청정한 마음으로 항상 문수묘음의 명호 억념하면

용맹스런 문수묘음을 친견할 수 있으리라.

具智人中極清淨　誰能讀誦能憶持
若要證得佛果者　無疑心中決證得

지혜를 갖춘 사람 가운데 지극히 청정하시니

누구라도 문수묘음의 명호 읽고 외우고 억념하면서

불과를 증득하기를 원한다면

의심할 바 없이 마음속에 결정코 증득하게 되리라.

元 講經律論 習蜜教 土番譯主 聶崖 沙門 釋智 譯
大正大藏經 No. 1190《聖妙吉祥眞實名經》의 附錄。

11) 성자 문수사리 찬
聖者 文殊師利 讚

梵云 阿耶曼祖悉哩帝悉擔(二合)
此云 聖者文殊師利讚

성자 문수사리 찬
聖者 文殊師利 讚

元 甘泉馬蹄山 中川守分眞師 姪智慧 譯

敬禮出有壞語中具才者

세존의 말씀 가운데서 변재를 갖추신 님,

문수사리 보살님께 예경하나이다.

諸集衆中極殊勝　猶如滿月奪衆光
無明煩惱悉清淨　文殊師利我讚禮

모든 대중 모인 가운데 가장 수승하시어

마치 보름달이 여러 별들의 빛보다 밝음 같이

무명 번뇌 남김없이 청정하게 하시니

지존하신 문수사리께 예경하나이다.

焰髮分埀極明顯　寶珠燦爛體端嚴
眼目紺靑熾焰身　文殊師利我讚禮

불꽃같이 늘어뜨린 머리카락 아주 선명하고

보주처럼 찬란한 몸 단엄하며

검푸른 눈동자에 타오르는 불꽃같은 몸이신

지존하신 문수사리께 예경하나이다.

甘露一味深柔軟　入意之音聲響亮
眞實妙法之寶藏　文殊師利我讚禮

단이슬의 한결같은 맛은 매우 유연하고

마음 깊이 들어가는 음성은 밝게 메아리치며

진실하고 미묘한 법의 보배로운 곳집이시니

지존하신 문수사리께 예경하나이다.

娑婆世界一切處　誰能量度雨滴數
煩惱垢染悉棄捨　文殊師利我讚禮

사바세계의 모든 곳에서

누구라 능히 빗방울 숫자를 다 헤아리리까?

번뇌에 물든 더러움 모두 다 버리신

지존하신 문수사리께 예경하나이다.

觀文殊眼及身色　亦如曼陀觀無厭
諸法以鉢持供養　文殊師利我讚禮

문수묘음의 눈과 몸빛을 보면

연꽃과도 같아, 보아도 싫증이 없고

모든 법을 발우에 담아 공양 올리시니

지존하신 문수사리께 예경하나이다.

住十方界諸佛處　廣大音聲常讚歎
有情最極之本師　文殊師利我讚禮

시방세계 모든 부처님 계신 곳에 머무시며

넓고 큰 소리로 항상 부처님을 찬탄하시고

모든 유정들의 가장 으뜸가는 근본 스승이시니

지존하신 문수사리께 예경하나이다.

聖者文殊我讚歎　如是所集諸福善
盡施法界諸有情　速證涅槃之正路

성스러우신 분 문수묘음을 제가 찬탄하오며

이와 같이 모은 모든 복덕과 선업을

법계의 모든 유정들에게 남김없이 다 회향하오니

신속히 열반의 바른 길을 증득하게 하소서.

[哀請攝受偈]
섭수해 주시기를 애절하게 청원하는 노래

歸命帝網極三際　無盡三寶垂愍念　攝受帝王增福壽

귀명하옵나니, 인드라의 그물 같은 삼제에

다함없는 삼보이시여, 애민한 마음 드리우사

스승님의 복과 수명 늘어나도록 섭수하여 주소서.

七佛祖師大聖主　文殊菩薩垂愍念　攝受施主增福壽

칠불의 조사이시고 위대하고 성스러운 님이신

문수사리보살이시여, 애민한 마음 드리우사

단월들의 복과 수명 늘어나도록 섭수하여 주소서.

牟尼寶積大慈尊　文殊菩薩垂愍念　攝受弟子增福慧

성스러운 분의 보배 다 쌓으신

위대하고 자애로우신 님,

문수사리보살이시여, 애민한 마음 드리우사

제자의 복덕과 지혜 늘어나도록 섭수하여 주소서.

果成先劫大聖主　文殊菩薩垂愍念　願我獲得無生智

불과를 이룬 선겁의 위대하고 성스러운 님이신
문수사리보살이시여, 애민한 마음 드리우사
원컨대 제가 남이 없는 지혜를 증득하게 하소서.

妙吉祥尊大聖主　海會聖衆垂愍念　攝受此會所有衆

미묘하고 길상하신 분, 위대하고 성스러운 님의
바다 같은 회상에 계신 성중이시여,
애민한 마음 드리우사
이 회상에 있는 모든 대중들을 섭수하여 주소서.

願除爲意惡因障　稱意道中垂引示　塵沙惑障皆得除

원컨대 마음속에 있는 나쁜 원인의 장애 제거해 주시고
마음으로 부르는 길 가운데 인도하고 나투심 드리우사
모래 먼지같이 많은 미혹의 장애 모두 제거해 주소서.

발원의 노래

以此善根願成佛　　成己壞諸過患怨
生老病死苦海中　　廣度輪迴諸有情

이 선근으로 원컨대 깨달음 이루게 하시고

이룬 뒤엔 모든 과환의 원적 깨뜨리게 하소서.

나고 늙고 병들어 죽는 괴로움의 바다 속에서

윤회하고 있는 모든 유정들을 널리 제도하여지이다.

未達眞理所生處　　願獲治政閑辦王
精修三學得純熟　　常恒利他不退轉

참된 진리 통달하지 못하고 태어날 때는

원컨대 법도를 갖춘 나랏님을 만나게 되고,

계정혜 삼학을 정미롭게 닦아 순일하게 익어지게 하며

항상 다른 이를 이롭게 하는

보리심에서 물러서지 않으오리다.

所有一切諸如來　　究竟菩薩諸聲聞
離塵垢法得堅固　　諸菩提處恒恭敬

일체 모든 부처님과

구경에 이른 보살과 모든 성문들이시여,

티끌과 때를 여의는 법으로 견고함을 얻어

모든 보리도량에서 항상 공경하게 하소서.

求修美譽之妙法　　馥郁遠布十方界
若成究竟正覺時　　恒常奉獻於供養

아름답고 영예로운 미묘 법을 구하고 닦아서

다르마의 향기가 시방세계에 두루 퍼져지오며,

구경의 정각을 이룰 때까지

항상 공양을 받들어 올려지이다.

能作依主歸投者　　謙恭敬仰具德人
如是正覺知識處　　願我恒時而親近

능히 구호주이신 문수묘음께 귀의하는 이라면

겸손과 공경과 우러름을 갖춘 덕인이리니,

이렇게 바르게 깨닫고 알아차리는 님들을

원컨대 제가 항상 가까이 하고 친근하여지이다.

福德鞏固若須彌　　慧性明朗日月照
名稱遠布似虛空　　如斯三種常願成

복과 덕은 수미산처럼 단단히 묶어지고

지혜의 성품은 일월처럼 밝게 비춰지며,

좋은 이름 허공 가득 널리 퍼지는

이와 같은 세 가지를 항상 이루기 원하나이다.

壽延百載逾百秋　　無病享用得增長
決定出生大乘種　　如斯五種常願成

수명은 백년으로 끌어지거나 백 번의 가을을 뛰어넘으며

병 없이 누리고 베푸는 것이 더욱 늘어나게 하시고,

결정코 대승의 종성에 출생하여

이와 같은 다섯 가지가 항상 이뤄지게 하소서.

所有懷毒來到此　　或在地上或居空
常與衆生起慈心　　晝夜依時修妙法

번뇌의 독기를 품은 이가 여기에 오거나

혹은 땅 위에 있거나 허공중에 있더라도,

항상 중생들에게 자애의 마음 일으키게 하시며

낮이나 밤이나 항상 미묘한 다르마를 닦게 하소서.

[六波羅蜜偈]
여섯 가지 바라밀의 노래

現世諸物如幻化　　受施能捨亦皆空
如是布施隨所得　　布施波羅皆圓滿

현세의 모든 사물은 환화와 같아
보시를 받는 것도 베푸는 것도 모두 공하다네.
이와 같은 보시로 얻은 바를 따른다면
보시바라밀이 모두 원만한 것이네.

堅持禁戒離垢染　　具足清淨無所犯
離於禁戒之取着　　持戒波羅皆圓滿

금계를 굳게 지녀 때와 물듦 여의고
청정을 구족하여 범하는 바 없으며
금계에 취착하는 것마저 여의면
지계바라밀이 모두 원만한 것이네.

此身地水與火風　　四法和合本性空
種種加害無瞋恚　　忍辱波羅皆圓滿

이 몸은 땅과 물, 그리고 불과 바람이라는

네 가지가 화합한 것이라 본성이 공한 것이니

갖가지 해악을 더해도 화내는 맘 없으면

인욕바라밀이 모두 원만한 것이네.

精進無涯決定修　　懈怠垢障不能侵
身心具足如是力　　精進波羅皆圓滿

끝없이 정진하고 결정코 닦아

게으름의 때와 장애가 능히 침노하지 못하게 하며

몸과 마음에 이와 같은 힘을 구족하면

정진바라밀이 모두 원만한 것이네.

如幻如化諸等持　　勇猛無怖之正受
猶如金剛之三昧　　禪定波羅皆圓滿

환화와 같은 모든 등지와
　　　　　等持

용맹하여 두려움 없는 정수를
　　　　　正受

마치 금강과 같은 삼매로 얻으면

선정바라밀이 모두 원만한 것이네.

空無相願三脫門　三世平等一味眞
體達諸覺如如理　智慧波羅皆圓滿

공과 무상과 무원의 삼해탈문은

삼세에 평등하여 한 맛이라는 진실의

여여한 이치를 깨닫고 체달하면

지혜바라밀이 모두 원만한 것이네.

一切如來之所說　光明熾盛威神力
菩提勇識精進力　我今所願皆成就

일체 여래가 말씀하신

치성한 광명의 위신력과

깨달음을 향한 위대한 님들의 정진력으로

제가 지금 원하는 일들이 모두 성취되어지이다.

歸命吉祥智勇識　詮演眞實苦深義
我今讀誦施衆生　同獲吉祥金剛智

길상하신 지혜의 살타 문수묘음께 귀명하옵고

진실한 명호의 깊은 의취를 설명한 것을

제가 지금 읽고 외운 이 공덕 중생들에게 베푸옵나니

함께 길상한 지금강의 지위 속히 얻어지이다.

講經律論 習蜜敎 土番譯主 聶崖 沙門 釋智 譯
大正大藏經 No. 1190《聖妙吉祥眞實名經》의 附錄。

金剛頂經五字眞言勝相云。

若人纏誦一遍。如誦八萬四千十二圍陀藏經。若誦兩遍。文殊普賢隨逐加被。護法善神在其人前。又善男子善女人。有能持此眞言纏誦一遍。卽入如來一切法平等。一切文字亦皆平等。速得成就摩訶般若。又若誦一遍。能除行人一切苦難。若誦兩遍。除滅億劫生死重罪。若誦三遍三昧現前。若誦四遍總持不忘。若誦五遍速成無上菩提。若人一心獨處閑靜梵書五字輪壇.依法念誦滿一月已。曼殊菩薩卽現其身。或於空中演說法要。是時行者得宿命智。辯才無礙神足自在。勝願成就福智具足。速能皆證如來法身。但心信受.經十六生決定正覺。輪字觀門依師稟受之。

『금강정경』에서 5자진언의 수승한 공덕상에 대해 이르기를,

어떤 사람이 겨우 1편을 외우면 팔만사천의 위타장경을 외운 것과 같으며, 만약 2편을 외우면 문수·보현이 늘 따라 가피해 주시고, 호법선신이 그 사람 앞에 있으면서 옹호해 주리라.

또한 선남자 선여인이 이 진언을 겨우 1편 외워 지니기만 하면 곧 여래의 일체법 평등성에 들어가고, 일체 문자도 역시 모두 평등해지며, 신속히 마하반야를 성취하리라.

또한 만약 1편을 외우면 능히 수행자의 일체 고난을 제거해 주며, 만약 2편을 외우면, 억겁의 생사중죄를 제멸하리라.

만약 3편을 외우면 삼매가 현전하며, 만약 4편을 외우면 불망총지를 얻게 되며, 만약 5편을 외우면 신속히 무상보리를 성취하리라.

만약 어떤 사람이 일심으로 홀로 고요한 곳 적정처에서 범서로 5자 진언 만다라를 세우고, 법에 따라 염송하기를 한 달을 채우고 나면 문수보살이 곧 그 몸을 현신하시거나, 혹은 공중에서 법의 요점을 연설해 주실 것이니, 변재가 걸림이 없고 신족이 자재하고 수승한 원을 성취하여 복덕과 지혜가 구족하게 될 것이며, 신속히 여래의 법신을 모두 증득하리라.

단지 마음으로 믿고 받아들이기만 해도 열여섯 생을 지나서 결정코 정각을 이루리라고 하였다.

자륜(字輪)을 관상하는 법문은 반드시 스승을 의지하여 그 행법을 품수해야 한다.

1) 共歸依

༈ རྒྱབས་འགྲོ་སེམས་བསྐྱེད། ༈

꺕도쎔꼐
귀의와 보리심 일으키기

།བདག་དང་འགྲོ་བ་ནམ་མཁའ་དང་མཉམ་པའི་སེམས་ཅན་ཐམས་ཅད་དུས་འདི་ནས་བཟུང་སྟེ་རེ་སྲིད་
བྱང་ཆུབ་སྙིང་པོ་ལ་མཆིས་ཀྱི་བར་དུ་ཕྱོགས་བཅུ་དུས་གསུམ་གྱི་དེ་བཞིན་གཤེགས་པ་ཐམས་ཅད་ཀྱི་སྐུ་གསུང་
ཐུགས་ཡོན་ཏན་འཕྲིན་ལས་ཐམས་ཅད་ཀྱི་རོ་བོར་གྱུར་པ། ཆོས་ཀྱི་ཕུང་པོ་སྟོང་ཕྲག་བརྒྱད་ཅུ་རྩ་བཞིའི་འབྱུང་
གནས་འཕགས་པ་དགེ་འདུན་ཐམས་ཅད་ཀྱི་མངའ་བདག་དྲིན་ཅན་རྩ་བ་དང་བརྒྱུད་པར་བཅས་པའི་དཔལ་
ལྡན་བླ་མ་དམ་པ་རྣམས་ལ་སྐྱབས་སུ་མཆིའོ།

닥당 도와 남카당 남뻬 쎔쩬 탐쩨 뒤디 네숭 떼지씨 장춥 닝
뽈라 치끼바ᄅ두, 축쭈 뒤쑴기 데신쎽빠 탐쩨끼 꾸숭툭 욘
뗀 틴레 탐쩨끼 오보ᄅ 규ᄅ빠 최끼 풍뽀 똥탁 계쭈 짜시- 중
네 팍뻬 겐뒨 탐쩨끼 아닥 딘쩬 짜와당 규빠ᄅ 쩨뻬 뺄뗀 라
마 담빠 남라 꺕수치오.

저와 허공처럼 한량없는 일체 중생들이 함께 이제부터
보리도량[완전한 깨달음]에 이를 때까지, 시방삼세 일체 여래의

신·어·의의 공덕과 행원의 본체이시고, 팔만사천 법문[洪蘊]이 생겨나는 근원이시며, 모든 성스러운 승가 가운데 가장 수승한 주(主)이신, 은혜로운 근본 스승님과 법맥을 전승해 오신 모든 스승님들께 귀의하나이다.

།བླ་མ་ལ་སྐྱབས་སུ་མཆིའོ། །སངས་རྒྱས་ལ་སྐྱབས་སུ་མཆིའོ།

།ཆོས་ལ་སྐྱབས་སུ་མཆིའོ། །དགེ་འདུན་ལ་སྐྱབས་སུ་མཆིའོ།

라말라 꺕수치오. 쌍곌라 꺕수치오.

쵤라 꺕수치오. 겐뒨라 꺕수치오.

스승님께 귀의하나이다.

부처님께 귀의하나이다.

다르마에 귀의하나이다.

승가에 귀의하나이다.

།ཡི་དམ་དཀྱིལ་འཁོར་གྱི་ལྷ་ཚོགས་འཁོར་དང་བཅས་པ་རྣམས་ལ་སྐྱབས་སུ་མཆིའོ། །དཔལ་མགོན་དམ་པའི་ཆོས་སྐྱོང་བའི་སྲུང་མ་ཡེ་ཤེས་ཀྱི་སྤྱན་དང་ལྡན་པ་རྣམས་ལ་སྐྱབས་སུ་མཆིའོ།

이담 낄코르기 하촉 코르당 쩨빠 남라 꺕수치오.

뺄괸 담뻬 최꽁외 쑹마 예쎼끼 쩬당 덴빠남라 꺕수치오.

본존을 둘러싸고 계신 모든 성스러운 분들과
그 권속들에게 귀의하나이다.
혜안을 갖추신 길상스러운 보호주이시고,
정법을 수호하는 모든 호법선신들께 귀의하나이다.

2) 不共歸依와 發菩提心

|སངས་རྒྱས་ཆོས་དང་ཚོགས་ཀྱི་མཆོག་རྣམས་ལ། |བྱང་ཆུབ་བར་དུ་བདག་ནི་སྐྱབས་སུ་མཆི།
|བདག་གིས་སྦྱིན་སོགས་བགྱིས་པའི་ཚོགས་རྣམས་ཀྱིས། |འགྲོ་ལ་ཕན་ཕྱིར་སངས་རྒྱས་འགྲུབ་པར་ཤོག

쌍계 최당 촉끼 촉남라   장춥 바ㄹ두 닥니 꺕수치

닥기 진쏙 기뻬 촉남끼   돌라 펜치ㄹ 쌍계 둡빠ㄹ쏙

거룩한 불 · 법 · 승 삼보님께,
완전한 깨달음을 얻을 때까지 제가 귀의하나이다.
제가 보시 등을 행한 공덕으로
모든 중생을 돕기 위해 정등각을 이루게 하소서.

3) 受菩薩戒

ཐ

སྨོན་འཇུག་གི་སེམས་བསྐྱེད་པ།

뮌죽기 쎔꼐빠

원보리심과 행보리심 일으키기

|དཀོན་མཆོག་གསུམ་ལ་བདག་སྐྱབས་མཆི། |ཕྱིག་པ་ཐམས་ཅད་སོ་སོར་བཤགས།

|འགྲོ་བའི་དགེ་ལ་རྗེས་ཡི་རང་། |སངས་རྒྱས་བྱང་ཆུབ་ཡིད་ཀྱིས་གཟུང་།

|སངས་རྒྱས་ཆོས་དང་ཚོགས་མཆོག་ལ། |བྱང་ཆུབ་བར་དུ་བདག་སྐྱབས་མཆི།

|རང་གཞན་དོན་ནི་རབ་བསྒྲུབ་ཕྱིར། |བྱང་ཆུབ་སེམས་ནི་བསྐྱེད་པར་བགྱི།

|བྱང་ཆུབ་མཆོག་གི་སེམས་ནི་སྐྱེད་བགྱིས་ནས། |སེམས་ཅན་ཐམས་ཅད་བདག་གིས་མགྲོན་དུ་གཉེར།

|བྱང་ཆུབ་སྤྱོད་མཆོག་ཡིད་འོང་སྤྱད་པར་བགྱིད། |འགྲོ་ལ་ཕན་ཕྱིར་སངས་རྒྱས་འགྲུབ་པར་ཤོག།

뮌촉 쏨라 닥꺕치   딕빠 탐쩨 쏘쏘르쌱

도외 겐라 제이랑   쌍계 장춥 이끼숭

쌍계 최당 촉촉라   장춥 바르두 닥꺕치

랑셴 된니 랍둡치르   장춥 쎔니 꼣빠르기

장춥 촉기 쎔니 계기네   쎔쩬 탐쩨 닥기 된두녜르

장춥 쬐촉 이옹 쩨빠르기   돌라 펜치르 쌍계 둡빠르쏙

저는 이제 수승한 삼보님께 귀의하오며, 일체 죄업을 모
두 참회하나이다. 유정들의 모든 선업을 따라 기뻐하오

며, 지극한 마음으로 부처님의 완전한 깨달음을 수지하
나이다. 정등각 이루신 부처님과 다르마와 성스러운 승
가에, 완전한 깨달음에 이를 때까지 귀의하나이다. 자
타가 모두 이익을 성취하도록 하기 위해 제가 보리심을
일으키나이다. 가장 수승한 보리심을 일으키고, 일체
유정들을 저의 소중한 귀빈으로 맞이하나이다. 환희로
운 마음으로 가장 수승한 보살행을 실천하오니, 모든 유
정을 이롭게 하기 위해 제가 정등각을 이루어지이다.

4) 四無量心

ཆད་མེད་བཞི་

체메시

사무량심

།སེམས་ཅན་ཐམས་ཅད་བདེ་བ་དང་བདེ་བའི་རྒྱུ་དང་ལྡན་ པར་གྱུར་ཅིག

། སེམས་ཅན་ཐམས་ཅད་སྡུག་བསྔལ་དང་སྡུག་བསྔལ་གྱི་རྒྱུ་དང་བྲལ་བར་གྱུར་ཅིག

། སེམས་ཅན་ཐམས་ཅད་སྡུག་བསྔལ་མེད་པའི་བདེ་བ་དང་མི་འབྲལ་བར་གྱུར་ཅིག

། སེམས་ཅན་ཐམས་ཅད་ཉེ་རིང་ཆགས་སྡང་གཉིས་དང་བྲལ་བའི་བཏང་སྙོམས་ལ་གནས་པར་གྱུར་ཅིག།

쎔쩬 탐쩨 데와당 데외 규당 덴빠르 규르찍,

쎔쩬 탐쩨 둥엘당 둥엘기 규당 델와르 규르찍,

쎔쩬 탐쩨 둥엘 메빼 데와당 미델와르 규르찍,

쎔쩬 탐쩨 녜링 착당 니당 델외 땅뇸라 네빠르 규르찍.

일체중생이 행복과 행복의 원인을 갖게 하소서.

일체중생이 고통과 고통의 원인에서 벗어나게 하소서.

일체중생이 고통 없는 행복을 누리게 하소서.

일체중생이 친소[가깝고 멂]와 탐욕과 성냄에서 벗어난

평등한 마음에 머물게 하소서.

5) 根本中頌 歸敬偈

ཚ་བ་ཤེས་རབ་ཀྱི་མཆོད་བརྗོད

짜와쎄랍끼최죄

나가르주나(용수)의 부처님 찬탄 게송

གང་གིས་རྟེན་ཅིང་འབྲེལ་བར་འབྱུང་།	འགགས་པ་མེད་པ་སྐྱེ་མེད་པ།
ཆད་པ་མེད་པ་རྟག་མེད་པ།	ཆོད་པ་མེད་པ་འགྲོ་མེད་པ།
ཁ་དང་དོན་མིན་དོན་གཅིག་མིན།	སྤྲོས་པ་ཉེར་ཞི་ཞི་བསྟན་པ།
རྫོགས་པའི་སངས་རྒྱས་སྨྲ་རྣམས་ཀྱི།	དམ་པ་དེ་ལ་ཕྱག་འཚལ་ལོ།།

강기 뗀찡 델와ᄅ중   각빠 메빠 꼐메빠

체빠 메빠 딱몟빠   옹와 메빠 도몟빠

타데 된민 된찍민   뙤빠 녜ᄅ시 시뗸빠

족뻬 쌍계 마남끼   담빠 델라 착챌로

인연에서 생겨난 모든 법(사실)은 발생하는 것도 아니고 소멸하는 것도 아니며, 서로 끊어진 것도 아니고 이어진 것도 아니며, 어디선가 오는 것도 아니고 가는 것도 아니며, 서로 같지도 않고 다르지도 않는 것이라고, 온갖 희론의 망상을 잠재우는[戲論寂滅] 상서로운 「연기의 진리」를 가르쳐 주신 최상의 스승 부처님께 예경드리나이다.

6) 般若偈

꒣ མཚན་རྟགས་རྒྱན་གྱི་མཆོད་བརྗོད་ ꒥

왼똑곈기 최죄

마이뜨레야(미륵)의 세 가지 지혜 찬탄

།ཉན་ཐོས་ཞི་བ་འཚོལ་རྣམས་ཀུན་ཤེས་ཉིད་ཀྱིས་ཉེར་ཞིར་འཁྲིད་མཛད་གང་ཡིན་དང་།

།འགྲོ་ལ་ཕན་པར་བྱེད་རྣམས་ལམ་ཤེས་ཉིད་ཀྱིས་འཇིག་རྟེན་དོན་སྒྲུབ་མཛད་པ་གང་།

།གང་དང་ཡང་དག་སྤྱན་པས་ཐུབ་རྣམས་རྣམ་པ་ཀུན་ལྡན་སྐུ་ཚོགས་འདི་གསུངས་པ།
།ཉན་ཐོས་བྱང་ཆུབ་སེམས་དཔའི་ཚོགས་བཅས་སངས་རྒྱས་ཀྱི་ནི་ཡུམ་དེ་ལ་ཕྱག་འཚལ་ལོ།།

녠퇴 시와 쵤남 뀐쎼 니끼 녜ㄹ시ㄹ 티제 강인당

돌라 펜빠ㄹ 제남 람쎼 니끼 직뗀 된둡 제빠강

강당 양닥 뗀빼 툽남 남빠 꾼뗀 나촉 뒤쑹빠

녠퇴 장춥 쎔빼 촉쩨 쌍계 끼니 윰뗄라 착첼로.

깨달음을 원하는 성문·연각들을 정변지로 이끌어 진정한 해탈의 적멸에 들게 하시고, 중생을 요익케 하는 이타행을 하는 보살들은 도종지로써 세간에 이익 되게 하시며, 일체종지를 구족하신 부처님은 중생의 근기에 맞게 온갖 법을 설하게 하시니, 성문·연각·보살들과 함께 모든 부처님의 어머니이신 「반야바라밀」에 예경하나이다.

7) 讚法身偈

ཆོས་མ་རྣམས་འགྲེལ་གྱི་མཆོད་བརྗོད་

체마남뗄기 최죄

다르마끼르띠(법칭)의 부처님 찬탄 게송

|རྟོག་པའི་དྲ་བ་རྣམ་བསལ་ཞིང་། ｜ཟབ་ཅིང་རྒྱ་ཆེའི་སྐུ་མངའ་བ།
|ཀུན་ཏུ་བཟང་པོའི་འོད་ཟེར་དག ｜ཀུན་ནས་འཕྲོ་ལ་ཕྱག་འཚལ་ལོ།

똑빼 다와 남쎌찡   삽찡 갸체 꿍아와

꾼뚜 상뾔 윗세ㄹ닥   꾼네 톨라 착첼로.

망념(分別心)의 그물 남김없이 다 제거하신

심오하고 광대한 몸으로

온누리에 보현의 광명 놓으시는

미묘한 다르마까야(法身) 법신에 예경하나이다.

8) 迎請偈

|ཨ་ལུས་སེམས་ཅན་ཀུན་གྱི་མགོན་གྱུར་ཅིང་། ｜བདུད་སྡེ་དཔུང་བཅས་མི་བཟད་འཇོམས་མཛད་ལྷ།
|དངོས་རྣམས་མ་ལུས་ཡང་དག་མཁྱེན་གྱུར་པའི། ｜བཅོམ་ལྡན་འཁོར་བཅས་གནས་འདིར་གཤེགས་སུ་གསོལ།

말뤼 쎔쩬 꾼기 괸규ㄹ찡   뒈데 뿡쩨 미세 좀젤하

외남 말뤼 양닥 켄규ㄹ뻬   쫌덴 코ㄹ쩨 네디ㄹ 쎅수쐴.

일체중생의 보호주이시고 마군을 남김없이 다 항복 받
으시며 일체법을 온전히 깨달으신 부처님이시여, 모든
권속들과 함께 이 도량에 강림하소서.

9) 獻浴偈

།ཇི་ལྟར་བལྟམས་པ་ཙམ་གྱིས་ནི།   །ལྷ་རྣམས་ཀྱིས་ནི་ཁྲུས་གསོལ་ལྟར།
།ལྷ་ཡི་ཆུ་ནི་དག་པ་ཡིས།   །དེ་བཞིན་བདག་གིས་སྐུ་ཁྲུས་གསོལ།

지따르 땀빠 쨈기니   하남 끼니 튀쉴따르

하이 추니 닥빠이   데신 닥기 꾸튀쎌.

여래께서 강생하실 때, 천신들이 목욕공양 올린 것처럼
저 또한 청정하고 미묘한 하늘의 물로써 목욕공양 올리
나이다.

10) 獻衣偈

།ལྦ་འཇམ་ཡང་ལྷ་ཡི་གོས།   །མི་ཤིགས་རྡོ་རྗེ་སྐུ་བརྙེས་ལ།
།མི་ཤིགས་དད་པའི་བདག་འབུལ་ན།   །བདག་ཀྱང་རྡོ་རྗེ་སྐུ་ཐོབ་ཤོག

쌉잠 양와 ㅎ아이괴   미체 도르제 꾸녤라

미체 데빼 닥뷔나   닥꺙 도르제 꾸톱쇽

가볍고 부드러운 으뜸가는 하늘의 옷을
저 금강불괴의 몸을 이루신 분께 올리나이다.
한결같은 정성과 믿음으로 공양 올리옵나니
원컨대 저도 금강불괴의 몸 증득하게 하소서.

11) 七支供養

$$\left\{ \text{ཡན་ལག་བདུན་པ} \right\}$$

옌락뒨빠

칠지공양

།སྒོ་གསུམ་གུས་པའི་སྒོ་ནས་ཕྱག་འཚལ་ལོ། 　　།དངོས་བཤམས་ཡིད་སྤྲུལ་མཆོད་སྤྲིན་མ་ལུས་འབུལ།
།ཐོག་མེད་ནས་བསགས་སྡིག་ལྟུང་ཐམས་ཅད་བཤགས། 　　།སྐྱེ་འཕགས་དགེ་བ་རྣམས་ལ་རྗེས་ཡི་རང་།
།འཁོར་བ་མ་སྟོང་བར་དུ་ལེགས་བཞུགས་ནས། 　　།འགྲོ་ལ་ཆོས་ཀྱི་འཁོར་ལོ་བསྐོར་བ་དང་།
།བདག་གཞན་དགེ་རྣམས་བྱང་ཆུབ་ཆེན་པོར་བསྔོ།

고쑴 귀빼 고네 착첼로　　　외쌈 이뚤 최띤 말뤼뷜

톡메 네싹 딕뚱 탐쩨싹　　　꼐팍 게와 남라 제이랑

코ㄹ와 마똥 바ㄹ두 렉슉네　　　돌라 최끼 코ㄹ로 꼬ㄹ와당

닥쉔 게남 장춥 첸뽀ㄹ응오.

①신·구·의 삼문으로 삼보님께 공손히 예경 올리나이다. ②실제의 공양물과 마음으로 만든 공양물을 삼보님께 올리나이다. ③시작 없는 전생부터 제가 쌓은 죄업과 불선한 것 모두를 진심으로 참회하나이다. ④거룩하신 님들과 평범한 님들이 지은 모든 공덕을 수희 찬탄하나이다. ⑤윤회가 끝날 때까지 부디 우리 곁에 머

물러 주시고, ⑥중생들을 위해 법륜을 굴려 주소서. ⑦
저와 다른 이들이 쌓은 공덕을 모두 위대한 깨달음을 위
해 회향하나이다.

12) 만달라 공양

|ས་གཞི་སྤོས་"ཀྱིས་བྱུགས་ཤིང་མེ་ཏོག་བཀྲམ།   རི་རབ་གླིང་བཞི་ཉི་ཟླས་བརྒྱན་པ་འདི།
|སངས་རྒྱས་ཞིང་དུ་དམིགས་ཏེ་དབུལ་བ་ཡིས།   འགྲོ་ཀུན་རྣམ་དག་ཞིང་ལ་སྤྱོད་པར་ཤོག
|བདག་གཞན་ལུས་ངག་ཡིད་གསུམ་ལོངས་སྤྱོད་དུས་གསུམ་དགེ་ཚོགས་དང་།།རིན་ཆེན་མཎྜལ་བཟང་པོ་ཀུན།
བཟང་མཆོད་པའི་ཚོགས་དང་བཅས།།བློ་ཡིས་བླངས་ནས་བླ་མ་ཡི་དམ་དཀོན་མཆོག་གསུམ་ལ་འབུལ།
|ཐུགས་རྗེའི་དབང་གིས་བཞེས་ནས་བདག་ལ་བྱིན་གྱིས་བརླབ་ཏུ་གསོལ།།

| 싸시 쀠끼 죽씽 메독땀 | 리랍 링시 니데 곈빠디 |
| 쌍계 싱두 믹떼 울와이 | 도꾼 남닥 싱라 쬐빠ㄹ쇽 |

닥셴 륑악 이쑴 롱쬐 뒤쑴 게촉당

린첸 멘델 상뽀 꾼상 최빼 촉당쩨

로이 랑네 라마 이담 꾄촉 쏨라불

툭제 왕기 세네 닥라 진기 랍두쐴.

온 대지에 향 바르고 꽃 가득히 올리며, 수미산과 사대
주, 태양과 달로 장엄한 이곳을 불국토로 관상하여 공

양 올리오니, 일체중생이 청정한 국토를 향수하게 하소서. 저의 신·구·의와 재물, 삼세에 쌓은 선업의 보배로운 만달라를 미묘하고 훌륭한 보현의 공양처럼 마음으로 관상하여, 스승님과 본존과 삼보님께 올리나이다. 이 공양을 자비의 위신력으로 받으신 뒤에, 저를 가지(加持)해 주소서.

|ཨི་དམ་གུ་ར་རཏྣ་མཎྜལ་ཀཾ་ནི་རྱཱ་ཏ་ཡ་མི།

이담 구루 라뜨나 만달라깜 니리야따 야미.

잠뻬도곌라뙤

문수찬탄문

བཅོམ་ལྡན་འདས་མགོན་པོ་འཇམ་པའི་རྡོ་རྗེ་ལ་མཆོད་པར་བཏུད་པའི་ཚུལ་གྱིས་བསྟོད་པ་བཞུགས།

쫌뗀데 곤뽀 잠뻬 도곌라 최빠르 죄뻬 췰기 된바쑥

세존 보호주 문수금강께 공경하는 모습으로 찬탄하는 글

ༀ་སྭ་སྟི་སིདྡྷཾ།　　　　བླ་མ་དང་རྗེ་བཙུན་འཇམ་པའི་དབྱངས་ལ་ཕྱག་འཚལ་ལོ།།

옴 쓰와쓰띠 씻담, 라마당 제쮠 잠뻬양라 착챌로

옴 쓰와쓰띠 씻담,
스승이신 보호주 문수사리님께 예경하나이다.

དཔལ་ལྡན་བློ་གྲོས་རྫི་རུལ་ལས་བྱུང་བ་གཞོན་ནུ་ཆུལ་འཆང་འཇིས་པའི་སྐུ།།

뺄뗀 로되 디레 중와 쉰누 췰창 제뻬꾸

「디」로부터 생긴 거룩한 지혜,
젊은이의 모습을 한 아름다운 몸

ཆུ་སྐྱེས་བསིལ་ཟེར་ཅན་དབུས་སྐྱིལ་མོ་ཀྲུང་བཅས་རོལ་པའི་འགྱིང་བག་ཅན།།

추꼐 실세ㄹ 쩬위 낄모 뚱쩨 뢸빼 깅박쩬

시원하게 빛나는 연꽃 위에
가부좌를 하신 장엄한 모습

གུར་གུམ་མདོག་ཅན་རལ་ཕུད་ལྔ་སྣེན་གོང་ཤུ་ཏྲལ་གྱིས་མཛེས་ཤིང་།།

구ㄹ굼 독쩬 수ㄹ퓌 아빠 녠공 웃뺄 기제싱

샤프란 색 다섯 상투,
귀 위에는 청련화로 장식하시고

སྣ་ཚོགས་རིན་ཆེན་རབ་སྤྲས་ལྷ་ཡི་ན་བཟའི་སྐྱད་གཡོགས་ལེགས་པར་བགོས།།

나촉 린첸 랍떼 하이 나세 메욕 렉빠ㄹ괴

갖가지의 보배로 장식하고
천상계의 옷을 입고 계시며

ཕྱག་གཡས་མཁའ་ལྟར་སྔོ་བའི་རལ་གྲི་ཆེ་ཟེར་ཅན་འོད་རབ་འཕྲོས་པས།།

차예 카따ㄹ 오외 렐디 차세ㄹ 쩬외 랍퇴빼

오른손에는 불꽃 타오르는
하늘색의 검을 들고서

ཤུན་པའི་འཐིབས་པོ་དྲལ་ཞིང་བདུད་བཙོམ་དེ་བཞིན་ཉིད་དོན་ཕྱགས་ཀྱང་ཅིང་།།

뮌빼 팁뽀 델싱 뒤쫌 데신 니된 툭취찡

두터운 어둠 베고 마군 무찌르며
진여의 뜻 통달하시고

གཡོན་གྱི་ཨུཏྤལ་འདབ་བརྒྱད་རྣམ་རྒྱས་མགུལ་བའི་ངོས་སུ་རབ་རྒྱས་པ།།

욘기 웃뺄 답계 남계 굴빼 외쑤 랍계빠

왼손의 여덟 잎을 가진 청련화는
목 옆에서 만발해 있고

གེ་སར་སྟིང་པོ་དེ་མེད་སྟིང་ན་རྒྱལ་བའི་གསུང་རབ་གསྟེགས་བས་བསྩམས།།

게싸르 닝뽀 디메 뗑나 걀외 쑹랍 렉밤남

청정한 꽃술 위에는
부처님의 경전이 올려져 있고

ཁྱོད་གཙུག་མི་བསྐྱོད་སྐྱོབ་པས་རབ་མཚན་རྡོ་རྗེ་རྣོན་པོ་ཡི་གེ་དྲུག།

쾨쭉 미꾀 꼽빼 랍첸 도제 뇐뽀 이게둑

정수리에는 수호존 부동불의 표시 있고
금강리(金剛利)**의 육자진언 「아라빠짜나 디」를**

བཞེད་པའི་གད་རྒྱངས་ཅན་གྱི་ཞབས་ཏུ་ཡིད་འོང་ལོ་བོའི་སྦྱི་བོར་ཞོག །

셰빼 계걍 쩬기 샵뒬 이옹 코외 찌오ㄹ쇽

크게 노래하는 문수존의 고운 발을
저의 정수리에 올려 주소서.

ཁྱོད་སྐུ་བདག་ལུས་སྙིང་གི་འབོར་ལོར་རྣམ་བསམ་གང་གིས་ཆགས་སྲང་སོགས། །

쾨꾸 닥뤼 닝기 콜로ㄹ 남쌈 강기 착당쏙

저의 가슴 짜끄라 속에 계신
문수존의 몸을 관상하나니

ངན་སེམས་ཐ་ཆད་དག་པས་སྐྱེད་པ་དེ་ཀུན་མགོན་པོས་བཟོད་མཛོད་ཅིག །

엔쎔 타체 담빼 메빠 데꾼 괸뾔 소죄찍

탐착과 미움 등의
거칠고 나쁜 마음 용서하소서.

རྒྱལ་སྲས་ཐུ་བོའི་རྣམ་ཐར་ཟབ་ཅིང་རྒྱ་ཆེ་བདག་ལ་ཞེར་སྩོལ་མཛོད། །

걀세 투외 남타ㄹ 삽찡 갸체 닥라 녜ㄹ쫄제

상수 보살님의 심오하고
광대한 능력 제게 내려 주소서.

ཡབ་གཅིག་ཉིད་ལས་ལྷ་གཞན་བདག་ལ་རེ་བ་མ་མཆིས་སྐུལ་ངན་བདག།

얍찍 닐레 하셴 닥라 레와 마치 꼘엔닥

복이 없는 제게는
스승이신 문수존 밖에는 다른 희망 없나니

ཉིན་མཚན་ཀུན་ཏུ་འཇམ་དབྱངས་གུས་པས་བསམས་ཀྱང་ཁྱེད་ཀྱི་ཕྱགས་རྗེའི་ཤུགས།།

닌첸 꾼뚜 잠양 귀뻬 쌈꺙 케끼 툭제슉

밤낮으로 공경하고 생각해도
문수존의 자비의 위신력에 대해

ཆུང་ཟད་མེད་སྙམ་འོན་ཀུང་གྱུར་ནན་རང་གི་ཉེས་པས་བསྐྱེད་པར་ཟད།།

쫑세 메냠 왼꺙 주ㄹ엔 랑기 녜뻬 레빠ㄹ세

때로는 의심이 일어나지만
모든 허물은 제 자신의 부족함에 있사오니

ད་དུང་ཁྱིད་མཉེས་མ་གྱུར་བར་དུ་སྐྱབས་གཞན་འཚོལ་བར་མ་གྱུར་ཅིག།

다둥 쾨녜 마규ㄹ 바ㄹ두 꺕셴 쫄와ㄹ 마규ㄹ찍

문수존을 만족시켜 드릴 때까지
다른 보호주를 찾지 않게 하소서.

ཚེས་པ་འདི་ས་སྐྱ་པཎྜི་ཏས་སྦྱར་བའོ།།
사꺄 빤디따께서 지으심.

 གང་བློ་མ
강로마
문수존 찬탄기도

བླ་མ་དང་མགོན་པོ་རྗེ་བཙུན་འཇམ་དཔལ་དབྱངས་ལ་ཕྱག་འཚལ་ལོ།།
라마당 곤뽀 제쭌 잠뺄양라 착첼로

스승이신 보호주 문수사리께 예경하나이다.

གང་གི་བློ་གྲོས་སྒྲིབ་གཉིས་སྤྲིན་བྲལ་ཉི་ལྟར་རྣམ་དག་རབ་གསལ་བས།།
강기 로되 딥니 띤뗄 니따ㄹ 남닥 랍쌜외

두 가지 장애의 구름 벗어난
해와 같이 밝은 문수의 지혜

ཇི་སྙེད་དོན་ཀུན་ཇི་བཞིན་གཟིགས་ཕྱིར་ཉིད་ཀྱི་ཐུགས་ཀར་སྐྱེགས་པས་འཛིན།

지녜 된꾼 지쉰 식치ㄹ 니끼 툭까ㄹ 렉밤진

일체 모든 법의 실상을 아시기에
그분의 가슴 가운데 경전 지니셨네.

གང་དག་སྲིད་པའི་བཙོན་རར་མ་རིག་མུན་འཐོམས་སྡུག་བསྔལ་གྱིས་གཟིར་བའི།

강닥 씨빼 쬔라ㄹ 마릭 문톰 둥엘기 실외

윤회의 감옥에서 무지의 어둠으로
혼란과 고통으로 괴로워하는 중생들

འགྲོ་ཚོགས་ཀུན་ལ་བུ་གཅིག་ལྟར་བརྩེ་ཡན་ལག་དྲུག་ཅུའི་དབྱངས་ལྡན་གསུང་།

도촉 뀐라 부찍 따ㄹ쩨 옌락 둑쮜 양뗀쑹

모두 외아들 같이 아끼는 자비심으로
예순 가지 말씀의 공덕 갖추어 설법하시니

འབྲུག་ལྟར་ཆེར་སྒྲོགས་ཉོན་མོངས་གཉིད་སློང་ལས་ཀྱི་ལྕགས་སྒྲོག་འགྲོལ་མཛད་ཅིང་།

둑따ㄹ 체ㄹ독 뇬몽 닐롱 레끼 짝독 될제찡

용의 천둥소리 같이 번뇌의 잠을 깨워
업보의 쇠사슬에서 벗어나게 하시네.

མ་རིག་མུན་སེལ་ཕྱོག་བསལ་ཀླུ་གྲུ་ཏེ་རྙེད་གཙང་མཐོང་རབ་གྱི་བསྐལ་མས།

마릭 뮌쎌 둥엘 뉴구 지녜 쬐제 렐디남

무지의 어둠 밝히고
모든 고통의 싹을 끊는 지혜의 칼 지니셨으며

གདོད་ནད་དག་ཅིང་ས་བཅུའི་མཐར་སོན་ཡོན་ཏན་ལུས་ཚོགས་རྒྱལ་སྲས་ཕུ་བོའི་སྐུ།

되네 닥찡 싸쮜 타ㄹ썬 욘뗀 뤼족 곌세 투외꾸

시초부터 청정하고 열 가지 지평에 도달하여
공덕을 모두 갖춘 최상의 보살 모습 나투시며

བརྒྱ་ཕྱག་བརྒྱ་དང་བརྒྱ་གཉིས་རྒྱན་སྤྲས་བདག་བློའི་མུན་སེལ་འཇམ་དཔལ་དབྱངས་ལ་འདུད།

쭈탁 쭈당 쭈니 곈떼 닥뢰 문쎌 잠뺄 양라뒤

백열두 가지 공덕으로 장엄하시고,
제 마음의 어두움 남김없이 제거해 주시는
문수사리존께 예경하나이다.

"나모 만주쓰리예, 꾸마라부따야, 싸뜨와야, 마하싸
뜨와야, 마하까루니까야, 따댜타, 옴 아라제 비라제,
쏫데 비쏫데, 쑈다니 비쑈다니, 쑈다야 비쑈다야, 아

말레, 비말레, 자야와띠, 루루 짤레, 훔훔훔 팟팟팟 쓰와하"

(반야의 지혜를 자라나게 하는 이「지혜증장 다라니」를 힘닿는 대로 염송한다)

ཨོཾ་ཨ་ར་པ་ཙ་ན་ཧྲཱིཿ

옴 아 라 빠 짜 나 디: (힘닿는 대로 염송한 뒤에)

བཙེ་ལྡན་ཁྱེད་ཀྱི་མཁྱེན་རབ་འོད་ཟེར་གྱིས།   བདག་བློའི་གཏི་མུག་མུན་པ་རབ་བསལ་ནས།

བཀའ་དང་བསྟན་བཅོས་གཞུང་ལུགས་རྟོགས་པ་ཡི།   བློ་གྲོས་སྤོབས་པའི་སྣང་བ་རྩལ་དུ་གསོལ།།

쩨덴 케끼 켄랍 외세ㄹ기   닥뢰 띠묵 문빠 랍쎌네

까당 뗀쬐 슝룩 똑빠이   로뢰 뽑빼 낭와 쨀두쐴

자비하신 문수존의 지혜의 빛으로
저의 무지한 마음의 어두움 완전히 제거하고
경·론 등의 의미 알아차리는
지혜를 통찰케 하는 밝음 내려주소서.

믹쩨마 - 쫑카빠 대사 예찬송

|དམིགས་མེད་བརྩེ་བའི་གཏེར་ཆེན་སྤྱན་རས་གཟིགས། |འཇི་མེད་མཁྱེན་པའི་དབང་པོ་འཇམ་དཔལ་དབྱངས།
|བདུད་དཔུང་མ་ལུས་འཇོམས་མཛད་གསང་བའི་བདག |གངས་ཅན་མཁས་པའི་གཙུག་རྒྱན་ཙོང་ཁ་པ།
|བློ་བཟང་གྲགས་པའི་ཞབས་ལ་གསོལ་བ་འདེབས།།

믹메쩨외 떼ㄹ첸 쩬레식   디메켄빼 왕뽀 잠뺄양

뒤뿡말뤼 좀제 쌍외닥   강짼켓빼 쭉곈 쫑카빠

롭상닥빼 샵라 쐴라뎁

한량없는 자비의 대원천이신 관세음보살이시고
허물없는 지혜의 왕이신 문수사리보살이시며
모든 마군 물리치신 금강수보살이시고
눈의 나라 장엄하신 최상의 지자이신 쫑카빠
롭상 닥빠의 두 발에 간절히 청하나이다.

跋文 後記
발 문 후 기

세존의 지혜의 몸[智身]이시자,

대정계(大頂髻)를 갖춘 말씀의 주인[語主]이시라.

지혜의 몸[智身]으로 스스로 생겨났으니

성스러운 문수지혜살타이시나이다.(『진실명경』 제10송)

무변한 허공계의 향유자이시며

일체지(一切智)의 지혜의 바다이시고,

무명의 난각(卵殼)을 깨어 부순 님이시니

삼유(三有)의 그물망의 파괴자이시라.(『진실명경』 제83송)

자애(慈愛)의 견고한 갑옷을 걸치시고

대비(大悲)의 견고한 투구를 쓰시며

반야이검(般若利劍)과 활과 화살을 들고서

번뇌무지를 전장에서 섬멸하시도다.(『진실명경』 제150송)

위없는 것을 알고, 위없는 것을 주고, 위없는 것을 가져오는 위없는 님이신 부처님께서, 많은 사람들의 이익과 많은 사람들의 행복, 그리고 신(神)들과 인간들의 유익·이익·행복을 위하여 세상에 태어나시어 최상의 가르침을 설해 주셨습니다.

　부처님께서 입멸하신 뒤, 지존한 스승이신 부처님에 대한 외경과 흠모의 마음에서, 그리고 부처님의 가르침을 기억하고 되새기고 사유하기 위해 부처님의 깨달음과 지혜, 부처님의 모든 가르침 그 자체를 인격화하여 「만주쓰리(文殊師利 : 妙吉祥)」라 이름하였습니다.

　문수사리의 진실한 명호를 설하고 있는 이 경은 문수사리, 즉 부처님 깨달음의 지혜와 지혜의 작용·공덕·공능을 말씀한 것이라 할 수 있는데, 이 경전의 교학적 위치는 무상요가탄트라의 대표적인 경전입니다.

　대승불교 가운데 후기 대승불교 시대에 찬란하게 꽃피운 바즈라야나[金剛乘:密敎]는, 일반적으로 네 가지 단계로 분류합니다. 즉 소작(所作)탄트라·행(行)탄트라·요가(瑜伽)탄트라·무상요가(無上瑜伽)탄트라입니다. 그리고 무상요가탄트라에도 모(母)탄트라, 부(父)탄트라,

불이(不二)탄트라가 있는데, 『진실명경』은 『칼라차크라(時輪)』와 함께 「무상요가 불이탄트라」에 해당하는 중요경전입니다. 이 경전의 내용으로는, 여래장(如來藏)의 통찰수행과, 묘길상(妙吉祥)의 불이법문(不二法門)의 통찰수행에 대해서도 설하고 있으며, 이 가르침을 통해 금강살타를 주존(主尊)으로 하는 대환망(大幻網)탄트라와 일체무이(一切無二)탄트라의 만다라를 건립할 수 있음을 설하고 있습니다.

이와 같이 기본적으로 부처님의 지혜의 몸인 지혜살타[즈냐나까야:智身] 문수사리의 덕성과 공덕을 설하면서, 교학적으로도 심대(深大)한 의미를 가지고 있는 이 『성 문수사리진실명경』을, 달라이 라마 존자님의 호념으로 인도 다람살라에 있는 티베트밀교대학인 규또사원(上密院)에서 티베트불교를 연찬하면서, 이 희유한 경전의 구전(口傳)과 관정(灌頂)을 받는 법은(法恩)을 입으며 경이로운 마음으로 우리말 역경 발원을 세운 지 10년 만에 비로소 우리 불자들도 법연을 맺을 수 있도록 내어놓게 된 것 입니다.

이 경을 역경한 「티베트현밀교학연찬회」가 있는 '람림의 마을 보리원(菩提苑) 람림학당(LamRim學堂)'은, 11세기 무렵 세계적인 불학(佛學)과 수행의 중심지였던 인도 날란다 승원의 아띠샤 존자와, 14세기 무렵 티베트의 쫑카빠 대사가, 부처님의 존귀한 모든 가르침을 대승(大乘) 소승(小乘)이라는 형식으로 구분 짓거나 분별하지 않고, '깨달음에 이르는 길의 단계[菩提道次第:람림]'로 체계화하고 회통하신 '람림'의 체계에 따라 부처님 가르침을 공부하고 수행하는 도량입니다.

「람림학당」에서 람림 수행에 필요한 삼장(三藏)을 번역하기 위해 설립한 것이 '티베트현밀교학연찬회'이고, 이런 역경불사의 원만성취를 위해 결성된 「람림학당 역경후원회」(회장 정창식 거사)의 후원으로 전재성 박사님의 『빠알리율장[南傳律藏]』이 완역·출간되었고, 이어서 『진실명경』 역경의 결실이 이루어진 것입니다.

신라 때 자장(慈藏) 스님께서 중국 오대산에서 문수보살을 친견하고 부처님의 정골 사리와 가사(袈裟), 그리고 범문(梵文) 게송을 전해 받으시면서 우리나라에 문수신앙이 소개되었고, 그 이후 문수보살에 대한 많은 이적과 영험, 가피를 입은 사례가 전해지고 있지만, 문수보살에 대한 경전과 예찬문·성취법·수행법 등이 체계적으로 소개되지 못했습니다.

그래서 「티베트현밀교학연찬회」에서는 『진실명경』 뿐만 아니라, 현재 티베트에 전해지고 있는 문수보살예찬문, 문수보살성취법도 가능한 모두 수집하여, 제1부 『진실명경』, 제2부 예찬문, 제3부 성취법과 부록의 순으로 엮었습니다. 그리고 역경과 교정·윤문에는 「티베트현밀교학연찬회」의 잠양목련 스님, 텐진윗쑹 스님, 퇴현 전재성 박사님, 까르마 욘뗀 님, 까르마 닝제 님, 강창희 님이 참여하였습니다. 혹시 잘못 옮겨진 부분이 있다면 전적으로 지혜롭지 못한 저의 허물입니다. 자애로운 마음으로 지적해 주시면 온전한 법본(法本)이 되도록 다듬겠습니다. 그리고 부록으로 첨부한 사꺄빤디따의 「문수찬탄문」은 『까규뫼람독송집』에서, 「강로마-문수존 찬탄 기도」는 광성사 법요집에 있는 것을 그대로 실었습니다.

부처님의 깨달음의 말씀은 "눈을 생기게 하고, 앎이 생기게 하며, 궁극적인 고요, 곧바른 앎, 올바른 깨달음, 열반으로 이끄는 것"이라고 『초전법륜경』에서 말씀하셨습니다.

부처님의 깨달음의 말씀이 집약된 이 경을 의지해서 수행함으로써, 우리들이 생로병사와 슬픔·비탄·고통·근심·절망의 모든 괴로움에서 벗어나 윤회가 없는 열반을 증득하여, 어떠한 괴로움도 없는 지복(至福)의 삶을 짓게 되기를 축원하오며, 「로되타얘 린뽀체」의 찬탄의 말씀으로 발원합니다.

"어디든 세간의 도사(導師)께서 계시지 않으면
동자(童子)의 모습으로 여래사업(如來事業)을 행하시고,
언제나 항상 여래교법(如來敎法)을 짊어지시는 문수사리
묘길상(妙吉祥)이시여, 복분(福分)이 하열한
저의 도사(導師)가 되어 주소서."

Buddha Sasanam Ciram Tiṭṭhatu.
부처님 가르침이 오랫동안 머물기를 기원합니다!

람림의 마을 보리원(菩提苑) 람림학당(LamRim學堂)
티 베 트 현 밀 교 학 연 찬 회 석 혜 능

성 묘길상진실명경

초 판 인 쇄 ┃ 불기 2559(2015)년 12월 22일(동지)
4 판 발행 ┃ 불기 2568(2024)년 10월 26일

한 글 역 ┃ 티베트현밀교학연찬회 (람림학당 보리원 부설)

발 행 인 ┃ 고천 석혜능

펴 낸 곳 ┃ 도서출판 부다가야
　　　　　　울산광역시 울주군 웅촌면 은하1길 16-3
　　　　　　보리원 람림학당 전화. 052)227-4080

편집디자인 ┃ 대한기획
　　　　　　전화 : (051)866-7818 · 팩스 : (051)864-7075
　　　　　　E-mail : daehan5680@daum.net

ISBN　979-11-86628-03-4

값 30,000원

※잘못된 책은 바꾸어 드립니다.

03220
9 791186 628034
ISBN 979-11-86628-03-4